A Greek and Arabic Lexicon
(GALex)

Fascicle 13
بين to بيت

Handbook of Oriental Studies
Handbuch der Orientalistik

Section 1, The Near and Middle East

Edited by

Maribel Fierro (Madrid)
M. Şükrü-Hanioğlu (Princeton)
Renata Holod (University of Pennsylvania)
Kees Versteegh (Nijmegen)

VOLUME 11

A Greek and Arabic Lexicon

Edited by

Gerhard Endress
Dimitri Gutas

FASCICLE 13

The titles published in this series are listed at brill.com/ho1

A Greek and Arabic Lexicon (GALex)

Materials for a Dictionary of the Mediæval Translations from Greek into Arabic

Edited by

Gerhard Endress and Dimitri Gutas

Fascicle 13

بيت to بين

Compiled by

Rüdiger Arnzen, Gerhard Endress and Dimitri Gutas

BRILL

LEIDEN · BOSTON

This fascicle was compiled by Rüdiger Arnzen (Ruhr-Universität Bochum), Gerhard Endress (Ruhr-Universität Bochum), and Dimitri Gutas (Yale University) with the assistance of Yury Arzhanov (Ruhr-Universität Bochum), Hans Hinrich Biesterfeldt (Ruhr-Universität Bochum) and Geoffrey Moseley (Yale University).

The editors wish to extend their special thanks to Professor Manfred Ullmann (University of Tübingen) for his careful revision and correction of this fascicle.

The work on this project was funded from 2010 to 2015 by the European Research Council, ERC Project Ideas, Advanced Grant 249431 «Greek into Arabic».

The editors also wish to acknowledge with gratitude the financial support provided by Ruhr-Universität Bochum as well as the Viscusi Fund, Department of Near Eastern Languages and Civilizations at Yale University, toward the preparation of this fascicle.

Scholars interested in contributing to the Lexicon in any form (glossaries, additions, corrections) will receive updated materials on request. Please direct inquiries to one of the editors:

Prof. Dr Gerhard Endress
Seminar für Orientalistik und Islamwissenschaften
Ruhr-Universität Bochum, GB 2
44780 Bochum, Germany
E-mail: gerhard.endress@ruhr-uni-bochum.de
URL: http://www.glossarium-graeco-arabicum.de

Prof. Dr Dimitri Gutas
Department of Near Eastern Languages and Civilizations
Yale University, 316 Hall of Graduate Studies
P. O. Box 208236
New Haven, CT 06520-8236, USA
E-mail: dimitri.gutas@yale.edu

The Roman and Greek texts were set in the ANDRON typeface

ISSN 0169-9423
ISBN 978-90-04-31667-6 (paperback)

This book is printed on acid-free paper and produced in a sustainable manner.

4.2 ἡ οἰκεία (*sc.* γῆ) (*home, homeland*) **(a)** baytuhū : τὸν δὲ ἐν τῇ οἰκείᾳ ὄντα ἐπὶ ξένην ἄγει (*sc.* τὸ ὄναρ) ... τὸν δὲ ἐπὶ ξένης ὄντα εἰς τὴν οἰκείαν ἄγει *Artem. Onirocr. 181.21-23* = wa-in kāna ṣāḥibu l-ruʾyā fī baytihī dallat ʿalā safarihī wa-ġurbatihī ... wa-in kāna fī safratin dallat ʿalā annahū yarǧiʿu ilā baytihī *328.16, 329.1;* ἀπάγξασθαι ... σημαίνει ... μὴ μεῖναι ἐν τῇ οἰκείᾳ *182.20* = in raʾā l-insānu ka-annahū yaḫnuqu nafsahū ... tadullu ... hāḏihi l-ruʾyā ʿalā anna ṣāḥibahā lā yuqīmu fī baytihī *330.12* **(b)** *in hend.*; baldatu l-insāni wa-baytuhū : ἐοίκασι γὰρ πατὴρ μὲν καὶ μήτηρ τῇ οἰκείᾳ *Artem. Onirocr. 215.6* = wa-ḏālika anna l-aba wa-l-umma yušabbahūna (*sic ed. pro* yušabbahāni) bi-baldati l-insāni wa-baytihī *391.1*⊗.

4.3 οἱ οἰκεῖοι (*people of the same household, kinsmen, family*) **(a)** ahlu l-bayti, ahlu baytihī : δύο δὲ ἔχειν ῥῖνας στᾶσιν (στᾶσιν *L Arab.* : στάσεις *V, ed.*) πρὸς τοὺς ὑπερέχοντας ἢ (ὑπερέχοντας ἢ *LV* [ἢ *om. V*] *Arab.* : *del. Gomperz, Pack*) οἰκείους σημαίνει *Artem. Onirocr. 36.3** = wa-in raʾā l-insānu fī manāmihī ka-anna lahū anfayni fa-inna ḏālika yadullu ʿalā ḫtilāfin yaqaʿu baynahū wa-bayna man huwa afḍalu minhu aw baynahū wa-bayna ahli baytihī *67.9* (*for the whole passage v. Browne II, 271–2*); ὀρχεῖσθαι δοκεῖν ἔνδον παρ᾽ ἑαυτῷ τῶν οἰκείων παρατυγχανόντων μόνων ... ἀγαθὸν ἐπίσης πᾶσιν *81.18* = in raʾā l-insānu ka-annahū yarquṣu fī dāḫili manzilihī wa-ḥawlahū ahlu baytihī waḥdahum ... fa-inna ḏālika ḫayrun li-l-nāsi kullihim bi-l-sawāʾi *150.6*; κόρεις ... φροντίδων εἰσὶ σημαντικοὶ ... καὶ προσέτι πρός τινας τῶν οἰκείων *208.1* = al-fasāfisu fī l-ruʾyā tadullu ʿalā ... hammin ... wa-ayḍan fa-innahā tadullu ʿalā hammin yakūnu bi-sababi baʿḍi ahli l-bayti *375.13; 207.18 = 375.3*; *etc.* **(b)** *in hend.*; ahlu l-bayti wa-l-qarābati : τὸ δὲ ὀλίγον σφόδρα (*sc.* αἷμα ἰδεῖν) ... πρὸς τοὺς οἰκείους ἐτηρήσαμεν στάσιν σημαῖνον *Artem. Onirocr. 42.19* = fa-in kāna ḏālika l-damu qalīlan ... fa-innā qadi mtaḥannā ḏālika fa-waǧadnāhu innamā yadullu ʿalā <ḫtilāfi> (*nos, coni. Fahd in app.*) ahli l-bayti wa-l-qarābati *80.6**.

4.4 *sem. metathesis; superlative / positive transformation,* οἱ οἰκειότατοι (*the nearest kinsmen*) = ahlu l-bayti : οὗτοι (*sc.* οἱ μικροὶ ἰχθύες) ... οὐδαμῶς ὠφελείας σημαίνουσιν, ἔχθρας δὲ πρὸς τοὺς οἰκειοτάτους *Artem. Onirocr. 77.26* = wa-lā yadullu (*sc.* al-samaku l-ṣiġāru) ʿalā manfaʿatin bal yadullu ʿalā muʿādātin takūnu li-man raʾā l-ruʾyā maʿa ahli baytihī *143.6*.

5. *sem.; etym.; transl. the implied* οἰκία (*domicile, house*) *in derivatives of* οἰκέω (*to inhabit*)

5.1 οἱ ἐνοικοῦντες (*inhabitants*) = ahlu l-bayti : ποταμὸς εἰς οἰκίαν ῥέων καθαρὸς ἀνδρὸς πλουσίου εἴσοδον εἰς τὴν αἰκίαν (αἰκίαν *Arab.*; *cf. 47.8 = 89.7* : οἰκίαν *LV, ed.*) μαντεύεται ἐπ' ὠφελείᾳ τῶν ἐνοικούντων *Artem. Onirocr. 148.23** = fa-ammā in ra'ā l-insānu ka-annahū yağrī ilā baytihī nahrun ṣāfī l-mā'i fa-inna ṣāḥiba l-ru'yā in kāna rağulan ġaniyyan dalla (*sc.* ḏālika) ʿalā ʿillatin tuṣībuhū wa-manfaʿatin takūnu li-ahli l-bayti *268.14*.

5.2.1 συνοικέω (*to live together with*) = kāna/huwa fī l-bayti/baytin maʿa : μῦς οἰκέτην σημαίνει· συνοικεῖ γὰρ καὶ ἀπὸ τῶν αὐτῶν τρέφεται *Artem. Onirocr. 215.17* = al-fa'ru fī l-ru'yā tadullu ʿalā mamlūkin wa-ḏālika anna l-fa'ra hiya maʿanā fī l-bayti wa-ta'kulu mimmā fīhi *392.5-6*; λεκάνην χρυσέαν ἢ ἀργυρέαν ἔχειν ... σημαίνει ... ἀπηλευθερωμένῃ συνοικῆσαι *217.5* = fa-ammā in ra'ā l-insānu ka-anna lahū laqana ḏahabin aw fiḍḍatin fa-inna ḏālika yadullu ... ʿalā annahū yakūnu fī baytin maʿa amatin qad ʿataqat *395.2*.

5.2.2 οἱ συνοικοῦντες (*those who live together*) = ahlu baytihī : τῶν λαχάνων ὅσα ὅδωδε μετὰ τὸ βρωθῆναι τὰ κρυπτὰ ἐλέγχει καὶ πρὸς τοὺς συνοικοῦντας μῖσος ἐργάζεται *Artem. Onirocr. 73.10* = iḏā ra'ā l-insānu fī manāmihī ka-annahū ya'kulu mina l-buqūli ḏawāti l-rā'iḥati fa-inna ḏālika yadullu ʿalā ẓuhūri šay'in ḫafiyyin wa-yaʿriḍu lahū biġḍatun min ahli baytihī *135.3*.

5.3 οἴκημα (*building, house*) : ἐν μεγάλῳ οἰκήματι *Arist. Part. anim. III 4, 667a24* = fī l-bayti l-kabīri *74.16* ⟼ κώνωπας διαφθείρει θρὶξ ἱππεία διαταθεῖσα εἰς τὴν θύραν καὶ διὰ μέσου τοῦ οἰκήματος· καὶ οὐκ ἐάσει δὲ αὐτοὺς εἰσελθεῖν *Cass. Bass. Geopon. XIII, 11.1* = iḏā ʿumida ilā sitrin mansūğin min aḏnābi l-ḫayli fa-ʿulliqa ʿalā bābi baytin aw fī ğawfi baytin lam yaqrabi l-baʿūḍu ḏālika l-bayta *WGAÜ Suppl. I, 751 ult.*; ἐπιλεξάμενος ἰδιάζοντα τόπον, οὐκ ἔχοντα πλησίον οἰκήματα *XIV, 6.6* = qad kuntu ttaḫaḏtu buyūta l-ḥamāmi nā'iyan ʿani l-buyūti *WGAÜ Suppl. I, 751.22* ⟼ ἐπὶ τῶν οἰκημάτων *Diosc. Mat. med. II, 248.5* = fī l-buyūti *vetus transl. Ullmann Unters., 188.3* ⟼ διὰ τί, ἐὰν τις πίθον καὶ κεράμια κενὰ κατορύξῃ καὶ πωμάσῃ, μᾶλλον ἠχεῖ τὰ οἰκήματα, καὶ ἐὰν φρέαρ ἢ λάκκος ᾖ ἐν τῇ οἰκίᾳ; *Ps.-Arist. Probl. phys. XI 8, 899b26* = mā bālu l-buyūti al-maknūzati (al-maknūzati *nos* : al-makbūsati *Ullmann WGAÜ Suppl. I, 751* : al-maknūsati <allatī takūnu> *ed.*) fīhā ḫawābi'u wa-ğirārun furuġun yakūnu l-ṣawtu fīhā ḥasanan ǧiddan wa-ka-ḏālika yakūnu fī l-buyūti llatī takūnu fīhā ābārun *XII 9, 538.8**.

5.4 οἴκησις (*dwelling, house*) : πλὴν εἴ τι ἐν ταῖς οἰκήσεσι συνανθρωπεύεται αὐτῶν (*sc.* τῶν ἐντόμων) *Arist. Hist. anim. VIII 14, 599a21* = mā ḫalā l-ṣinfa (*sc.* mina l-ḥayawāni l-muḥazzazi l-ǧasadi) llaḏī ya'wī fī l-buyūti maʿa l-nāsi *340.1*.

B. *transl., or is added in the transl. of, Greek words denoting specific types or parts of buildings or dwelling places*

6. δωμάτιον (*chamber*) : κάμηλος εἰς δωμάτιον εἰσδραμών *Artem. Onirocr. 13.15* = al-ǧamalu ... daḫala baytan *27.6*.

7. σηκός (*sepulcher, burial place*) : μικρόν γ' ἔλεξας βασιλικοῦ σηκὸν τάφου·διπλάσιος ἔστω *Erat. Cub. dupl. 88.8* (= *Trag. Graec. fragm. 166 Nauck*) = inna hāḏā l-miqdāra qalīlun ṣaġīrun li-taqdīri bayti qabri malikin wa-lākin yanbaġī an taǧʿalahū yaṣīru ḍiʿfa hāḏā l-miqdāri *151.7*.

8. στάβλος *masc.; cf. Lampe s.v.* (*stable, horse barn*) = baytu iṣṭablin : ἔστησα αὐτὸν ἐν στάβλῳ μικρῷ <μόνον> *Theomn. Hippiatr. Berolinensia I, 184.24* = fa-aqamtu l-farasa waḥdahū fī bayti iṣṭablin ṣaġīrin *102.14* (*cf. WGAÜ Suppl. II, 322.9*).

9. ἀποθήκη (*storehouse, treasury*) = baytu l-māli : ταμεῖα δὲ καὶ ἀποθῆκαι ... τοὺς ταμίας ... σημαίνουσι *Artem. Onirocr. 115.13* = fa-ammā l-ḫazā'inu wa-buyūtu l-amwāli fa-innahā tadullu ʿalā l-ḫuzzāni *211.6*.

10. *morph.; transl. suffixes expressing place* (*cf. Smyth Greek Grammar, pp. 234-235*):

10.1 *transl.* –τήριον: προμαλακτήριον (*the room in which bathers were rubbed before bathing*) = baytu l-tadalluki : κατὰ τοὺς πρώτους οἴκους τῶν βαλανείων, οὓς εἰώθασιν προμαλακτήρια καλεῖν *Galen Simpl. medic. XII, 239.13* = al-baytu l-awwalu min buyūti l-ḥammāmi aʿnī l-bayta llaḏī min ʿādati l-nāsi an yusammūhu bayta l-tadalluki (*variant reading*: bayta l-dalki) *WGAÜ, 560.6*.

10.2 *transl.* –ών:

10.2.1 μυλών (*millhouse*) = baytu l-ṭaḥḥāni : καὶ Κηφισόδοτος τὰς τριήρεις ἐκάλει μύλωνας ποικίλους (ποικίλους *non vert. Arab.*) *Arist. Rhet. III 10, 1411a24* = wa-Qīfīsūdūṭūs kāna yusammī l-safīnata ḏāta l-ṯalāṯati l-maǧāḏīfi bayta l-ṭaḥḥāni *201.10*.

10.2.2 περιστερεών (*dovecote*) = baytu l-ḥamāmi : τὰς θύρας καὶ τὰς θυρίδας καὶ τὰς γωνίας τοῦ περιστερεῶνος ἄλειψον ἐλαίῳ ὀποβαλσάμου (ὀποβαλσάμου *ed.* : ὀποβαλσάμῳ *Ullmann*), καὶ παραμένουσιν *Cass. Bass. Geopon. XIV, 2.1* = iḏā ṭalayta kuwā bayti l-ḥamāmi wa-bābahū wa-amākina min dāḫilihī bi-duhnin yuttaḫaḏu min šaǧarin yusammā bašām (*sic cod. pro* bašāman) alifa ḏālika l-bayta *WGAÜ Suppl. II, 98.11*⊗; τοῦ περιστερεῶνος ... ὄφεις δὲ ἐξελάσεις, ἐὰν πευκέδανον (πευκέδανον *Ullmann* : πευκεδανὸν *Beckh*) θυμιάσῃς *XIV, 5.1* = iḏā duḫḫina fī bayti l-ḥamāmi bi-dawā'in yusammā bi-l-rūmiyyati bawqāṭanūn lam taqrabi l-ḥayyātu ḏālika l-bayta abadan *WGAÜ Suppl. II, 98.14*.

10.2.3 *paraphr.;* ἀνδρών (*men's quarters*) = al-baytu l-awsaṭu llaḏī fī l-ṣadri (*the front central quarters of the house*) : ὁ δὲ ἀνδρὼν τοὺς κατὰ τὸν οἶκον ἀνθρώπους συγγενεῖς (*sc.* σημαίνει) *Artem. Onirocr. 115.10* = wa-l-baytu l-awsaṭu llaḏī fī l-ṣadri yadullu ʿalā riǧāli l-bayti aʿnī l-qarābāti *211.3-4*.

10.3 *transl.* –ίον:

10.3.1 κηρίον (*honeycomb*) = baytun mina l-mūmi : οἰκοδομοῦσι (*sc.* αἱ μέλιτται) τὰ κηρία *Arist. Hist. anim. IX 40, 623b28* = yabnī (*sc.* al-naḥlu) ... buyūtan mina l-mūmi *429.21*.

10.3.2 σφηκίον (*wasps' nest*) **(a)** baytu l-dabri : ὥστε τοῦ μετοπώρου τελευτῶντος πλεῖστα ... γίνεσθαι σφηκία *Arist. Hist. anim. IX 41, 628a17* = wa-li-ḏālika fī āḫiri l-ḫarīfi takūnu buyūtu l-dabri kaṯīratan *442.11;* ἐργάζονται δ' οἱ μὲν (*sc.* σφῆκες) μικρὰ καὶ ὀλίγα σφηκία *IX 41, 628b24* = wa-mina l-dabri mā yabnī buyūtan ṣiġāran qalīlatan *444.3* **(b)** *in hend.;* ṯuqbatun wa-baytun : διὸ καὶ κάθηνται (*sc.* αἱ μῆτραι) ἐν τοῖς σφηκίοις *Arist. Hist. anim. IX 41, 628a33* = wa-l-ummahātu tabqā ... fī l-ṯuqabi wa-l-buyūti *443.4*.

10.3.3 φιλίτιον (*mess hall, dining hall; cf. LSJ s.v.* φιδίτιον)= baytu l-ṣadīqi (*a friend's house*) : ἐκάλει ... ὁ Κύων δὲ τὰ καπηλεῖα τὰ Ἀττικὰ (τὰ Ἀττικὰ *non vert. Arab.*) φιλίτια (φιλίτια *ω anon., Arab.* : φιδίτια *Neobarius ed.*) *Arist. Rhet. III 10, 1411a25** = wa-Qiyūn kāna yusammī ḥānūta l-maṭʿami bayta l-ṣadīqi *201.11*.

11. *paraphr.;* θάλαμος (*inner room, women's quarters*) = baytun muǧannabun (*annex, side room*) : ὁ μὲν θάλαμος τὴν γυναῖκα σημαίνει *Artem. Onirocr. 115.9* = fa-inna l-bayta l-muǧannaba yadullu ʿalā mar'ati (*sic ed.*) l-raǧuli *211.1*⊗.

12. *interpr.;* ἀνδριάς (*statue*) = baytu l-awṯāni (*house of idols*) : ἀπὸ τῶν ἀνδριάντων *Diosc. Mat. med. I, 36.7* = fī buyūti l-awṯāni *vetus transl. Ullmann Unters., 188.3.*

13. *interpr.;* παλαίστρα (*wrestling school*) = baytun dāḫilun (*inner, central building,* i.e. *of the ancient gymnasium?*) : ἐκ τῆς παλαίστρας *Diosc. Mat. med. I, 36.3* = mina l-bayti l-dāḫili *vetus transl. Ullmann Unters., 188.4.*

14. *interpr.;* οἱ τῶν γυμνασίων τοῖχοι (*the walls of the gymnasia*) = buyūtu l-mulūki (*royal buildings*) : ἐν τοῖς τῶν γυμνασίων τοίχοις *Diosc. Mat. med. I, 36.6-7* = min buyūti l-mulūki *vetus transl. Ullmann Unters., 188.5.*

C. *sem. amplif.; added in the transl. of words implying some relationship to a house*

15. ἔνδον, *adv.* (*indoors*) = fī l-bayti : οἱ δὲ βάτραχοι τοὺς ἔνδον ἀνθρώπους (*sc.* σημαίνουσι) *Artem. Onirocr. 133.2* = tadullu ... l-ḍafādiʿu ʿalā man fī l-bayti *239.8;* διὰ τὸ ἀνιστᾶν τοὺς ἔνδον ἐπὶ τὰ ἔργα *177.24-25* = wa-ḏālika annahū yunabbihu man fī l-bayti ilā l-aʿmāli *320.14;* ἀγαθὸν οὖν καὶ πολλοὺς ἔνδον ἰδεῖν μύας *215.19* = wa-min dalāʾili l-ḫayri ayḍan an yarā l-insānu fī baytihī faʾran kaṯīran *392.7.*

16. δεσπότης (*master of the house*) **(a)** ṣāḥibu l-bayti : ὅπου δὲ μὴ ἔστι θυρίς, ὁ μὲν μέσος (*sc.* τοῖχος) τὸν δεσπότην (*sc.* σημαίνει) *Artem. Onirocr. 115.17* = wa-in lam yakun fīhi kuwwatun fa-inna l-ḥāʾiṭa l-awsaṭa yadullu ʿalā ṣāḥibi l-bayti *211.8* **(b)** rabbu l-bayti : ἔτι δὲ καὶ κριὸς πρὸς δεσπότην ἐστὶ ληπτέος καὶ πρὸς ἄρχοντα καὶ βασιλέα *Artem. Onirocr. 119.13* = wa-ayḍan fa-inna l-kabša yutaʾawwalu dalīluhū fī l-maliki wa-l-raʾīsi wa-rabbi l-bayti *218.4.*

17. ἔπιπλα *pl.* (*furniture*) = aṯāṯu l-bayti : ἔτι δὲ ἐπίπλων κτῆσις *Arist. Rhet. I 5, 1361a14* = ṯumma qtināʾu aṯāṯi l-bayti *24.18.*

18. *paraphr.;* γένος (*clan, stock, family line*) = *in hend.;* ahlu l-aḥsābi wa-ḏawū l-buyūtāti (*people of noble lineages and lords of many households*) : ἡ δὲ ἐν Λακεδαίμονι (*sc.* βασιλεία) ... κατὰ γένος (*sc.* ἐστίν)· ἀπὸ γάρ τινος γένους ποιοῦνται τὴν βασιλείαν *Ps.-Arist. Div. 5a11* ≅ wa-ammā mulūku l-Laqād<aym>ūniyyati (*supplevimus*) fa-innamā yatawāraṯūnahū (*sic pro* yatawāraṯuhū, *sc.* al-mulka) ahlu l-aḥsābi wa-ḏawū (wa-ḏawū *nos* : wa-ḏawā *ed.*) l-buyūtāti *versio Q 37.10*⊗.

19. *paraphr.;* τιθασευόμενος (*tamed, i.e., domesticated*) = ǧinsun yurā fī l-buyūti (*a species to be found in houses*) : δῆλον δὲ τοῦτο ἐπὶ τῶν τιθασευομένων κολοιῶν *Arist. Gener. anim. III 6, 756b22* = wa-ḏālika bayyinun fīmā yurā fī l-buyūti min ǧinsi l-šaraqraqi *116.11.*

20. *interpr.;* ὄρνις (*fowl, chicken*) = daǧāǧu l-bayti : αἴλουρος ὄρνιθος οὐχ ἅπτεται, ἐὰν κρεμασθῇ ὑπὸ τὴν πτέρυγα αὐτῆς ἄγριον πήγανον *Cass. Bass. Geopon. XIII, 6.1* = iḏā ʿulliqa min bāṭini aǧniḥati daǧāǧi l-bayti šayʾun mina l-baqlati llatī tusammā l-saḏāba ... taḥāmathunna sanānīru l-barri *WGAÜ Suppl. I, 797.6-7.*

بُيُوتِيٌّ **buyūtiyyun** (*for this type of nisba adjective cf. Ullmann, Flughühner und Tauben, 24*)

1. κατοικίδιος (*domestic*) : γαλῆ κατοικίδιος ... παντὸς ἑρπετοῦ ἐνεργέστατόν ἐστι βοήθημα *Diosc. Mat. med. I, 130.7* = ġālī l-buyūtiyyu ... kāna aqwā ʿilāǧin yakūnu li-l-hawāmmi kullihā *versio A Dubler / Terés II, 136.17.*

بيد

باد **I. bāda**

1. *transl. act. and pass. forms of* φθείρω (*to destroy*)

1.1 *sem. amplif.;* φθείρω (*to destroy; in context, to claim that s.th. is destroyed*) = *in hend.;* qāla inna [šayʾan] yafsidu wa-yabīdu (*to maintain that s.th. perishes and ceases to be*) : διὸ οὐκ ὀρθῶς, οἳ φθείρουσι (*sc.* τὴν εἰκόνα) τοῦ νοητοῦ μένοντος καὶ γεννῶσιν (*sc.* τὴν εἰκόνα) οὕτως, ὡς ποτὲ βουλευσαμένου τοῦ ποιοῦντος ποιεῖν *Plot. V 8, 12.20* ≅ wa-li-hāḏihi l-ʿillati aḫṭaʾa man qāla inna l-ʿālama l-ʿaqliyya yafsidu wa-yabīdu wa-ḏālika anna mubdiʿahū ṯābitun qāʾimun lā yabīdu wa-lā yazūlu *Theol. Arist. VIII 179: 119.10.*

1.2 *sem. metathesis; pass. / act. transformation;* φθείρομαι (*to be destroyed, cease to be, pass away*) **(a)** *abs.* : φθείρεται γὰρ ἡ ἄγνοια καὶ ἐκχωρεῖ ἐπεισιούσης ἐπιστήμης *Them. In De an. 55.33* = wa-ḏālika anna l-ǧahla yabīdu wa-yazūlu ʿanhu (*sc.* al-raǧuli) iḏā warada l-ʿilmu *81.5* **(b)** *in hend.;* bāda wa-fasada : διὰ δὲ τὴν μικρότητα καὶ τὴν ἀσθένειαν φθείρεται τὸ πλῆθος αὐτῶν *Arist. Hist. anim. V 18, 550a8* = wa-li-ḥāli ṣiġarihā wa-ḍuʿfihā yabīdu (*sic leg. pro* tabīdu) wa-yafsidu kaṯīrun minhā *240.4** ⟷ δῆλον ὅτι ἀΐδιός ἐστιν (*sc.* ἡ λογικὴ ψυχή)· οὐ γὰρ φθείρεταί ποτε *Philop. In De an. 517.7* ≅ fa-l-ʿaqlu iḏan bāqin lā yafsidu wa-lā yabīdu *Paraphr. Arist. De an. 309.17.*

2. ἐπιλείπω (*to be insufficient, exhausted*) : ὁκόταν ἐπιλείπῃ ἡ τροφὴ ... ἐκ τοῦ ᾠοῦ *Hippocr. Nat. puer. 81.8* = fa-iḏā bāda l-ġiḏāʾu mina l-bayḍati *82.19.*

3. *sem.; etym.; transl.* θάνατος (*death*) *in* ἀθάνατος (*immortal, everlasting*) = lā yabīdu : ἔσεσθαι ἐν τοῖς οὖσιν ἄπαυστός τις καὶ ἀθάνατος κίνησις *Arist. Phys. VIII 6, 259b25* = fa-qad yaǧibu an yakūna fī l-mawǧūdāti ḥarakatun mā lā tafturu wa-lā tabīdu *872.6.*

4. *sem. metathesis; pass. / act. transformation;* ἀπόλλυμαι (*to be destroyed, cease to be, perish*) = *in hend.* halaka wa-bāda : τὰ μὲν οὖν πρῶτα τοῦ κοττύφου ὑπὸ χειμῶνος ἀπόλλυται *Arist. Hist. anim. V 12, 544a28* = fa-ammā l-bayḍu llaḏī yabīḍu <hāḏā l-ṭāʾiru> awwalan fa-innahū yahliku wa-yabīdu mina l-šitāʾi *222.5-6.*

5. *sem. metathesis; pass. / act. transformation;* ἀναιρέομαι (*to be removed*) : καὶ ὡδὶ τὰ τῶν οὐσιῶν αἴτια ὡς αἴτια πάντων, ὅτι ἀναιρεῖται ἀναιρουμένων *Arist. Metaph. Λ 5, 1071a35* = wa-hāḏā l-nawʿu llaḏī li-l-ǧawāhiri ka-ʿilali l-ǧamīʿi li-annahā tabīdu maʿa ibādatihā *1549v5.*

6. *sem. metathesis; pass. / act. transformation;* ἁλίσκομαι (*to be taken away, impugned*) = *in hend.;* bāda wa-fuqida (*to disappear and be missing*) : ὅτι οὐχ ἁλίσκεται τὰ εἰκότα ψευδομαρτυριῶν *Arist. Rhet. I 15, 1376a20* = inna l-mušākilāti lā tabīdu aw tufqadu iḏā kānati l-šahādatu kāḏibatan *76.12.*

7. *sem. metathesis; neg. / affirm. transformation* : παρὰ τὸ ἀεὶ εἶναι (*to be contrary to what is always*) = bāda wa-faniya (*to perish and disappear*) : καὶ τὸ ἀπὸ τύχης παρὰ τὸ ἀεί (*sc.* ἐστί) *Arist. Cael. I 12, 283a33* = *in hend.;* fa-iḏā kānat (*sc.* al-ašyāʾu bi-l-baḫti) bādat sarīʿan wa-faniyat *versio B 220.8 Badawī.*

بائد **I. bāʾidun** *act. part.*

1. *sem. etym.; transl.* ὄλεθρος (*destruction, death*) *in* ἀνώλεθρος (*indestructible*) = ġayru bāʾidin : καὶ τοῦτ' εἶναι τὸ θεῖον· ἀθάνατον γὰρ καὶ ἀνώλεθρον *Arist. Phys. III 4, 203b14* = hāḏā huwa llāhu wa-ḏālika annahū ġayru māʾitin wa-lā bāʾidin *212.14.*

أباد IV. abāda

1. ἀναλίσκω (*to use up, spend*) = *in hend.;* aḫaḏa wa-abāda : οἳ ὑμῖν (ὑμῖν *ω, Kassel* : ὑμᾶς *codd., Ross* : *utrum* ὑμῖν *an* ὑμᾶς *Arab.?*) ἀναλώσουσι τὰ κοινὰ κλέπτοντες *Arist. Rhet. II 20, 1394a1* = fa-aḫaḏū amwālakum wa-abādūkum wa-salabū l-ʿāmmata *136.3; v. also* ἀναλώσωσιν *Arist. Rhet. II 3, 1380b11 = 91.9, where the Arabic ms. has a dubious unpointed skeleton interpreted by the editor as* yubīdū.

إبادة IV. ibādatun *maṣdar*

1. ἀναιρούμενος ([*the state of*] *being removed*) = maʿa ibādatihī: καὶ ὡδὶ τὰ τῶν οὐσιῶν αἴτια ὡς αἴτια πάντων, ὅτι ἀναιρεῖται ἀναιρουμένων *Arist. Metaph. Λ 5, 1071a35* = wa-hāḏā l-nawʿu llaḏī li-l-ǧawāhiri ka-ʿilali l-ǧamīʿi li-annahā tabīdu maʿa ibādatihā *1549v5.*

مُبيدٌ IV. mubīdun *act. part.*

1. *sem. amplif.;* φθορά (*destruction*) = ḥālu mubīdin : ὥστε ἐκεῖ μὲν φθορὰ τῆς προϋπούσης ποιότητος, ἐνταῦθα δὲ τελείωσις μᾶλλον *Them. In De an. 55.35* = fa-takūnu ḥālu ḏāka ḥāla mubīdin li-l-kayfiyyati l-mutaqaddimati fīhi wa-ḥālu hāḏā ḥāla mukmilin li-l-ṭabīʿati llatī hiya fīhi *81.7.*

بيض

باض I. bāḍa *abs. et c. acc. r.* (*ovi* = bayḍan, bayḍatan)

1. *transl.* τίκτω (*to bear young, give birth to*) *and its compounds and derivatives*

1.1 τίκτω (*to bear young, give birth to*) : αἱ πέρδικες αἱ θήλειαι ... τίκτουσι παραχρῆμα *Arist. Gener. anim. III 1, 751a16* = ināṯu l-qabǧi ... minhā mā yabīḍu bayḍan baġtatan *101.15* ⟼ ὁ δὲ σκορπίος τίκτει δίς (*post* δίς *add.* τίκτει δὲ καὶ ὁ σαργὸς δίς *ed., om. Arab. per homoeoteleuton*) ἔαρος καὶ μετοπώρου *Arist. Hist. anim. V 9, 543a7** = fa-ammā l-ʿaqrabu l-baḥriyyu fa-huwa yabīḍu marratan fī l-rabīʿi wa-marratan fī l-ḫarīfi *216.15*; τίκτουσι δ' οὗτοι περὶ τὸ μετόπωρον *VI 17, 570b22* = fa-inna hāḏayni l-ṣinfayni yabīḍāni fī awāni l-ḫarīfi *283.9; 570b23 = 283.10; etc., v. WGAÜ, 674.18, WGAÜ Suppl. II, 458ult.-459.5* ⟼ ἐν δὲ τοῖς τοίχοις καὶ νοσσιὰς εἰς τὸ ἐν αὐταῖς τίκτειν κατασκευάσομεν *Cass. Bass. Geopon. XIV, 7.2* = wa-yuǧʿalu fī ǧudrānihā min dāḫilin ḫurūqun liṭāfun tabīḍu (*sc.* al-daǧāǧu) fīhā *WGAÜ Suppl. II, 459.8.*

1.2 ἀποτίκτω (*to give birth to*) : ὅταν γὰρ ἀποτέκῃ τὰ ᾠὰ ἡ θήλεια *Arist. Gener. anim. I 21, 730a19* = fa-innahū iḏā bāḍati l-unṯā l-bayḍa *46.1.*

1.3 ἐκτίκτω (*to bear young, spawn*) : οὔτε γὰρ αἱ θήλειαι ἀθρόα ἐκτίκτουσιν ἀλλὰ κατὰ μικρόν, οὔθ' οἱ ἄρρενες ἀθρόον ἀφιᾶσι τὸν θορόν *Arist. Gener. anim. III 5, 756a13* = wa-laysa tabīḍu l-ināṯu baġtatan bal ruwaydan ruwaydan wa-lā l-ḏukūratu tulqī l-zarʿa baġtatan *114.22* ⟼ καὶ ἐκτίκτει (*sc.* τὰ ᾠὰ) οὐ καθ' ἓν ἀλλὰ συνεχές *Arist. Hist. anim. III 1, 511a21* = fa-innahā lā tabīḍu bayḍatan mufradatan bal tabīḍu (*corr. Ullmann* : yabīḍu *ed.*) ǧamīʿa l-bayḍi muttaṣilan baʿḍuhū bi-baʿḍin *102.6-7**; ἀκμάζουσι δὲ τῶν ἰχθύων οἱ μὲν ᾠοφόροι τοῦ ἔαρος, μέχρι οὗ ἂν ἐκτέκωσιν *IX 37, 621b20* = wa-aṣnāfu l-samaki llatī taḥmilu <bayḍan> tašibbu wa-taḫṣibu fī awāni l-rabīʿi ilā an tabīḍa bayḍahā *423.8; IX 3, 610b3 = 381.7, v. WGAÜ Suppl. I, 330.12.*

1.4 *sem.; etym.;* διτοκέω (*to bear twins, lay two eggs*) **(a)** bāḍa bayḍatayni : καὶ οὗτος ἐνίοτε διτοκεῖ *Arist. Gener. anim. III 1, 750a17* = wa-huwa ayḍan rubbamā bāḍa bayḍatayni *99.7* **(b)** bāḍa bayḍan marratayni : περιστερὰ δὲ καὶ φάττα καὶ τρυγὼν καὶ οἰνὰς (οἴασκαι *P*) διτοκοῦσι *Arist. Hist. anim VI 1, 558b23* = fa-ammā l-ḥamāmu wa-l-fawāḫitu wa-l-uṭruġullatu wa-l-ḥamāmu l-barriyyu fa-innahū yabīḍu bayḍan marratayni fī l-sanati *242.6.*

1.5 *sem.; etym.;* ὀλιγότοκος (*laying few eggs*) = bāḍa bayḍan qalīlan : τοῖς δὲ γαμψώνυξιν ὀλιγοτόκοις οὖσιν οὐδὲν ἧττον συμβαίνει τοῦτο *Arist. Gener. anim. III 2, 753a31* = fa-ammā l-ṭayru l-muʿaqqafu l-maḫālībi fa-huwa yabīḍu bayḍan qalīlan wa-hāḏā l-ʿaraḍu yaʿriḍu lahū laysa bi-dūni mā yaʿriḍu li-ġayrihī *107.10; cf. III 1, 750a11 = 98.23.*

1.6 *sem.; etym.;* πολυτοκέω (*to lay many eggs*) = bāḍa bayḍan kaṯīran : καὶ τῶν ἀλεκτορίδων ἔνιαι πολυτοκήσασαι λίαν *Arist. Gener. anim. III 1, 750a27* = wa-baʿḍu l-daǧāǧi yabīḍu bayḍan kaṯīran ǧiddan *99.16.*

1.7 *sem.; etym.;* πολυτόκος (*laying many eggs*) = bāḍa bayḍan kaṯīran : τοῖς μὲν οὖν πολυτόκοις συμβαίνει τὸ τοιοῦτον εὐλόγως *Arist. Gener. anim. III 2, 753a27* = fa-bi-ḥaqqin yaʿriḍu hāḏā l-ʿaraḍu lil-aṣnāfi llatī tabīḍu bayḍan kaṯīran *107.7.*

1.8 *sem.; etym.;* ᾠοτοκέω (*to lay eggs, be oviparous*) *and its derivatives*

1.8.1 *sem.; etym.;* ᾠοτοκέω (*to lay eggs*) = bāḍa bayḍan : σαῦροι γὰρ καὶ κροκόδειλοι ... ᾠοτοκοῦσιν *Arist. Gener. anim. II 1, 732b20* = li-anna l-sāmma abraṣa wa-l-tamāsīḥa ... tabīḍu bayḍan *53.1;* ἐπεὶ γὰρ οὐκ ἐκτρέφονταί γε ἐν τῇ μητρὶ τὰ ᾠοτοκούμενα *III 2, 753b34* = li-anna l-bayḍa llaḏī yubāḍu <wa->lā (*sic leg.*) yuġaḏḏā fī l-baṭni *108.15-16*; etc.* ⟼ τὰ μὲν γὰρ ἄλλα (ἄλλα *non vert. Arab.*) γένη τῶν ὄφεων ᾠοτοκεῖ πάντα *Arist. Hist. anim. III 1, 511a16* = li-anna ǧamīʿa aǧnāsi l-ḥayyāti tabīḍu bayḍan *101.21;* καὶ οἱ πλατεῖς ἰχθύες ... ζῳοτοκοῦσιν ᾠοτοκήσαντες *VI 11, 566b1-2* = wa-aṣnāfu l-samaki l-ʿarīḍi l-ǧuṯṯati ... talidu ḥayawānan baʿda an tabīḍa bayḍan fī aǧwāfihā *268.3; etc., v. WGAÜ Suppl. II, 739.10-12* ⟼ ὀμφαλὸν δ' ἐν μὲν τῇ γενέσει ἅπαντα ἔχει ὅσαπερ ζῳοτοκεῖ (ζῳοτοκεῖ *USΣ Arab.* : ζῳοτοκεῖται *cett., ed.*) ἢ ᾠοτοκεῖ (ᾠοτοκεῖ *UY Arab.* : ᾠοτοκεῖται *cett., ed.*) *Arist. Part. anim. IV 12, 693b24** = wa-li-ǧamīʿi l-ḥayawāni llaḏī yalidu ḥayawānan aw yabīḍu bayḍan surratun fī waqti l-wilādi *146.17; IV 11, 692a14* = *143.13; etc., v. WGAÜ Suppl. II, 739.13* ⟼ οὐ γὰρ ᾠοτοκεῖ ὥσπερ οἱ ἄλλοι ὄρνιθες *Artem. Onirocr. 232.21* = wa-ḏālika annahū lā yabīḍu bayḍan miṯla bayḍi sāʾiri l-ṭayri *430.2* ⟼ ᾠοτοκοῦσι δὲ (*sc.* αἱ χῆνες) τρίτον τοῦ ἔτους ἕως ιβ' ᾠῶν *Cass. Bass. Geopon. XIV, 22.3* = wa-yabīḍu l-baṭṭu fī l-sanati fī ṯalāṯati aḥāyīna ... ṯnatay ʿašrata bayḍatan *WGAÜ Suppl. II, 739.15.*

1.8.2 *sem. etym.;* ᾠοτόκος (*oviparous*) = allaḏī yabīḍu bayḍan : διὸ καὶ τὴν ὑστέραν τὰ τοιαῦτα ἔχει ἀνομοίαν καὶ τοῖς ζῳοτόκοις καὶ τοῖς ᾠοτόκοις *Arist. Gener. anim. I 11, 719a6* = wa-li-ḏālika tūǧadu arḥāmu l-ḥayawāni llaḏī yalidu ḥayawānan wa-llaḏī yabīḍu bayḍan muḫtalifatan *13.10* ⟼ καὶ τὰ μὲν ζῳοτόκα τὰ δ' ᾠοτόκα τὰ δὲ σκωληκοτόκα *Arist. Hist. anim. I 5, 489a34* = wa-ayḍan baʿḍu l-ḥayawāni yalidu ḥayawānan wa-baʿḍuhū yabīḍu bayḍan wa-baʿḍuhū yalidu dūdan (*sic leg. cum ms. Ṭ, v. WGAÜ, 791.1*) *19.16*;* τὸν αὐτὸν δὲ τρόπον ἔχει ἡ ὑστέρα καὶ ἐν τοῖς τετράποσι μὲν τῶν ζῴων ᾠοτόκοις δέ *III 1, 510b34* = fa-hāḏihī ḥālu l-arḥāmi fī l-ḥayawāni llaḏī lahū arbaʿu arǧulin wa-yabīḍu bayḍan *101.6; etc., v. WGAÜ Suppl. II, 739.17-20* ⟼ τὰ δὲ τετράποδα καὶ ᾠοτόκα οὐ σκαρδαμύττει ὁμοίως *Arist. Part. anim. II 13, 657b22* = fa-ammā l-ḥayawānu llaḏī lahū arbaʿatu (*sic mss*) arğulin wa-yabīḍu bayḍan fa-laysa yaġliqu ʿaynayhi ʿalā miṯli hāḏihi l-ḥāli *49.13⊗; καὶ ἐν τοῖς ᾠοτόκοις ἧττον μὲν ... φανερόν III 7, 669b32* = wa-laysa ḏālika bayyin (*sic ed. pro* bayyinan) fī l-ḥayawāni llaḏī yabīḍu bayḍan illā fī baʿḍihī *82.1⊗; III 7, 670a33 = 83.10; etc.*

1.8.3 *sem.; etym.;* ᾠοτοκία (*egg-laying, oviposition*) = bāḍa bayḍan : ὅσα δὲ ζῳοτόκα ἄνευ ᾠοτοκίας *Arist. Gener. anim. I 20, 728b7* = al-ḥayawānu llaḏī yalidu ḥayawānan bi-ġayri an yabīḍa bayḍan *41.18* ⟼ οὔτε γὰρ ζῳοτοκεῖ ἄνευ ᾠοτοκίας οὐδὲν τῶν τοιούτων *Arist. Hist. anim. IV 11, 538a7* = min qibali annahū laysa ṣinfun min hāḏihi l-aṣnāfi yalidu ḥayawānan qabla an yabīḍa bayḍan *198.14.*

2. κύω (*to be pregnant with*) : οὐδὲ δὴ κύουσι πολλὰ κυήματα ὁμοίως ἐν τοῖς ἄλλοις χρόνοις *Arist. Hist. anim. V 11, 543b22* = wa-lā yabīḍu bayḍan kaṯīran miṯla l-samaki llaḏī yabīḍu fī sāʾiri l-azmāni *220.3.*

3. *sem., def.;* ὠδίς, *zool.* (*[the moment of] oviposition*) = al-waqtu llaḏī yanbaġī an tabīḍa fīhi : δύνανται δ' αἱ περιστεραὶ καὶ ἤδη τοῦ ᾠοῦ ἐν ὠδῖνι ὄντος κατέχειν *Arist. Hist. anim. VI 2, 560b22* = wa-yumkinu an taḥbisa l-ḥamāmatu l-bayḍa fī ğawfihā baʿda l-waqti llaḏī yanbaġī an tabīḍa fīhi *248.9-10.*

بَيْضٌ **I. bayḍun** *maṣdar, in the expr.* bāḍa bayḍan → *supra,* I. bāḍa 1.5, 1.6, 1.8.1, 2.

بَيَّضَ **II. bayyaḍa** *c. acc. r.*

1. λευκαίνω (*to make white*) : ὑπὸ δὲ πυρὸς καὶ χρόνου παχύνεται καὶ λευκαίνεται (*sc.* τὸ ἔλαιον) *Arist. Meteor. IV 7, 383b29* = wa-l-duhnu yuğallaẓu wa-yubayyaḍu (*sic leg.*) bi-l-nāri fī muddati l-zamāni *1210** ⟼ λευκαίνεται δὲ ἔλαιον *Diosc. Mat. med. I, 34.23* = yubayyaḍu l-duhnu *vetus translatio Ullmann Unters., 188.7.*

2. *sem. metathesis; subject / object transformation;* πολιαὶ γίνονται, *sc.* αἱ τρίχες (*to turn grey, said of hair*) = bayyaḍa l-šaʿara : ἐν γὰρ ταῖς λεύκαις πολιαὶ γίνονται αἱ τρίχες *Ps.-Arist. Probl. phys. X 5, 891b1-2* ≅ fa-inna l-ʿillata llatī tubayyiḍu l-šaʿara iḏā zādat ġayyarat ayḍani l-laḥma ilā l-bayāḍi *XI 5, 420.9.*

تَبْيِيضٌ **II. tabyīḍun** *maṣdar*

1. λεύκανσις (*a growing white, a whitening*) : ἀλλ' ἴσως οὐχ ἡ λευκότης κίνησις, ἀλλ' ἡ λεύκανσις *Arist. Phys. V 1, 224b15* = fa-naqūlu innahū ḫalīqun an yakūna innamā l-tabyīḍu ḥarakatan lā l-bayāḍu *497.4*; τοιγαροῦν ἄλλη τῷ εἴδει μέλανσις καὶ λεύκανσις, πᾶσα οὖν λεύκανσις πάσῃ λευκάνσει ἡ αὐτὴ κατ' εἶδος ἔσται καὶ πᾶσα μέλανσις μελάνσει (πᾶσα οὖν ... μελάνσει *codd., Arab.* : *secl. Ross*), λευκάνσει (λευκάνσει *Arab.* : λευκότητος *cett., ed.*) δ' οὐκ ἔστιν (δ' οὐκ ἔστιν *EI Arab.* : δ' οὐκ ἔσται *H fort. S* : δ' οὐκέτι *cett., ed.*)· διὸ τῷ εἴδει μία λεύκανσις λευκάνσει πάσῃ *V 4, 227b8-11** = wa-li-ḏālika ṣāra l-taswīdu ġayra l-tabyīḍi fī l-nawʿi fa-yakūnu kullu tabyīḍin muwāfiqan fī l-nawʿi li-kulli tabyīḍin wa-kullu taswīdin li-kulli taswīdin wa-ammā li-l-tabyīḍi fa-laysa bi-muwāfiqin wa-li-ḏālika ṣāra l-tabyīḍu huwa wa-kullu tabyīḍin yuqāsu bihī wāḥidan fī l-nawʿi *550.11-551.1.*

تَبَيُّض **V. tabayyuḍun** *maṣdar (v. Dozy, 134a, for the fifth stem)*

1. λεύκανσις (*a growing white, a whitening*) : οὐδὲν γὰρ μᾶλλον ἡ ὑγίανσις ἢ ἡ νόσανσις κατὰ φύσιν ἢ παρὰ φύσιν, οὐδὲ λεύκανσις ἢ μέλανσις *Arist. Phys. V 6, 230a23* : li-anna an yaṣiḥḥa l-insānu aw an yamraḍa laysa yakūnu minhu mā huwa aḥrā bi-an yakūna ṭabīʿiyyan wa-minhu aḥrā bi-an yakūna ḫāriǧan ʿani l-ṭabīʿati wa-lā l-tabayyuḍu awi l-tasawwudu *590.18.*

ابْيَضَّ **IX. ibyaḍḍa**

1. *transl.* λευκός (*white*) *and its derivatives*

1.1 λευκὸς γίγνομαι (*to become white*) = ibyaḍḍa lawnuhū : οἷσι δ' ἂν ἐς τὴν κύστιν ἐξερεύγηται, ὑπὸ τῆς θερμότητος τοῦ χωρίου λευκὸν γίνεται *Hippocr. Nat. hom. 198.19* = wa-ammā llaḏī yanṣabbu minhum ilā l-maṯānati fa-yabyaḍḍu lawnuhū ... wa-l-sababu fī ḏālika ḥarāratu l-mawḍiʿi *22.8.*

1.2 λευκότερος γίγνομαι (*to become whiter*) : ἀποκρίνεται τὸ λευκότατον καὶ πίπτει πρὸς τὴν ἐπιδερμίδα· καὶ ἡ θρὶξ ... λευκοτέρη γίνεται *Hippocr. Nat. puer. 66.21* = sāla bayāḍuhā fa-waqaʿa ʿalā l-ǧildi fa-yabyaḍḍu l-šaʿaru *67.11.*

1.3 λευκαίνομαι (*to become white*) : μήπω μεταβεβληκότος τοῦ ᾠοῦ ἐκ τοῦ ὠχρὸν εἶναι ὅλον (εἶναι ὅλον *PY Arab.* : εἶναι *O*[c] : ὅλον εἶναι *cett., ed.*) εἰς τὸ λευκαίνεσθαι *Arist. Gener. anim. I 21, 730a6** = qabla an tataġayyara l-bayḍatu mina l-ṣufrati wa-tabyaḍḍu kulluhā *45.9* ⟼ μεταβάλλουσι δὲ τὰς χρόας (sc. αἱ τρίχες) γηρασκόντων καὶ λευκαίνονται ἐν ἀνθρώπῳ *Arist. Hist. anim. III 11, 518a7* = wa-l-šaʿaru yataġayyaru fī l-insāni ʿinda l-kibari wa-yabyaḍḍu *125.6* ⟼ οὐ γὰρ λευκαίνεται ἡ αἴσθησις ..., ἀλλ' ὃ πολλάκις καὶ εἰρήκαμεν καὶ ἐροῦμεν, τὸ εἶδος ὑποδέχεται μόνον *Them. In De an. 78.8* = wa-ḏālika anna l-ḥissa laysa yabyaḍḍu ... lākinna l-amra ʿalā mā qulnāhu wa-naqūluhū mirāran kaṯīratan min annahū innamā yaqbalu l-ṣūrata faqaṭ *132.5;* ἡ γὰρ κόρη οὐ λευκαίνεται *79.34* = fa-inna l-nāẓira laysa yabyaḍḍu *135.15; 86.29 = 151.5.*

1.4 *sem.; def.;* ἡ λεύκη (*leprosy*) = ibyaḍḍa l-ǧildu ʿinda l-waḍaḥi : διὰ τί δὲ ἐν μὲν τῇ λεύκῃ πολιαὶ γίνονται, ὅπου δὲ πολιαί, οὐκ ἀεὶ λεύκη; *Ps.-Arist. Probl. phys. X 34, 894b8* = limā ṣāra iḏā byaḍḍa l-ǧildu ʿinda l-waḍaḥi yaḫruǧu ayḍan hunālika šaʿarun abyaḍu fa-iḏā byaḍḍa l-šaʿaru ʿinda l-šayḫūḫati lā yabyaḍḍu ayḍani l-ǧildu *XI 34, 462.19.*

2. *transl. derivatives of* πολιός (*grey*), *said of hair*

2.1 πολιόω, *act. and med.* (*to turn grey*) **(a)** *abs.* : ὅθεν καὶ ἠριγέρων ὠνομάσθη διὰ τὸ τοῦ ἦρος τὰ ἄνθη τριχοειδῶς πολιοῦσθαι *Diosc. Mat. med. II, 254.5* = arīǧārun ... iḏā kāna zamanu (zamanu *om. Dubler / Terés*) l-rabīʿi byaḍḍa wa-maʿnā smihi l-šayḫu fī l-rabīʿi *versio A Dubler / Terés II, 345.27* = wa-summiya īrīǧārūn ayi l-mutakahhilu fī l-rabīʿi li-anna zahrahū wa-ḥašīšahū yabyaḍḍu fīhi *versio B WGAÜ Suppl. II, 154.10* **(b)** ibyaḍḍa l-šaʿaru : τὸ ... ἔλαιον ... βράδιόν τε πολιοῖ καθ' ἑκάστην ἡμέραν ἐπαλειφόμενον *Diosc. Mat. med. I, 34.22* = wa-iḏā ndahana minhu insānun kulla yawmin abṭaʾa bi-l-šaybi wa-manaʿa an yabyaḍḍa l-šaʿaru sarīʿan *versio C WGAÜ Suppl. II, 154.13 / sim. vetus translatio, v. Ullmann Unters., 188.7.*

2.2 πολιαί (*sc.* τρίχες) *with verbs denoting emergence, growth, or presence* (*to grow, have grey hairs; to go grey*) = ibyaḍḍa šaʿaruhū : σημεῖον δ' ὅτι τοιοῦτόν ἐστιν· καὶ γὰρ ἐκ νόσων πολλοῖς πολιαὶ ἀνέφυσαν, ὕστερον δ' ὑγιασθεῖσι (ὑγιασθεῖσαι *SY*) μέλαιναι ἀντὶ τούτων *Arist. Gener. anim. V 4, 784b24* = wa-l-ʿalāmatu l-dalīlatu ʿalā ḏālika min qibali anna kaṯīran mina l-nāsi mariḍū amrāḍan šadīdatan fa-byaḍḍa šaʿaru aǧsādihim fa-lammā bariʾū wa-naqahū swadda ḏālika l-šaʿaru ayḍan *188.20-21* ⟼ ἤδη δέ τισι κάμνουσι μὲν πολιαὶ ἐγένοντο *Arist. Hist. anim. III 11, 518a14* = wa-rubbamā mariḍa baʿḍu l-nāsi fa-yabyaḍḍu šaʿaruhū ǧiddan *125.12* ⟼ *Ps.-Arist. Probl. phys. X 34, 894b7 = XI 34, 462.19* (*v. supra,* ibyaḍḍa 1.4).

مُبْيَضٌّ IX. **mubyaḍḍun** *act. part.*

1. τὸ λευκαινόμενον (*s.th. becoming white*) : οἷον τὸ λευκαινόμενον εἰς μὲν τὸ νοούμενον μεταβάλλει κατὰ συμβεβηκός *Arist. Phys. V 1,*

224b18 = miṯālu ḏālika anna taġayyura l-mubyaḍḍi ilā l-maʿqūli innamā yakūnu taġayyuran bi-ṭarīqi l-ʿaraḍi *497.9*.

2. λευκόομαι *pass.* (*to be whitened*) : οἱ δὲ τὴν λέξιν μετερρύθμιζον, ὅτι ὁ ἄνθρωπος οὐ λευκός ἐστιν ἀλλὰ λελευκωμένος (λελευκωμένος Π *Arab.* : λελεύκωται PST *ed.*) *Arist. Phys. I 2, 185b29** = wa-baʿḍuhum ka-annahū qawwama l-lafẓata fa-qāla laysa yanbaġī an yuqāla l-insānu yūǧadu abyaḍa bal yuqāla l-insānu mubyaḍḍun *16.2*.

ابْيَاضّ XI. ibyāḍḍa

1. *transl.* λευκός (*white*) *and its derivatives*

1.1 λευκὸς γίγνομαι (*to become white*) : οἷον καὶ ὁ ἀφρὸς γίγνεται παχύτερος καὶ λευκός *Arist. Gener. anim. II 2, 735b11* = miṯla-mā yaḫṯaru wa-yabyāḍḍu l-zabadu *60.22;* καὶ αὐτὸ τὸ ὕδωρ ἐλαίῳ μιγνύμενον γίγνεται παχὺ καὶ λευκόν *II 2, 735b22* = wa-l-māʾu ayḍan iḏā ḫālaṭa l-zayta ḫaṯira wa-byāḍḍa *61.7*.

1.2 λευκὸς εἶναι (*to be* or *become white*) : ἂν δ' αἱ τρίχες ὦσι λευκαὶ <διὰ γῆρας> *Arist. Gener. anim. V 4, 784a27* = fa-ammā iḏā byāḍḍa l-šaʿaru li-ḥāli l-kibari *187.21*.

1.3 λευκαίνομαι, *pass.* (*to become white*) : διὸ καὶ τὸ λευκαινόμενον παχύτερον γίγνεται *Arist. Gener. anim. II 2, 735b14* = wa-li-ḏālika llaḏī yabyāḍḍu yakūnu aḫṯara *61.2;* οὐδ' ὥσπερ ἡ πόα αὐαινομένη λευκαίνεται οὕτω καὶ ἡ θρίξ *V 5, 785a33* = wa-lā yabyāḍḍu l-šaʿaru miṯla-mā yabyāḍḍu kaṯīrun mina l-aǧsādi (*an* al-ḥašāʾiš *leg.?*) iḏā yabisa *190.8* ⟼ καὶ τὰ πτερὰ λευκαίνεται *Arist. Hist. anim. VI 6, 563a25* = wa-rīšuhū yabyāḍḍu *255.16*.

2. *transl. derivatives of* πολιός (*grey*), *said of hair*

2.1 πολιόομαι *med.* (*to turn grey*) **(a)** *abs.* : καὶ αἱ πυρραὶ δὲ θᾶττον πολιοῦνται τρίχες τῶν μελαινῶν *Arist. Gener. anim. V 5, 785a19* = wa-l-šaʿaru l-ašqaru yabyāḍḍu asraʿa mina l-šaʿari l-aswadi *189.23* ⟼ πρῶτον δὲ πολιοῦνται οἱ κρόταφοι τῶν ἀνθρώπων *Arist. Hist. anim. III 11, 518a16* = wa-awwalu mā yabyāḍḍu min šaʿari l-raʾsi fī l-nāsi l-ṣudġāni *125.15;* πολιοῦνται δὲ βραδύτατα αὗται (*sc.* αἱ ἐν ταῖς βλεφαρίσιν τρίχες) *III 11, 518b11* = wa-šaʿaru l-ašfāri yabyāḍḍu aḫīran *127.5* **(b)** *in hend.;* šāba wa-byāḍḍa : καὶ πολιοῦνται δὲ τὰς κεφαλὰς γηράσκοντες οἱ ἄνθρωποι *Arist. Gener. anim. V 3, 782a11* = wa-iḏā ṭaʿana l-nāsu fī l-sinni tašību wa-tabyāḍḍu ruʾūsuhum *182.14;* τοὺς δὲ κροτάφους πολιοῦνται πρῶτον *V 4, 784b35* = fa-ammā šaʿaru l-ṣudġayni fa-huwa yabyāḍḍu wa-yašību awwalan *189.6*.

2.2 ἐπιπολιόομαι *med.* (*to turn grey*) : τῆς δὲ θερμότητος ἐλλειπούσης διὰ τὴν ἡλικίαν, ἐπιπολιοῦνται αἱ τρίχες αὗται *Arist. Gener. anim. V 5, 785a18* = fa-iḏā nafidati l-ḥarāratu li-ḥāli l-sinni yabyāḍḍu šaʿaru l-ṣudġayni *189.22.*

2.3 πολιὸς γίγνομαι (*to go or turn grey*) : γίνονταί τε μᾶλλον πολιαὶ σκεπαζομένων τῶν τριχῶν *Arist. Hist. anim. III 11, 518a15* = wa-rubbamā byāḍḍa l-šaʿaru iḏā ġuṭṭiya kaṯīran bi-ʿimāmatin wa-ġayri ḏālika *125.13.*

بَيْضٌ **bayḍun** *nom. gen.*, **bayḍatun** *nom. unit.*, *pl.* **bayḍātun**

A. 1-4. Basic meaning: egg, offspring

B. 5-8. Metaphorical meaning: testicle

C. 9-10. Metaphorical meaning: helmet

A. *Basic meaning: egg, offspring*

1. *transl.* ᾠόν (*egg*) *alone and in compounds*

1.1 ᾠόν (*egg*) : εἰ οὖν τὰ ᾠὰ ἀνάγκη ἐν τῇ ὑστέρᾳ εἶναι *Arist. Gener. anim. I 8, 718b22* = fa-in kāna yanbaġī an yakūna l-bayḍu fī l-raḥimi *12.6;* θύραζε γὰρ ἂν ἰὸν διεφθείρετο τὸ ᾠὸν οὐκ ἔχον προβολήν *II 1, 733a16* = wa-law baraza l-bayḍu ilā ḫāriǧin la-fasada wa-halaka li-annahū laysa lahū ġiṭāʾun wa-lā šawkatun *54.6;* ἐκεῖνα γὰρ ἐν τοῖς ᾠοῖς λαμβάνει τὴν διάκρισιν κεχωρισμένα τῆς μητρός (μητρός *Arab.* : μήτρας *codd. graec.*) *II 4, 740b1** = li-anna l-firāḫa ... tanfaṣilu wa-taẓharu aʿḍāʾuhā (*sic leg.*) fī dāḫili l-bayḍi wa-ḏālika l-bayḍu ḫāriǧun mina l-ummi llatī bāḍathu *73.15*; et saepe* ↦ ἡ δὲ σηπία δύο τε τὰ κύτη καὶ (*post* καὶ *add.* πολλὰ *ed.* : *non vert. Arab.*) ᾠὰ ἐν τούτοις, χαλάζαις ὅμοια λευκαῖς *Arist. Hist. anim. IV 1, 525a7** = fa-ammā l-ḥayawānu llaḏī yusammā sibiyā fa-lahū fī ǧawfihī wiʿāʾāni mamlūʾāni bayḍan šabīhan bi-l-baradi li-šiddati bayāḍihā *154.16;* ὅταν ὑπὲρ τὰς εἴκοσιν ἡ ἐκκόλαψις γίνηται τῶν ᾠῶν *VI 3, 561b29* = in kasara (*sc.* aḥadun) al-bayḍata baʿda tamāmi l-ʿišrīna yawman *251.8;* τὸ δ' ὑπολειπόμενον (*sc.* ᾠόν) τῶν ᾠῶν ἀεὶ οὔριόν ἐστιν *VI 4, 562b11* = fa-ammā l-bayḍatu llatī tabqā fa-hiya fāsidatun ʿalā kulli ḥālin *253.6; et saepe* ↦ ἐπιπλέουσι τὰ ᾠά *Arist. Meteor. II 3, 359a14* = wuǧida ḏālika l-bayḍu ṭāfiyan ʿalā ḏālika l-māʾi *594* ↦ τὰ δὲ καλούμενα (*non vert. Arab.*) ᾠὰ πλείω τὸν ἀριθμὸν ἐν ὑμένι χωρὶς ἕκαστον *Arist. Part. anim. IV 5, 680a13* = bayḍun kaṯīru l-ʿiddati kullu wāḥidin minhā fī ṣifāqin ʿalā ḥidatihī *111.12* ↦ ᾠιὰ δὲ ἰατροῖς καὶ ζωγράφοις ... συμφέρει *Artem. Onirocr. 178.1* = al-bayḍu fī l-ruʾyā dalīlu ḫayrin li-l-aṭibbāʾi wa-l-muzawwiqīna *321.5* ↦ τὰ δὲ ᾠὰ φυλάξεις χειμῶνος μὲν ἐν ἀχύροις, θέρους δὲ ἐν πιτύροις *Cass. Bass. Geopon. XIV, 11.6* = wa-mimmā yuṣānu bihi l-bayḍu an yakūna mawḍiʿuhū fī l-ṣayfi fī tibni burrin wa-fī l-šitāʾi fī nuḫālatin *WGAÜ Suppl. II, 119.8;* δεῖ δὲ σημειοῦσθαι ἑκάστης χηνὸς τὰ ᾠὰ διὰ χαρακτήρων τινῶν *XIV, 22.9* = wa-mina l-wāǧibi an yumayyaza bayḍu kulli baṭṭatin *WGAÜ Suppl. II, 684.8* ↦ ᾠὸν ... ἡ δὲ λέκιθος αὐτοῦ ἑφθὴ χρησίμη *Diosc. Mat. med. I, 136.14* = wa-ṣufratu l-bayḍi l-maslūqi ... kāna nāfiʿan *Ibn al-Bayṭār Ǧāmiʿ I, 130.13; v. also Ullmann Unters., 188.9-10* ↦ ἑκάστης ἡμέρης ... τὸ ᾠὸν ὑφαιρέων *Hippocr. Nat. puer. 78.2* = yaʾḫuḏu minhā kulla yawmin bayḍatan *79.2; 80.25 = 82.12* ↦ τὸ μὲν σπέρμα τοῦ ζῴου καὶ τὸ ᾠὸν ... μεταβάλλει *Them. In De an. 56.15* = fa-maniyyu l-ḥayawāni wa-l-bayḍatu yataġayyarāni *82.9* ↦ ἐντιθέναι τε καὶ πάστιλλον ... ὡς ᾠόν, εἰς τὴν ἕδραν *Theomn. Hippiatr. Berolinensia 31:4.9* = wa-yanbaġī an yudḫala fī duburihī ayḍan šayʾun yušākilu l-bayḍata *86.7*.

1.2 τὰ ὑπηνέμια ᾠά, *pl.* (*wind-eggs*), *where* ᾠά *is often omitted* = bayḍu l-rīḥi *vel sim.* : ἐάν τε γὰρ ὑπηνέμια τύχῃ κύουσα ἡ ὄρνις *Arist. Gener. anim. I 21, 730a4* = wa-in kāna fī l-unṯā bayḍun mina l-rīḥi *45.8;* γόνιμα γίγνεται (*sc.* τὰ ᾠὰ) ἀντὶ ὑπηνεμίων *I 21, 730a7* = yakūnu ḏālika l-bayḍu muwāfiqan li-l-wilādi baʿda an kāna min bayḍi l-rīḥi *45.10; I 21, 730a32 = 46.12; etc.* ↦ τὰ δ' ᾠὰ τὰ ὑπηνέμια ἐλάττω μὲν τῷ μεγέθει γίνεται ... τῶν γονίμων *Arist. Hist. anim. VI 2, 559b24* = wa-l-bayḍu llaḏī yatawalladu mina l-rīḥi aṣġaru mina llaḏī yatawalladu mina l-sifādi *245.20*; ζεφύρια δὲ καλεῖται τὰ ὑπηνέμια ὑπό τινων, ὅτι ὑπὸ τὴν ἐαρινὴν ὥραν φαίνονται δεχόμεναι τὰ πνεύματα αἱ ὄρνιθες *VI 2, 560a7* = wa-qad sammā baʿḍu l-nāsi bayḍa l-rīḥi l-bayḍa l-ǧanūbiyya li-anna aṣnāfa l-ṭayri taqbalu l-rīḥa (*fort.* l-riyāḥa?) fī aǧwāfihā fī awāni l-rabīʿi fīmā yaẓharu *246.13; VI 9, 564a31 = 260.2; etc.* , *v. WGAÜ Suppl. II, 538.1-7.*

1.3 *sem.; etym.* ἐπῳάζω (*to sit on eggs, incubate*) = ǧalasa ʿalā l-bayḍi : ἡ δὲ γένεσις ἐκ τοῦ ᾠοῦ συμβαίνει τοῖς ὄρνισιν ἐπῳαζούσης ... τῆς ὄρνιθος *Arist. Gener. anim. III 2, 752b16* = wa-yaʿriḍu an yakūna wilādu l-ṭayri mina l-bayḍati iḏā ǧalasati l-unṯā ʿalā l-bayḍi *105.12-13* ↦ ἐκλέπεται δ' (*sc.* τὰ ᾠά) ἐπῳαζουσῶν (*sc.* τῶν ὀρνίθων) ἐν τῷ θέρει θᾶττον ἢ ἐν τῷ χειμῶνι *Arist. Hist. anim. VI 2, 559b30* = wa-iḏā ǧalasa l-ṭayru ʿalā l-bayḍi fī awāni l-ṣayfi tadfaʾu (*sic. leg.*) wa-taḫruǧu minhu l-firāḫu asraʿa min dafaʾihā wa-ḫurūǧihā fī zamāni l-šitāʾi *246.6.*

1.4 *sem.; etym.* ᾠοειδής (*egg-shaped, oval, ovoid*) **(a)** šabīhun bi-l-bayḍi/bi-bayḍin : οἱ σκώληκες γίγνονται προϊόντες ᾠοειδεῖς *Arist.*

Gener. anim. II 1, 733a31 = fa-l-dūdu ... yakūnu baʿda ayyāmin šabīhan bi-l-bayḍi *54.19* ↦ καὶ ἐκ τῶν ψυλλῶν σκώληκες ᾠοειδεῖς *Arist. Hist. anim. V 1, 539b12* = wa-min sifādi l-farāši ayḍan dūdun šabīhun bi-bayḍin *203.14* **(b)** fī šakli l-bayḍati : οἱ μὲν Στωικοὶ σφαιροειδῆ τὸν κόσμον, ... οἱ δ' ᾠοειδῆ *Ps.-Plut. Placita 329a4* = ammā l-riwāqiyyūna fa-innahum yarawna anna l-ʿālama kuriyyun ... wa-ġayruhum yarā annahū fī šakli l-bayḍati *25.3*.

1.5 *sem.; etym.; transl.* ᾠοτοκέω (*to lay eggs*) *and its derivatives* = bāḍa bayḍan, *v. supra*, bāḍa 1.8.

1.6 *sem.; etym.* ᾠοφαγέω (*to eat eggs*) = akala šayʾan min bayḍihī : τὰς δὲ ᾠοφαγούσας ὄρνιθας ἀπεθιστέον οὕτως *Cass. Bass. Geopon. XIV, 7.5* = wa-iḏā akalat daǧāǧatun šayʾan min bayḍihā fa-dawāʾuhā an ... *WGAÜ Suppl. II, 739.22*.

1.7 *sem.; etym.* ᾠοφυλακέω (*to guard the* [*nest of*] *eggs*) **(a)** ḥafiẓa l-bayḍa : γινώσκεται δ' (*sc.* ὁ γλάνις) ὑπὸ τῶν ἁλιέων οὗ ἂν τύχῃ ᾠοφυλακῶν *Arist. Hist. anim. IX 37, 621a28* = wa-l-ṣayyādūna yaʿrifūna makānahu (*sc.* al-samaki llaḏī yusammā aġlānīs) llaḏī yaʾwī fīhi ḥāfiẓan bayḍahū *421.13*; *VI 14, 568b13* = *275.19* **(b)** *in hend.*; tabiʿa l-bayḍa wa-ḥafiẓahū : ὁ δ' ἄρρην, οὗ ἂν πλεῖστον συστῇ τοῦ κυήματος, ᾠοφυλακεῖ παραμένων *Arist. Hist. anim. IX 37, 621a23* = wa-l-ḏakaru yatbaʿu l-bayḍa wa-yaḥfaẓuhū wa-yuqīmu maʿahū wa-ḫāṣṣatan ḥayṯu yaǧtamiʿu kaṯīrun mina l-bayḍi *421.10*.

2. κύημα, *said of fish or cephalopods* (*spawn, eggs*) : ὑπό τε γὰρ τῇ θηλείᾳ τὸ κύημα καὶ σκληρόδερμόν ἐστι *Arist. Gener. anim. III 8, 758a19* = li-anna l-bayḍa yakūnu taḥta l-unṯā wa-huwa ǧāsiʾu l-ǧildi *120.2* ↦ πάντες γὰρ ἁλίσκονται κυήματα ἔχοντες *Arist. Hist. anim. VI 13, 567a28* = wa-fī ǧawfi ǧamīʿi mā yuṣādu min hāḏayni l-ṣinfayni bayḍun *271.6*; οἱ δ' ἰχθύες τοῖς μὲν κυήμασι τρέφονται πάντες *VIII 2, 591a7* = wa-kaṯīrun min aṣnāfi l-samaki yuġaḏḏā wa-yaʿīšu mina l-bayḍi wa-l-samaki l-ṣaġīri llaḏī yaḫruǧu minhu *313.1*; *VIII 30, 608a1* = *370.16*, *v. WGAÜ, 372.15*; *v. supra* bāḍa 2.

3. *sem.; etym.; transl.* γόνος (*offspring*) = *in hend.*; bayḍun wa-wuldun, *in* πολύγονος (*producing much offspring, prolific*) = mā yukṯiru l-bayḍa wa-l-wulda : τοῖς πολυγόνοις τρέπεται εἰς τὸ σπέρμα ἡ τροφή *Arist. Gener. anim. III 1, 750a20* = inna ġiḏāʾa aǧsādi mā yukṯiru l-bayḍa wa-l-wulda yamīlu wa-yataġayyaru wa-yaṣīru zarʿan *99.11*.

4. *sem.; def.*; ἐκλέπω (*to brood* [*eggs*], *to incubate*) = ǧalasa ʿalā l-bayḍi : ἐκλέπει (*sc.* ὁ ταὼς) δ' ἐν τριάκονθ' ἡμέραις *Arist. Hist. anim.*

VI 9, 564a27 = wa-huwa (*sc.* al-ṭāwūsu) yağlisu ʿalā l-bayḍi ṯalāṯīna yawman *259.16.*

B. *Metaphorical meaning: testicle*

5. *transl.* δίδυμος (*one of the testicles;* lit., *twin*) *and its derivatives*

5.1 δίδυμος, *anat.* (*one of the testicles*) : Λεωφάνης ..., τὰ μὲν ἐκ τοῦ δεξιοῦ διδύμου τὰ δ' ἐκ τοῦ ἀριστεροῦ *Ps.-Plut. Placita 420a8-9* = wa-ammā Līyūfānūs ... fa-yarā anna ḏālika bi-nṣibābi l-maniyyi mina l-bayḍati l-yumnā wa-l-bayḍati l-yusrā *65.25.*

5.2 οἱ δίδυμοι, *anat.* (*the testicles*) = al-bayḍatāni : κόριον ... ἐπινυκτίδας καὶ διδύμων φλεγμονὰς καὶ ἄνθρακας θεραπεύει *Diosc. Mat. med. II, 74.6* = al-kuzburatu ... abra'a l-šarā wa-warama l-bayḍatayni l-ḥārra wa-l-nāra l-fārisiyya *versio A Dubler / Terés II, 268.17* ↤ *Galen Anat. admin. II, 729.8 = 576.12 (v. infra* bayḍun 5.3) ↤ καὶ διδύμους σκιρρουμένους διαφοροῦσι *Galen Simpl. medic. XI, 877.4* = wa-yağlū ... wa-fī l-bayḍatayni iḏā ṣalubat *versio Ḥunayn WGAÜ, 201.8.*

5.3 διδύμια (*small convexities near the pineal gland of the brain*) : καὶ καλοῦσιν ἀπὸ τοῦ σχήματος αὐτὰ τινὲς μὲν γλούτια (γλούτια *nos* : γλουτὰ *Kühn* : γλουτία *Garofalo*) τινὲς δὲ διδύμια, ὅτι καὶ τοὺς ὄρχεις ὀνομάζουσι διδύμους *Galen Anat. admin. II, 729.7** = wa-baʿḍu l-nāsi yusammīhā min šaklihā afḫāḏan wa-baʿḍuhum yusammīhā l-bayḍa min muqārabatihā fī l-šibhi li-l-unṯayayni fa-inna l-unṯayayni ayḍan qad tusammayāni bayḍatayni *576.11.*

6. οἱ ὄρχεις, *anat.* (*the testicles*) = al-bayḍatāni : καθάπερ οἵ τε τιτθοὶ καὶ οἱ ὄρχεις καὶ οἱ ἀδένες *Galen Simpl. medic. XII, 180.2* = bi-manzilati l-ṯadyayni wa-l-bayḍatayni wa-ğamīʿi l-laḥmi l-raḫwi l-maʿrūfi bi-l-ġudadi *WGAÜ, 475.1.*

7. *sem.; def.* ὄσχεος *anat.* (*scrotum*) = al-ğildatu llatī taḥwī l-bayḍatayni (*the part of skin containing the testicles*) : ἡ δὲ ταυρεία (*sc.* χολή) ... καὶ πρὸς ... ὀδύνας αἰδοίου καὶ ὀσχέου *Diosc. Mat. med. I, 160.9* = marāratu l-ṯawri ... li-wağaʿi l-furūği wa-l-ḏakari (al-furūği wa-l-ḏakari *Ullmann* : al-qurūḥ *Dubler / Terés*) wa-l-ğildati llatī taḥwī (wa-l-ğildati ... taḥwī *Ullmann* : wa-l-ğildi llaḏī yaḥwī *Dubler / Terés*) l-bayḍatayni *Dubler / Terés II, 165 ult.*, v. WGAÜ 479.*

8. *sem.; def.* τὸ περίναιον, *Anat.* (*the perineum*) = al-mawḍiʿu llaḏī fī-mā bayna l-bayḍatayni wa-l-duburi (*the area between the testicles and the buttocks*) : πληγεὶς γάρ τις ἰσχυρῶς κατὰ τὸ καλούμενον περίναιον, ἐπιγενομένης τῇ πληγῇ φλεγμονῆς ... *Galen Loc. aff. VIII, 13.14* = anna rağulan waqaʿat bihī ḍarbatun šadīdatun ʿalā l-mawḍiʿi lla ḏī fī-mā bayna l-bayḍatayni wa-l-duburi wa-huwa l-mawḍiʿu llaḏī yuqālu lahū bi-l-yūnāniyyati bārīnāwun fa-tawarrama mawḍiʿu l-ḍarbati *WGAÜ Suppl. II, 91.14-15.*

C. *Metaphorical meaning: helmet*

9. κράνος (*helmet*) **(a)** bayḍatun : οἷον ἀσπὶς καὶ κράνος καὶ θώραξ καὶ κνημῖδες *Artem. Onirocr. 153.25* = aʿnī miṯla l-tursi wa-l-bayḍati wa-l-ğawšani wa-ğawāšini l-sāqi *278.11* **(b)** bayḍu l-ḥadīdi (*iron helmet*) : ὃν (*sc.* τὸν σπόγγον) ὑπὸ τὰ κράνη καὶ τὰς κνημῖδας ὑποτιθέασι *Arist. Hist. anim. V 16, 548b2* = yaḍaʿūnahū (*sc.* ṣinfa l-ġamāmi) taḥta bayḍi l-ḥadīdi wa-taḥta sāqayi l-ḥadīdi *235.7.*

10. περικεφαλαία (*helmet, cap*) **(a)** *abs.* : ἰδίως δὲ ἡ ἀσπὶς γυναῖκα σημαίνει καὶ ἡ περικεφαλαία *Artem. Onirocr. 154.3* = wa-bi-ḫāṣṣatini l-tursu wa-l-bayḍatu yadullāni ʿalā mra'atin *279.2; v. also WGAÜ, 516.14-16* **(b)** *in hend.;* bayḍatun wa-ḫūḏatun : ὥσπέρ γε καὶ περὶ κεφαλαίας (*where the translator probably read* περικεφαλαίας) καὶ ἡμικρανίας *Galen Loc. aff. VIII, 217.12* = wa-ka-ḏālika ḏakartu l-ṣudāʿa l-maʿrūfa bi-l-bayḍati wa-l-ḫūḏati wa-l-ṣudāʿa llaḏī yuqālu lahu l-šaqīqatu *WGAÜ Suppl. I, 550.22.*

بَيْضِيٌّ **bayḍiyyun** *nom. rel.* (*not attested in the classical dictionaries*)

1. ᾠοειδής (*egg-shaped, oval, ovoid*) = al-šaklu llaḏī yudʿā l-bayḍiyya : οἷον φακοειδὲς ἢ ᾠοειδές *Arist. Cael. II 4, 287a20* = šibhu l-šakli l-ʿadasiyyi wa-šibhu l-šakli llaḏī yudʿā l-bayḍiyya *versio B 242.3 Badawī.*

بَيْضَانِيٌّ **bayḍāniyyun** *nom. rel.* (*not attested in the classical dictionaries, see also al-Tawḥīdī Imtāʿ I, 190.7 ff., Abū l-Barakāt Muʿtabar II, 266.-3*)

1. *sem. concentr.;* λάρος καὶ αἴθυια ([*two dubious species of*] *water-fowls, diving-birds*) : λάροι καὶ αἴθυιαι καὶ ὅσα ἐστὶν ἄλλα ὄρνεα θαλάσσια *Artem. Onirocr. 133.14* = al-ṭayru llaḏī yusammā l-bayḍāniyya wa-ğamīʿu mā ašbahahū mina l-ṭayri l-baḥriyyi *240.10;* νῆσσαι δὲ καὶ ὅσα ἄλλα ἐστὶ λιμναῖα ἢ ποτάμια ὄρνεα τὰ αὐτὰ τοῖς λάροις καὶ ταῖς αἰθυίαις σημαίνει *138.19* = ṭuyūru l-mā'i llatī tusammā

بيض [662] byḍ

nissā wa-hiya wa-ǧamīʿu mā ašbahahā min ṭuyūri l-anhāri wa-l-ʿuyūni dalīluhā miṯlu dalīli l-ṭayri llaḏī yusammā l-bayḍāniyya *249.14.*

بَيَاضٌ bayāḍun

1. transl. λευκός (*white*) *and its derivatives and compounds*

1.1 τὸ λευκόν (*s.th. white, the white as such*) : τοιοῦτον δέ, οὗ ἐστι τὸ λευκὸν οἰκεῖον χρῶμα· μάλιστα γὰρ τοῦτο χρῶμα *Alex. qu. I 2* [*Color*] *6.28* = kāna lawnuhū (lawnuhū *nos* : minhu *cod.*) lawna l-bayāḍi fa-inna l-bayāḍa huwa l-lawnu l-ḥaqqu *81** ⊢ οἷον ἡ τὶς γραμματικὴ ἐν ὑποκειμένῳ μέν ἐστι τῇ ψυχῇ ... καὶ τὸ τὶ λευκὸν ἐν ὑποκειμένῳ μέν ἐστι τῷ σώματι *Arist. Cat. 2, 1a27* = wa-miṯālu ḏālika naḥwun mā fa-innahū fī mawḍūʿin ay fī l-nafsi ... wa-bayāḍun mā huwa fī mawḍūʿin ay fī l-ǧismi *34.13 / fol. 159a6*; καὶ τὸ λευκὸν ποσόν τι ἀποδιδοὺς τῇ ἐπιφανείᾳ ὁριεῖ, ὅση γὰρ ἂν ἡ ἐπιφάνεια ᾖ, τοσοῦτον καὶ τὸ λευκὸν φήσει εἶναι *6, 5b8* = wa-in waffā kam hāḏā l-abyaḍu, fa-innamā yaḥudduhū bi-l-basīṭi, fa-innahū innamā yaqūlu fī mablaġi l-bayāḍi bi-mablaġi l-basīṭi *45.16 / fol. 164b1* ⊢ διὰ τὸ τὰ μὲν ἄνωθεν ἐκ τοῦ λευκοῦ γίγνεσθαι καὶ πρότερον ... τὸ δὲ κάτω μόριον ὑστερίζειν μέν *Arist. Gener. anim. IV 4, 770a21* = li-anna l-nāḥiyata l-ʿulyā tuḫlaqu mina l-bayāḍi awwalan ... ṯumma fī aḫaratin tuḫlaqu l-nāḥiyatu l-suflā *151.15*; τὸ δὲ λευκὸν ἀτμιδώδης ἀήρ παρέχεται ἐγκατακλειόμενος ἐν πᾶσιν *V 6, 786a12* = wa-innamā yakūnu l-bayāḍu min hawāʾin buḫāriyyin muḥtabasin fī ǧamīʿi l-aʿḍāʾi *192.2* ⊢ πολλαπλάσιον γὰρ ἔχει τὰ τῶν ἐνύδρων (*sc.* ὀρνίθων ᾠά) κατὰ λόγον τὸ ὠχρὸν πρὸς τὸ λευκόν *Arist. Hist. anim. VI 1, 559a21* = min qibali anna l-ṣufrata llatī takūnu fī dāḫili bayḍi l-ṭayri llaḏī yaʾwī fī qurbi l-miyāhi akṯaru mina l-bayāḍi mirāran šattā *244.9* ⊢ οἷον τὸ ἄνθρωπος ἢ λευκόν ... οὔτε γὰρ ψεῦδος οὔτε ἀληθές πω *Arist. Int. 1, 16a15* = miṯālu ḏālika qawlunā insānun aw bayāḍun ... fa-innahū laysa huwa baʿdu ḥaqqan wa-lā bāṭilan *100.3 / fol. 179a12* ⊢ τὸ γὰρ λευκὸν τῷ ἀνθρώπῳ συμβέβηκεν *Arist. Metaph. Γ 4, 1007a32* = fa-inna l-bayāḍa ʿaraḍa li-l-insāni *373.3* ⊢ τὸ λευκὸν τὸ ἐν τῷ φύλλῳ *Diosc. Mat. med. I, 90.3* = al-bayāḍu llaḏī fī aṭrāfihī *vetus translatio Ullmann Unters., 188.17-18* ⊢ ὀφθαλμοῦ δὲ τὸ μὲν λευκὸν ὅμοιον ὡς ἐπὶ τὸ πολὺ πᾶσι *Galen An. virt. 56.6* (= *Arist. Hist. anim. I 10, 492a1*) = wa-ammā l-ʿaynāni fa-inna bayāḍahumā akṯara ḏālika mutašābihun (*sic leg. pro* mutašābihatun *ed.*) fī l-nāsi *27.15** ⊢ τροφὴ δὲ καὶ αὔξησίς ἐστιν ἀπὸ τοῦ λευκοῦ *Hippocr. Nat. puer. 81.6* = wa-ammā l-ġiḏāʾu wa-l-tarbiyatu fa-min bayāḍihā *82.17* ⟼ καὶ τὸ μέλαν τῷ λευκῷ ... ἐναντία ἐστί *Ps.-Arist. Div. 35a4* = ka-ḍiddi ... l-bayāḍi li-l-sawādi *versio Q 33.21* / muqābalatu ... l-sawādi li-l-bayāḍi *versio T 48.25*.

1.2 λευκότερος *comp. (whiter, rather whitish)* **(a)** ašaddu bayāḍan : εἴπερ μηδὲ λευκότερον τὸ πολυχρόνιον τοῦ ἐφημέρου *Arist. Eth. Nic. I 4, 1096b4* = iḏ kāna l-bayāḍu l-ṭawīlu l-muddati laysa bi-ašadda bayāḍan mina l-qaṣīri l-muddati (*sic leg., v. Ullmann NE II, 127*) *127.3** ⟼ ἥτις (*sc.* ἡ γραμμή) εἰκότως ἐστὶ λευκοτέρα τῶν πέριξ *Galen Anat. admin. II, 514.15* = wa-hāḏā l-ḫaṭṭu ḥaqīqun lahū an yakūna ašadda bayāḍan mimmā ḥawlahū *314.7; II, 577.13 = 392.7* ⟼ καὶ ἡ ἐπιδερμὶς, ὅκου αἱ πολιαί εἰσι, λευκοτέρη τῆς ἄλλης γίνεται *Hippocr. Nat. puer. 66.22* = wa-aqūlu ayḍan inna l-ǧilda llaḏī taḥta l-šaʿari l-abyaḍi ašaddu bayāḍan min ǧamīʿi l-mawāḍiʿi l-uḫari *67.13, sim. 66.24-25 = 67.16* **(b)** izdāda bayāḍan: ὅσῳ ... τοσούτῳ καὶ λευκότερος ... ὁ ὄγκος φαίνεται *Arist. Gener. anim. II, 2, 735b12* = kullamā kānat ... izdāda lawnu (lawnu *nos* : kawnu *ed.*) l-zabadi bayāḍan *60.23** **(c)** lawnuhū aqrabu ilā l-bayāḍi : καὶ αὐτοὶ μέλανες μᾶλλον ἢ λευκότεροι *Galen An. virt. 60.12* = wa-alwānuhum ilā l-sawādi aqrabu minhā ilā l-bayāḍi *30.8-9* **(d)** ḍaraba ilā l-bayāḍi : καὶ τοῖς φύλλοις λευκοτέρα *Diosc. Mat. med. I, 208.5* = waraquhū yaḍribu ilā l-bayāḍi *vetus translatio Ullmann Unters., 188.18* **(e)** amyalu ilā l-bayāḍi : πολλάκις δ' ἄν σοι καὶ ὠχρὰ δόξειεν εἶναι (*sc.* ἡ πικρὰ χολή), λευκοτέρα μὲν καὶ θολωδεστέρα γινομένη, πυρρά *Galen Cris. IX, 600.5* = wa-rubbamā ẓananta anna lawnahā (*sc.* al-mirrati l-murrati) l-lawnu l-aṣfaru l-raqīqu wa-ḏālika annahā matā kānat ilā l-bayāḍi amyala wa-kāna lawnuhā akdara kānat ašbaha bi-l-aṣfari l-mušbaʿi *Ullmann Arab. Proportionalgefüge, 227* **(f)** faḍlu l-qurbi ilā l-bayāḍi : ὅσον δ' ἐστὶ τὸ πυρρὸν τοῦ ξανθοῦ λευκότερον, τοσοῦτον ἐκείνου (sc. τοῦ πυρροῦ) τὸ ὠχρόν *Galen Cris. IX, 600.7* = wa-ʿalā ḥasabi faḍli qurbi l-aṣfari l-mušbaʿi ʿalā l-aḥmari l-nāṣiʿi ilā l-bayāḍi faḍlu qurbi l-aṣfari l-raqīqi ʿalā l-aṣfari l-mušbaʿi ilā l-bayāḍi *Ullmann Arab. Proportionalgefüge, 236*.

1.3 *sem. metathesis; superl. / positive transformation* : τὸ λευκότατον (*the whitest part*) = al-bayāḍu : ἀποκρίνεται τὸ λευκότατον (*sc.* τοῦ ὑγροῦ) καὶ πίπτει πρὸς τὴν ἐπιδερμίδα *Hippocr. Nat. puer. 66.19* = sāla bayāḍuhā (*sc.* al-ruṭūbati llatī fī l-raʾsi) fa-waqaʿa ʿalā l-ǧildi *67.11*.

1.4 λευκότης (*whiteness*) : νόσον γὰρ καὶ ὑγίειαν δέχεται, καὶ λευκότητα καὶ μελανίαν *Arist. Cat. 5, 4b15* = wa-ḏālika annahū yaqbalu l-maraḍa wa-l-ṣiḥḥata wa-l-bayāḍa wa-l-sawāda *43.2* / *fol. 163b8*; λέγεται ... τὸ σῶμα λευκὸν τῷ λευκότητα δεδέχθαι *8, 9a34* = alǧismu yuqālu abyaḍa li-annahū qabila l-bayāḍa *56.20 / fol. 170a11* ⟼ τὸν τἀγαθοῦ λόγον ... ἐμφαίνεσθαι δεήσει, καθάπερ ἐν χιόνι καὶ ψιμυθίῳ τὸν τῆς λευκότητος *Arist. Eth. Nic. I 4, 1096b23* = fa-yaǧibu an narā ḥadda l-ḫayri ... ka-ḥaddi l-bayāḍi ... fī l-ṯalǧi wa-l-isfīdāǧi *127.16* ⟼ αἴτιον ... τῆς λευκότητος τοῦ σπέρματος *Arist. Gener. anim. II 2, 736a13* = ʿillatu bayāḍi l-zarʿi *62.4;* πρὸς δὲ τούτοις καὶ κατὰ τὰς χρόας, κατά τε λευκότητα καὶ μελανίαν καὶ τὰς μεταξὺ τούτων *V 3, 782a4* = wa-ayḍan min qibali l-alwāni aʿnī l-bayāḍa wa-l-sawāda wa-mā baynahumā *182.9* ⟼ διὸ ἀνθρώπου (*fort.* ἀνθρώπους *Arab.*) λευκότης οὐ ποιεῖ οὐδὲ μελανία *Arist. Metaph. I 9, 1058b3* = li-ḏālika lā yuṣayyiru l-bayāḍu nāsan wa-lā sawādun *1373.11* ⟼ ἐν ᾧ οὐ καὶ θερμότης καὶ λευκότης ἔνεστιν *Arist. Phys. IV 9, 217b7* = mā laysa fīhi ḥarāratun wa-bayāḍun *399.12; V 1, 224b15 = 497.5* (*v. supra,* tabyīḍun 1) ⟼ ὑπὸ δὲ τοῦ ψύχεος ἡ λευκότης ἐπικαίεται καὶ γίγνεται πυρρή *Hippocr. Aer. 70.19* = wa-inna l-bayāḍa iḏā aḥraqathu l-burūdatu āla (āla *ABC, fort. Arab.* : ṣāra *D, ed.*) ilā (lawni *add. D*) l-ḥumrati *145.5** ⟼ καὶ τὰ λευκὰ τῶν ὀφθαλμῶν οὐκ ἔχει τὴν φύσιν τῆς λευκότητος, ἀλλὰ πελιδνότερα *Hippocr. Superf. 78.30* = wa-bayāḍu ʿaynayhā mutaġayyirun (mutaġayyirun *corr. Ullmann* : mutaġayyiran *ed.*) ʿan ṭabīʿatihī ilā l-kumūdati *7.13** ⟼ οὐκ ἐν ἄλλῳ μὲν τῆς λευκότητος αἰσθάνεται χρόνῳ ἐν ἄλλῳ δὲ τῆς ψυχρότητος *Them. In De an. 85.23* = fa-laysa yuḥissu bi-l-bayāḍi fī zamānin wa-bi-l-bardi fī zamānin ġayrihī *148.14; 59.36 = 91.7; 100.25 = 182.10.*

1.5 *transl.* ἔκλευκος (*quite white*) *and its derivatives*

1.5.1 *sem.; etym.; transl.* λευκός (*white*) *in* ἔκλευκος (*quite white, extremely white*) = šadīdu l-bayāḍī : ὁ μὲν ἕτερος μέλας (καὶ πανταχοῦ ὢν *add. ed.* : *non vert. Arab.*), ὁ δ' ἕτερος ἔκλευκος *Arist. Hist. anim. IX 19, 617a12** = aḥaduhumā <aswadu> l-lawni wa-l-āḫaru šadīdu l-bayāḍi ǧiddan *405.15.*

1.5.2 τὸ ἔκλευκον (*whiteness, the white as such*) = al-bayāḍu : ἐργάζεται δὲ ἡ μὲν κοπὴ (*sc.* τῶν νεφῶν) τὸ ... ἔκλευκον (*sc.* τῆς χιόνος), ἡ δὲ σύμπηξις τοῦ ἐνόντος ὑγροῦ τὴν ψυχρότητα *Ps.-Arist. Mund. 4, 394a35* = wa-min taqaṭṭuʿihī (*sc.* al-saḥābi) ya'tī bayāḍuhū (*sc.* al-ṯalǧi) ... wa-ya'tī barduhū (*sc.* al-ṯalǧi) mini nʿiqādi l-ruṭūbati *F 93a13.*

1.5.3 ἐκλευκότερος (*more inclining to white*) = akṯaru bayāḍan : ὁ μὲν μικρὸς καὶ ἐκλευκότερος *Arist. Hist. anim. VIII 3, 592b7* = wa-l-ṣaġīru akṯaru bayāḍan mina l-kabīri *317.12.*

1.6 λεύκωμα *medic.* **(a)** (*a white spot in the eye*): λευκώματα καὶ οὐλαί *Diosc. Mat. med. I, 77.2* = al-bayāḍu wa-l-aṯaru l-ʿāriḍu mini ndimāli qarḥati l-ʿayni *versio A Dubler/Terés II, 80.18-19* **(b)** (*leucoma*) : πρὸς τοὺς ἤδη πεποιηκότας λευκώματα. Ζύμην κριθίνην ξηράν ... *Theomn. Hippiatr. Berolinensia 11:13* = bābu ṣifatin fī l-bayāḍi l-mustaḥkimi ammā l-bayāḍu l-mustaḥkimu fa-yanbaġī an yuʾḫaḏa min ḫamīri ʿağīni l-šaʿīri yābisan ... *112.5-6;* μίξας καὶ ποιήσας ὑγρὸν ἔγχρισμα, ἐπίθες, καὶ οὐκ ἐάσεις συστῆναι τὸ λεύκωμα *11:14.4* = tağmaʿu wa-tukaḥḥilu bihā raṭbatan fa-innahū yanfaʿu min ḥudūdi (*fort.* ḥuṣūli *leg.*) l-bayāḍi fī l-ʿayni *112.4**.

1.7 *sem.; etym.* ὑπόλευκος (*inclining to white, whitish*) **(a)** māʾilun/ māla ilā l-bayāḍi : ῥίζας ... ὑπολεύκους, δριμείας δὲ τῇ γεύσει *Diosc. Mat. med. I, 8.2* = al-uṣūlu ... wa-lawnuhā māʾilun ilā l-bayāḍi wa-fī ṭaʿmihī ḥurūfatun wa-ḥiddatun *versio C WGAÜ Suppl. II, 551.23;* ἀβρότονον ... ἔστιν αὐτοῦ τὸ μὲν θῆλυ θάμνος δενδροειδής, ὑπόλευκος *II, 34.1* = al-šīḥu l-armaniyyu wa-huwa l-qayṣūmu fa-l-unṯā hiya šağaratun māʾilatun ilā l-bayāḍi *versio B WGAÜ Suppl. II, 552.5* ⟼ καὶ τὰ οὖρα ὑπόλευκα *Galen Cris. IX, 700.12* = wa-yakūnu l-bawlu yamīlu ilā l-bayāḍi *WGAÜ, 709.13* **(b)** ilā l-bayāḍi mā huwa (*on the expr. v. M. Ullmann, Launuhū ilā l-ḥumrati mā huwa, München 1994, esp. 11 no. 44, 15 no. 66*) : ῥίζας ... ὑπολεύκους, δριμείας δὲ τῇ γεύσει *Diosc. Mat. med. I, 8.2* = al-uṣūlu ... lawnuhā ilā l-bayāḍi mā huwa ḥirrīfatun (ḥirrīfatun *Ullmann, WGAÜ Suppl. II, 551* : ḥirfatun *ed.*) *versio A Dubler / Terés II, 13.7-8*;* ἀβρότονον ... ἔστιν αὐτοῦ τὸ μὲν θῆλυ θάμνος δενδροειδής, ὑπόλευκος *II, 34.9* = abrūṭunun minhu unṯā wa-hiya l-ṯamnusu illā annahā tušākilu l-šağara ilā l-bayāḍi mā hiya *versio A Dubler / Terés II, 250.28-29;* βάκχαρις ... καυλὸς δὲ γωνιώδης, πήχεως τὸ ὕψος, ὑπότραχυς, ἔχων παραφυάδας, ἄνθη δὲ ἐμπόρφυρα, ὑπόλευκα, εὐώδη *II, 56.3* = baqḫarīs ... lahū sāqun muzawwan ṭūluhū ḏirāʿun ilā l-ḫušūnati mā huwa yatašaʿʿabu minhu šuʿabun wa-lahū zahrun fī lawnihī firfiriyyatun ilā l-bayāḍi mā huwa ṭayyibu l-rāʾiḥati *versio A Dubler / Terés II, 259.18* ⟼ ἄπεπτόν τε καὶ ὑπόλευκον οὖρον μετὰ ψαμμώδους ὑποστάσεως *Paulus Aeg. III, 45.2* = al-bawlu llaḏī laysa bi-naḍīğin wa-an yakūna ilā l-bayāḍi mā huwa maʿa qawāmin ramliyyin *WGAÜ, 709.15.*

1.8 *sem.; etym.* λευκόχροια (*white colour*) = bayāḍu l-lawni : διὰ δὲ τὴν λευκόχροιαν γαλαξίας ὀνομαζόμενος (*sc.* ὁ γαλαξίας κύκλος) *Ps.-Plut. Placita 364a21* = wa-yusammā (*sc.* falaku l-mağarrati) min qibali bayāḍi lawnihī labaniyyan *38.21.*

1.9 *sem.; etym.* ὠχρόλευκος (*of a whitish yellow*) = lawnuhū mušriqun bayna/ilā l-bayāḍi wa-l-ṣufrati: ἄνθος δὲ ὠχρόλευκον (*sc.* ἔχει) *Diosc. Mat. med. II, 200.6* = wa-lahū zahrun lawnuhū mušriqun bayna l-bayāḍi wa-l-ṣufrati *versio A Dubler / Terés II, 324.10-11* / wa-lahū zahrun lawnuhū ilā l-bayāḍi wa-l-ṣufrati *Ibn al-Bayṭār Ǧāmiʿ I, 116.28.*

1.10 *sem.; etym.* τὸ λευκαινόμενον (*that which becomes white*) = mā yaktasibu l-bayāḍa : οἷον ἀλλοιοῦται τὸ λευκαινόμενον καὶ τὸ ὑγιαζόμενον *Arist. Phys. VII 4, 249b8* = miṯla qawlinā fī-mā yaktasibu l-bayāḍa wa-fī-mā yaktasibu l-ṣiḥḥata ayyuhumā qadi staḥāla *788.16.*

2. πολιότης (*greyness of hair*) = *in hend. with def.;* al-šaybu wa-bayāḍu l-šaʿari : ἦ καὶ δῆλον ὅτι οὐχ αὐότης ἐστὶν ἡ πολιότης *Arist. Hist. anim. III 11, 518a11* = wa-li-ḏālika naqūlu inna l-šayba wa-bayāḍa l-šaʿari laysa huwa yubsun (*sic, cf. Ullmann NE II, § 192*) *125.9.*

3. οὐλή *medic.* (*scar on the cornea, corneal opacity*) : καὶ ὁ χυλὸς ἐκ ῥινῶν καθαίρει καὶ τὰς ἐν ὀφθαλμοῖς οὐλὰς λεπτύνει *Galen Simpl. medic. XI, 831.14* = wa-ʿuṣāratuhū tunaqqī l-dimāġa mina l-manḫarayni wa-tulaṭṭifu bayāḍa l-ʿayni *versio al-Biṭrīq WGAÜ, 482.1.*

4. ξανθός (*yellow, reddish yellow*) = māʾilun ilā l-bayāḍi wa-l-ḥumrati : τὰ εἴδεα εἰκὸς σκληρὰ καὶ εὔτονα καὶ ξανθότερα εἶναι ἢ μελάντερα *Galen An. virt. 61.7* = fa-innahum bi-l-ḥaqqi ḏawū ṣalābatin aqwiyāʾu māʾilūna ilā l-bayāḍi wa-l-ḥumrati akṯara min maylihim ilā l-sawādi *30.19.*

5. *transl.* ἄργεμον (*albugo*) *and related medic. terms*

5.1 *sem. concentr.* ἄργεμον καὶ λεύκωμα *medic.* (*albugo, a white spot in the eye*) = al-bayāḍu fī l-ʿaynayni : ἀποκαθαίρει ... ἄργεμα, λευκώματα *Diosc. Mat. med. II, 139.15* = tanfaʿu mina l-bayāḍi fī l-ʿaynayni *vetus translatio Ullmann Unters., 188.20.*

5.2 *sem. amplif.* ἄργεμον καὶ νεφέλιον *medic.* (*a white, cloud-like opacity in the eye*) = qurūḥu l-aʿyuni wa-bayāḍuhā wa-ḥumratuhā : τὰ δὲ φύλλα ... ἐγχρισθέντα δὲ τὰ ἐπὶ κτηνῶν ἄργεμα καὶ νεφέλια ἀποκαθαίρει *Diosc. Mat. med. II, 223.1* = wa-awrāquhū iḏā suḥiqat wa-kuḥila bihā aʿyunu l-mawāšī wa-l-dawābbi nafaʿat qurūḥahā wa-bayāḍahā wa-ḥumratahā *versio B WGAÜ Suppl. I, 164.5.*

أَبْيَضُ **abyaḍu,** *fem.* **bayḍāʾu,** *pl.* **bīḍun**

1. *transl.* λευκός (*white*) *and its derivatives and compounds*

1.1 λευκός (*white*), *selected examples* : καὶ ταὐτὸν χρῶμα ἐγγύθεν τε καὶ πόρρωθεν φαινόμενον διάφορον φαίνεται· οὐ γὰρ ὁμοίως λευκὸν τὸ πόρρωθεν ὁρώμενον *Alex. An. mant.* [*Vis.*] *145.35* = wa-l-lawnu l-wāḥidu bi-ʿaynihī yurā min qurbin wa-min buʿdin muḫtalifan wa-ḏālika anna l-abyaḍa llaḏī huwa min qurbin laysa yurā ʿalā miṯāli mā yurā l-abyaḍu min buʿdin *159.129* ⟼ μάλιστα μὲν γὰρ διαφανῆ τὰ ... λευκὰ σώματα *Alex. qu. I 2* [*Color*] *5.26* = fa-ammā llaḏī huwa akṯaru stišfāfan fa-šibhu l-ǧirmi l-abyaḍi *40* ⟼ τῶν δὲ κατὰ μηδεμίαν συμπλοκὴν λεγομένων οὐδὲν οὔτε ἀληθὲς οὔτε ψεῦδός ἐστιν, οἷον ἄνθρωπος λευκός (*sic n I Γ, Arab.* : ἄνθρωπος, λευκόν *codd. cett., ed.*) *Arist. Cat. 4, 2a10** = wa-llatī tuqālu bi-ġayri taʾlīfin aṣlan fa-laysa minhā šayʾun lā (lā *Georr* : *om. Badawī*) ṣādiqan wa-lā kāḏiban wa-miṯālu ḏālika insānun (insānun *Georr* : *om. Badawī*) abyaḍu *36.8** / *fol. 160a4;* οἷον τὸ χρῶμα ... οὐκ ἔσται λευκὸν καὶ μέλαν *5, 4a15* = miṯālu ḏālika anna l-lawna ... lan yakūna abyaḍa wa-aswada *41.21* / *fol. 163b15* ⟼ ὅτι λευκὸς Κλέων ἐστίν *Arist. De an. III 6, 430b5* = inna fulānan abyaḍu l-āna *75.21* ⟼ τὸ γὰρ σπέρμα ἐξέρχεται ... ἐκ τοῦ ζῴου παχὺ καὶ λευκόν *Arist. Gener. anim. II 2, 735a31* = li-anna l-zarʿa yaḫruǧu mina l-ḥayawāni wa-huwa ḫāṯirun abyaḍu *60.8* ⟼ καὶ τὸ μὲν πρῶτον λευκὸν καὶ μικρὸν φαίνεται, ἔπειτα ἐρυθρὸν καὶ αἱματῶδες *Arist. Hist. anim. VI 2, 559b8* = wa-yaẓharu ḏālika ... awwalan abyaḍa ṣaġīran ṯumma yaẓharu aḥmara damiyyan baʿda ḏālika *245.10;* τὰ δὲ λευκὰ (*sc.* καταμήνια) καὶ παιδίοις οὖσι γίνεται νέοις πάμπαν *VII 1, 581b2* = fa-ammā l-ṭamṯu l-abyaḍu fa-huwa yaʿriḍu li-l-ǧawārī llawātī lam yabluġna baʿdu *462.13* ⟼ ἔστι τις ἄνθρωπος λευκός, εἰ τὸ λευκὸν ἓν σημαίνει *Arist. Int. 8, 18a17* = qad yakūnu insānun mā abyaḍa; hāḏā in kāna qawlunā abyaḍu innamā yadullu ʿalā maʿnan wāḥidin *108.9* / *fol. 182a21; 9, 18b2* = *109.15* / *fol. 182b19* ⟼ λέγομεν ... οὐ λευκὸν οὐδὲ θερμὸν οὐδὲ τρίπηχυ, ἀλλὰ ἄνθρωπον ἢ θεόν *Arist. Metaph.* Ζ *1, 1028a17* = lā naqūlu innahū abyaḍu wa-lā ḥārrun wa-lā ḏū ṯalāṯati aḏruʿin bal innahū insānun aw ilāhun *747.2;* Λ *4, 1070b20* = *1517.10* ⟼ ἡ ἀπὸ τῆς σελήνης ἶρις ... φαίνεται ... λευκή *Arist. Meteor. III 4, 375a18* = qawsu quzaḥa llatī turā mina l-qamari ... turā bayḍāʾa *1016* ⟼ οὐ γὰρ διαφορὰ τοῦ πτερωτοῦ τὸ ἥμερον οὐδὲ τὸ λευκόν *Arist. Part. anim. I 3, 643b22* = wa-laysa l-anīsu wa-lā l-abyaḍu faṣl (*sic ed., cf. Ullmann NE II, § 192*) li-l-muǧannaḥi *17.4*⊗ ⟼ οἷον τὸ λευκὸν οὐκ εἰς τὸ μουσικόν (*sc.* φθείρεται), ... ἀλλ' εἰς τὸ μὴ λευκόν, καὶ εἰς μὴ λευκὸν (καὶ ... λευκὸν Λ $S^{\mathrm{InDeCaelo}}$ *Arab.* : καὶ *codd. cett., ed.*) οὐκ εἰς τὸ τυχὸν ἀλλ' εἰς τὸ μέλαν *Arist. Phys. I 5, 188b4-5**= wa-miṯālu ḏālika anna l-abyaḍa lā yafsudu fa-yaṣīra mūsīqūn ... bal innamā yafsudu ilā mā laysa bi-abyaḍa wa-laysa ilā ayyi šayʾin kāna mimmā laysa abyaḍa bal ilā l-aswadi *45.9, 11;* λέγεται ... οἷον λευκὸς ὅτι ἡ ἐπιφάνεια λευκή *IV 3, 210a30* = miṯālu ḏālika annahū yudʿā abyaḍa min qibali anna basīṭahū abyaḍu *293.13* ⟼ εἰ μὲν γὰρ λευκὸς ἢ μέλας, ... οὐδὲν τέτακται τῶν τοιούτων ἀκολουθεῖν *Arist. Rhet. I 10, 1369a25* = fa-ammā in kāna l-marʾu abyaḍa aw aswada ... fa-innahū lam yuhayyaʾ an yalzama hāḏā l-naḥwa šayʾun *52.20; III 3, 1406a12* = *181.11* ⟼ τὸ δὲ δοκεῖν τρίχας ἔχειν ἐν τῇ γλώττῃ (ἐν τῇ γλώττῃ *L Arab.* : ἐκ τῆς γλώττης *V, ed.*) πεφυκυίας εἴτε λευκὰς εἴτε μελαίνας *Artem. Onirocr. 41.12** = fa-ammā in yara l-insānu ka-annahū qad nabata fī lisānihī šaʿarun immā aswadu wa-immā abyaḍu *77.16; 41.17* = *78.5* ⟼ ἄμπελος λευκὴ ... ἥτις ἐστὶν ἡ θεία ἡ λεγομένη βρυωνία *Cyranis I, 1.3* = lahū mina l-šaǧari anbaluṣ lawḫī wa-hiya l-karmatu l-bayḍāʾu wa-hiya l-qarʿatu l-yūnāniyyatu *WGAÜ Suppl. I, 105.19* ⟼ κεφάλια περιφερῆ, ἔνδοθεν μὲν λευκὸν καὶ χρυσίζον ἀνθύλλιον ἔχοντα *Diosc. Mat. med. II, 146.5* = ruʾūsun mustadīratun ṣiǧārun fī bāṭini baʿḍihā zahrun abyaḍu wa-fī baʿḍihā zahrun miṯlu lawni l-ḏahabi *Ibn al-Bayṭār, Ǧāmiʿ I, 73.8; II, 7.4* = *Ǧāmiʿ II, 159.11* (= *WGAÜ, 528*); *v. also Ullmann Unters., 188.11-15* ⟼ περὶ ἀμπέλου λευκῆς *Galen Simpl. medic. XI, 826.11* = al-qawlu fī l-karmi l-abyaḍi *versio al-Biṭrīq* / ḏikru l-karmi l-abyaḍi *versio Ḥunayn WGAÜ, 101.14-16* ⟼ ἄλλο τι (*sc.* τοῦ κινναμώμου) λευκὸν εὑρίσκεται *Galen Ther. Pis. 257.11* = wa-yūǧadu minhā (*sc.* mina l-qirfati) mā hiya bayḍāʾu *119a10; 259.17* = *120a8* ⟼ τῇσι δὲ γυναιξὶν οἰδήματα ἐγγίγνεται καὶ (καὶ *codd.* : διὰ *intell. Arab.*) φλέγμα λευκόν *Hippocr. Aer. 36.14* = ammā nisāʾuhum fa-qad yaʿriḍu lahunna anwāʿu l-warami min qibali balġamin abyaḍa *versio A=B 55.1 / 55.9* ⟼ οὖρον παχύ, λευκόν *Hippocr. Humor. 20:23* = al-bawlu l-ṯaḫīnu l-abyaḍu *37.5* ⟼ οὐρεῖ δὲ ἀπόνως πολλὸν καὶ λευκόν *Hippocr. Nat. hom. 220.6* = wa-bāla bawlan kaṯīran abyaḍa min ġayri aḏan *36.6* ⟼ ἐν δὲ τῷ ὑμένι ἐφαίνοντο ἐνεοῦσαι ἶνες λευκαὶ *Hippocr. Nat. puer. 56.1* = innī raʾaytu fīhi aʿnī l-ḥiǧāba šayʾan yušbihu l-ʿaṣaba l-diqāqa l-bīḍa llatī tusammā īnās *50.12* ⟼ καὶ τὰ ὦτα <ἔχῃ> (*suppl. Diller*) λευκά *Hippocr. Superf. 80.1* = wa-kānat uḏunāhā bayḍāwayni *8.2;* τὴν κυκλάμινον τρίψας λευκῷ οἴνῳ (λευκῷ οἴνῳ *Arab., Corn.* : τὴν λευκήν, οἴνῳ *ed.*) εὐώδει παραμίξας *94.12** = ḫuḏ min baḫūri Maryama fa-duqquhū daqqan nāʿiman wa-nḫulhu wa-ʿǧunhu bi-šarābin abyaḍa ṭayyibi l-rīḥi *22.4* ⟼ οἷον ἐπειδὰν δι᾽ ὄψεως θεωρῶμεν τὸ λευκόν, ἔστι πάθος τὸ ἐγγεγενημένον διὰ τῆς ὁράσεως ἐν τῇ ψυχῇ *Ps.-Plut. Placita 401a19* = miṯla-mā annā iḏā raʾaynā l-abyaḍa bi-aʿyuninā kāna baṣarunā lahū taʾṯīran fī l-nafsi yaṣīru ilayhā bi-l-baṣari *55.12; 401a22*

= *55.14* ⟼ ὥσπερ τὴν ὄψιν λευκοῦ καὶ μέλανος μόνον καὶ τῶν μεταξύ (*sc.* κριτικὴν εἶναι) *Them. In De an. 72.16* = ka-mā anna l-baṣara innamā yumayyizu l-abyaḍa wa-l-aswada faqaṭ wa-mā baynahumā *119.4; 82.10 = 141.5; etc.* ⟼ οὐθὲν δὲ ὅμοιον ἀλλήλοις, καθάπερ τὰ λευκὰ καὶ μέλανα ἐν αὐτοῖς *Theophr. Princ. 8b3* = wa-laysa hiya mutašābihatan baʿḍuhā li-baʿḍin bi-manzilati l-ašyāʾi l-bīḍi wa-l-ašyāʾi l-sūdi fīhā *198.12*.

1.2 ἡ λεύκη, *medic.* (*a white skin lesion, leprose eczema*) = bahaqun abyaḍu : καὶ λεῦκαι δὲ καταπλάσσονται τοῖς τῆς μελαίνης συκῆς φύλλοις ἢ τοῖς κλάδοις *Diosc. Mat. med. I, 119.17* = wa-qad yuḍammadu l-bahaqu l-abyaḍu bi-waraqi l-tīni l-aswadi wa-l-ṯamari (wa-l-ṯamari *Ullmann, WGAÜ Suppl. I, 627* : wa-l-ṯamarati *ed.*) bi-aġṣānihī *versio A Dubler / Terés II, 123.12-13**.

1.3 λευκάνθεμος (*white-blossoming*), *in* χαμαίμηλος ἡ λευκάνθεμος, *bot.* (*white-blossoming chamomile; Matricaria chamomilla* L.) = uqḥuwānun abyaḍu : ἐπιτηδειότατον δὲ καὶ ἡ χαμαίμηλος <ἡ> καὶ (*nos; cf.* quae et *Cornarius*) λευκάνθεμος καὶ τὸ βούφθαλμον *Rufus Ict. fr. 10 Ullmann, p. 22* (*ap. Aetios* Τετράβιβλος *X 18*)* = wa-l-uqḥuwānu l-abyaḍu wa-l-aḥmaru ... nāfiʿatun *46* (*v. Ullmann, Rufus Ict., p. 66 ad § 38*).

1.4 *sem.; etym.* λευκάκανθα, *bot.* (*white thistle, Cnicus tuberosus* L.) = al-šawkatu l-bayḍāʾu : καὶ ἡ καλουμένη λευκάκανθα *Galen Alim. Fac. VI, 636.8* = wa-minhā l-šawkatu l-bayḍāʾu wa-hiya l-bāḏāward *WGAÜ, 390.12*.

1.5 *sem.; etym.* λευκερωδιός, *zool.* (*white heron, Ardea alba* L.) = irūdiyūs al-abyaḍu : οἷον περὶ μὲν τὰς λίμνας καὶ τοὺς ποταμοὺς ἐρωδιὸς καὶ ὁ λευκερωδιός *Arist. Hist. anim. VIII 3, 593b2* = al-ṭayru llaḏī yaʾwī ḥawla l-naqāʾiʿi wa-l-anhāri miṯla llaḏī yusammā bi-l-yūnāniyyati irūdiyūs wa-llaḏī yusammā irūdiyūs al-abyaḍa *320.11*.

1.6 *sem.; etym.* λευκόθριξ (*white-haired*) = šaʿarun abyaḍu l-lawni : τὰ δέρματα ... τῶν λευκοτρίχων καὶ τῶν μελανοτρίχων τῶν μὲν λευκὰ τῶν δὲ μέλανα *Arist. Gener. anim. V 6, 786a24* = wa-iḏā kāna l-ǧildu aswada l-lawni kāna l-šaʿaru ayḍan aswada l-lawni wa-iḏā kāna l-ǧildu abyaḍa l-lawni kāna l-šaʿaru ayḍan abyaḍa l-lawni *192.13*.

1.7 *sem. etym., transl.* λευκοφλεγματία *and its derivatives*

1.7.1 λευκοφλεγματία, *medic.* (*"white-phlegm disease," i.e., the beginning of dropsy*) = kūmūsun abyaḍu : πρὸς λευκοφλεγματίαν (*sic leg. cum mss.*) ... δίδοται *Diosc. Mat. med. I, 199.15** = yanfaʿu min kūmūsin abyaḍa *vetus translatio Ullmann, Unters. 188.17*.

1.7.2 λευκοφλεγματίας (*sc.* ὕδερος), *medic.* (*oedematous dropsy*) = al-balġamu l-abyaḍu : εἰ δέ γε τοῖς τὸν καλούμενον ὕδερον λευκοφλεγματίαν νοσοῦσι ταὐτὸ τοῦτο δοίης φάρμακον, ἐλαχίστην ἐκκενώσει χολήν *Galen Elem. II 2 : 498.7* = wa-in saqayta hāḏā l-dawā'a bi-ʿaynihī ṣāḥiba l-istisqā'i l-maʿrūfi bi-l-balġami l-abyaḍi wa-huwa l-istisqā'u l-laḥmiyyu qalla mā yastafriġu minhu mina l-marāri ğiddan *WGAÜ, 697.1.*

1.8 *sem. etym.* λευκόχροος (*of pale complexion*) = (allaḏī) lawnuhū abyaḍu : γίγνεται μὲν γὰρ ταῖς λευκοχρόοις καὶ θηλυτόκοις (θηλυτόκοις *Arab.* : θηλυκαῖς *ed.*) ὡς ἐπὶ τὸ πολὺ εἰπεῖν *Arist. Gener. anim. I 20, 728a2-3** = wa-innamā taʿriḍu li-llaḏīna (li-llaḏīna *G, ed.* : li-llaḏī *LT* : *sic codd. pro* li-llātī) alwānuhunna bīḍun akṯara ḏālika wa-llātī yalidna ināṯan *40.2*⊗.

1.9 *sem. metathesis, superl. / positive transformation* : λευκότατος *superl.* (*whitest*) = al-abyaḍu : χῆνας ἐπιλεκτέον τοὺς μεγίστους καὶ λευκοτάτους *Cass. Bass. Geopon. XIV, 22.1* = afḍalu mā ttuḫiḏa mina l-baṭṭi aʿẓamuhunna wa-l-bīḍu minhunna *WGAÜ Suppl. II, 684.7.*

2. *transl.* πολιός (*grey*), *said of the hair, and its derivatives*

2.1 πολιός (*grey*) : φύονται εὐθέως ἔνιαι (*sc.* τρίχες) πολιαί *Arist. Gener. anim. V 5, 785a34* = wa-rubbamā ḫarağa l-šaʿaru wa-huwa abyaḍu min aṣlihī *190.9.*

2.2 αἱ πολιαί, *sc.* τρίχες (*grey hair*) = al-šaʿaru l-abyaḍu : καὶ ἡ ἐπιδερμὶς, ὅκου αἱ πολιαί εἰσι, λευκοτέρη τῆς ἄλλης γίνεται *Hippocr. Nat. puer. 66.22* = wa-aqūlu ayḍan inna l-ğilda llaḏī taḥta l-šaʿari l-abyaḍi ašaddu bayāḍan min ğamīʿi l-mawāḍiʿi l-uḫari *67.13.*

3. *transl.* λεπρός (*leprous*) *and its derivatives*

3.1 λεπρός (*leprous, suffering from leprosy which makes the skin scaly*) = āṯārun bīḍun ʿāriḍatun lahū : κηρῷ δὲ ἴσῳ μιγεῖσα λεπροὺς ὄνυχας ἀφίστησι *Diosc. Mat. med. I, 70.24* = wa-iḏā ḫuliṭa bihī mina l-mūmi ğuz'un musāwin qalaʿa l-āṯāra l-bīḍa (*sic leg. pro* al-bayāḍ) l-ʿāriḍata li-l-aẓfāri *versio A Dubler / Terés II, 74.15**.

3.2 λεπριάω (*to become leprous, scaly*) = ʿaraḍa l-āṯāru l-bīdu lahū : ἐκβάλλει ... λεπριῶντας ὄνυχας *Diosc. Mat. med. I, 74.7* = qalaʿa l-āṯāra l-bīḍa l-ʿāriḍata li-l-aẓfāri *versio A Dubler / Terés II, 78.20.*

4. ἀργιλλώδης (*clay-like*) = ḥurrun abyaḍu (*white clay with no sand in it*) : δεῖ δὲ πλάττειν τὸν τόπον ἀρραγεῖ πηλῷ ἀργιλλώδει *Cass. Bass. Geopon. X, 75.12* : wal-yuṭayyan ḏālika l-ḫarqu ... bi-ṭīnin ḥurrin abyaḍa fa-innahū lā yanšaqqu *WGAÜ Suppl. I, 164.11.*

5. *sem. metathesis; comp. / positive transformation* : λαμπρότερος *comp.* (*clearer, brighter*) = *in hend.*; abyaḍu barrāqun : ἀνάγκη γὰρ λαμπρότερα εἶναι (*sc.* τὰ ὕδατα) καὶ εὐώδεα (*post* εὐώδεα *add.* καὶ κοῦφα *ed.* : *om. Arab., Gal.*) *Hippocr. Aer. 38.7** = li-annahā (*sc.* al-miyāha) bīḍun barrāqatun ṭayyibatu l-rīḥi ḍṭirāran *versio A 61.2 / sim. versio B 61.10.*

6. *periphr.*; φλέγμα (*phlegm*) = billatun bayḍā'u (*white humour*) *in* ἀποφλεγματίζω (*purge away phlegm*) = anzala l-billata l-bayḍā'a : δύναται ... ἀποφλεγματίζειν διαμασηθέν *Diosc. Mat. med. I, 220.7-8* = iḏā muḍiġa anzala l-billata l-bayḍā'a *vetus transl. Ullmann Unters., 186.12; sim. I, 225.15 = 186.13.*

بيع

باع **I. bāʿa** *c. acc. r.*

1. *transl.* πωλέω (*to sell*) *and its derivatives*

1.1 πωλέω (*to sell*) : ἀλλ' οὗ μὲν ὠνοῦνται, μείζω, οὗ δὲ πωλοῦσιν, ἐλάττω *Arist. Eth. Nic. V 7, 1135a3* = bali llatī yuštarā bihā akbaru wa-llatī yubāʿu bihā aṣġaru *323.10* ⟼ οὗτοι δ' ὑμᾶς οἴκοι μὲν ὄντας (ὄντας *Q Arab.* : ὄντες *N ex corr., ed.*) ἐπώλουν *Arist. Rhet. III 9, 1410a19** (*frag. adesp. 1 p. 346 Sauppe*) = inna hā'ulā'i kānū yabīʿūnakum wa-antum fī buyūtikum *197.14* ⟼ μὴ πωλεῖν δὲ τῶν παίδων μηδένα τῶν ἐμὲ θεραπευόντων, ἀλλὰ χρῆσθαι αὐτοῖς *Arist. Testamentum 40.23* = wa-lā yubāʿu (*fort.* yubaʿ *leg.*) aḥadun mimman ḫadamanī min ġilmānī wa-lākin yaqirrūna fī l-ḫidmati *248.11* ⟼ καὶ ἡ πωλοῦσά τι συνάλλαγμα ὥσπερ ἐν γάμῳ κατὰ τὴν πρᾶσιν ποιήσεται πρός τινα *Artem. Onirocr. 189.18* = wa-ka-ḏālika ayḍan iḏā kāna lahā šay'un tabīʿuhū fa-inna l-ru'yā tadullu ʿalā muʿāraḍatihā (*fort.* mufāwaḍatihā *leg.*) bi-šay'in miṯla mā yaʿriḍu fī l-aʿrāsi fa-innahā bi-manzilati bayʿin wa-širan *343.17** ⟼ πωλεῖται δὲ ἐν τῷ τόπῳ *Diosc. Mat. med. I, 24.12* = wa-yubāʿu fī mawḍiʿihī *vetus translatio Ullmann Unters., 188.22;* ἔνιοι δὲ τὰ ἀκάνθινα ἢ καὶ σησάμινα (τὰ ἀκάνθινα ἢ καὶ σησάμινα *H, F* [σισάμινα], *Arab.* : σησάμινα ἢ ἀκάνθινα *Di, Orib.* : τὰ ἀκάνθινα ἢ καὶ συκάμινα *cod. Lac. [E], Wellmann*) καλούμενα ξύλα, ... ἀντὶ ἐβένου πωλοῦσι *I, 89.14** = wa-mina l-nāsi man ya'ḫuḏu aġṣāna ḫašabi baʿḍi aṣnāfi l-šawki awi l-ḫašaba llaḏī yuqālu lahū sīsāminā (*sic leg. pro* sīsāman *ed.*) wa-huwa l-sāsamu fa-yabīʿuhū badala l-abnūsi *versio A Ibn al-Bayṭār Ǧāmiʿ I, 8.15**.

1.2 *sem.; etym.; transl.* πώλης (*seller*) *in compounds*

• **1.2.1** ἀρωματοπώλης (*dealer in spices or perfumes*) = man yabīʿu l-ṭība : τοῖς δὲ λοιποῖς βλάβης καὶ ἀπραξίας καὶ κινδύνου (ἀπραξίας καὶ κινδύνου *Arab.* : πράξεων ἐπικινδύνων *V* : ἀπραξίας *L*) εἰσὶ σημαντικοὶ μάλιστα δὲ μυροπώλαις καὶ ἀρωματοπώλαις *Artem. Onirocr. 140.2** = fa-ammā li-sāʾiri l-nāsi fa-innahā tadullu ʿalā maḍarratin wa-radāʾati fiʿlin wa-šiddatin takūnu lahum wa-bi-ḫāṣṣatin li-l-ʿaṭṭārīna aw li-man yabīʿu l-ṭība *251.10*.

1.2.2 βιβλιοπώλης (*bookseller*) = man yabīʿu l-kutuba : εὐθέως περιῆλθον ἁπάσας μὲν τὰς βιβλιοθήκας, ἅπαντας δὲ τοὺς βιβλιοπώλας *Galen Loc. aff. VIII, 148.14* = durtu ʿalā l-makāni fī ǧamīʿi ḫazāʾini l-kutubi wa-ʿalā ǧamīʿi man yabīʿu l-kutuba *WGAÜ Suppl. I, 218.14*.

2. *transl.* πέρνημι, πιπράσκω (*to sell*) *and its derivatives*

2.1 πέρνημι, πιπράσκω (*to sell*) : πολλοὶ δὲ (*sc.* δοῦλοι) αὐτὸ μόνον ἐπράθησαν *Artem. Onirocr. 44.18* = wa-kaṯīrun mina l-mamālīki llaḏīna raʾaw hāḏihi l-ruʾyā bāʿahum mawālīhim *84.6;* σημαίνειν γὰρ ἔφη τὴν μὲν δεξιὰν χεῖρα τὰ ποριζόμενα τὴν δὲ εὐώνυμον (ἀριστεράν *L*) τὰ πιπρασκόμενα (πιπρασκόμενα *Arab.* : πεπορισμένα *ed.*) *48.9** = yazʿumu anna l-yada l-yumnā tadullu ʿalā mā yaštarī l-insānu wa-l-yada l-yusrā ʿalā mā yabīʿu *91.6*; εἰ δέ τις ἀργύρεος ἢ χρύσεος δόξειεν εἶναι ἀνὴρ ἢ γυνή, δοῦλος μὲν ὢν πραθήσεται, ἵνα ἀπαργυρωθῇ ἢ ἀποχρυσωθῇ (χρυσωθῇ *L*) *56.20* = fa-in raʾā l-insānu ka-annahū min fiḍḍatin aw ḏahabin fa-innahū in kāna ṣāḥibu l-ruʾyā mamlūkatan (!) fa-innahā tubāʿu fa-tubaddalu bi-fiḍḍatin aw bi-ḏahabin *107.1*; 228.19 = 421.3 (v. WGAÜ Suppl. II, 115.12); etc.* ⤚ ὁ μαγνήτης λίθος ... ἔνιοι δὲ τοῦτον καίοντες ἀντὶ τοῦ αἱματίτου πιπράσκουσιν *Diosc. Mat. med. III, 97.3* = maġnīṭasun ... wa-mina l-nāsi man yuḥriqu hāḏā l-ḥaǧara wa-yabīʿuhū bi-ḥisābi l-šāḏanaǧi (al-šāḏanaǧi *Ullmann, WGAÜ Suppl. II, 115* : al-sāḏanaǧi *ed.*) *versio A Dubler / Terés II, 434 ult.** ⤚ ἐν ταῖς μεγάλαις πόλεσιν ἐγκέφαλοι βόειοι πιπράσκονται *Galen Anat. admin. II, 708.14* = wa-qad yubāʿu fī l-muduni l-kibāri ... admiġatu l-baqari *550.19*.

2.2 πράσιμος (*for sale, saleable*) = *properly* yubāʿu; *here, in a passive / active sem. metathesis,* šayʾun yabīʿuhū : ἀλλ' ὅταν ἡ γυνὴ ἢ μὴ ἐν γαστρὶ ἔχῃ ἢ ἄτεκνος ᾖ ἢ μηδὲν ἔχῃ πράσιμον *Artem. Onirocr. 189.14* = illā an takūna l-imraʾatu (*sic*) ġayra ḥublā aw laysa lahā waladun aw lā šayʾun tabīʿuhū (*sic leg.*) *343.12**.

3. ὠνέομαι *med.* (*to buy*), *interpreted as pass.* = bīʿa (*to be bought*) : οὗτοι δ' ὑμᾶς οἴκοι μὲν ὄντας (ὄντας *Q Arab.* : ὄντες *N ex corr., ed.*) ἐπώλουν, ἐλθόντες δ' ὡς ἡμᾶς (ἡμᾶς *β Vet. anon. Arab.* : ὑμᾶς *A ed.*) ἐώνηνται *Arist. Rhet. III 9, 1410a19** (*frag. adesp. 1 p. 346 Sauppe*) = inna hāʾulāʾi kānū yabīʿūnakum wa-antum fī buyūtikum fa-lammā waradū ʿalaynā bīʿū *197.15*.

4. *sem.; etym.; transl.* ἔμπορος (*trader, dealer*) *in* σωματέμπορος (*slave-dealer*) = man yabīʿu l-ḥayawāna (*one who sells living beings*) : ἀγαθὸν δὲ καὶ σωματεμπόροις (σωμάτων ἐμπόροις *L*) καὶ πένησιν (*sc.* προαγορεύει)· οἱ μὲν γὰρ ... κερδανοῦσιν *Artem. Onirocr. 211.14* = wa-hiya (*sc.* al-ruʾyā) ayḍan dalīlu ḫayrin <fī->man (*nos* : <li->man *ed.*) yabīʿu l-ḥayawāna wa-fī l-fuqarāʾi wa-ḏālika annahā tadullu ʿalā anna l-bāʿata li-l-ḥayawāni yarbaḥūna *383.1-2**.

5. *sem. amplif.;* διανέμω *c. acc. r. et dat. pers.* (*to distribute s.th. to s.o.*) = qasama wa-bāʿa *c. acc. r. et* li- *pers.* (*to divide s.th. into portions and sell it to s.o.*) : διὰ τὸ τῷ δήμῳ διανέμειν τὸν (τοιοῦτον *add. V, Pack* : *om. L, Arab.*) μάγειρον τὰ κρέα *Artem. Onirocr. 228.24** = wa-ḏālika anna l-qaṣṣāba yaqsimu l-laḥma wa-yabīʿuhū li-l-ʿāmmati *421.9*.

بيع **I. bayʿun** *maṣdar*

1. *transl. derivatives of* πιπράσκω (*to sell*)

1.1 πρᾶσις (*sale*) **(a)** *abs.* : τῶν γὰρ συναλλαγμάτων ... ἑκούσια μὲν τὰ τοιάδε οἷον πρᾶσις ὠνὴ (*non vert. Arab.*) δανεισμὸς ἐγγύη χρῆσις παρακαταθήκη μίσθωσις *Arist. Eth. Nic. V 2, 1131a3** = al-muʿāmalātu ... ammā l-irādiyyatu fa-miṯlu hāḏihī miṯla l-bayʿi awi l-qarḍi awi l-kafālati awi l-ʿāriyyati awi l-istīdāʿi awi (aw *Ullmann WGAÜ Suppl. I, 695.13* : wa- *ed.*) l-iktirāʾi *301.5** ⟼ λέγω δὲ ἀπαλλοτρίωσιν δόσιν καὶ πρᾶσιν *Arist. Rhet. I 5, 1361a23* = wa-qad aʿnī bi-l-iġrābi l-iʿṭāʾa wa-l-bayʿa *25.1* **(b)** *in hend.* bayʿun wa-širan : καὶ ἡ πωλοῦσά τι συνάλλαγμα ὥσπερ ἐν γάμῳ κατὰ τὴν πρᾶσιν ποιήσεται πρός τινα *Artem. Onirocr. 189.18* = wa-ka-ḏālika ayḍan iḏā kāna lahā šayʾun tabīʿuhū fa-inna l-ruʾyā tadullu ʿalā muʿāraḍatihā (*fort.* mufāwaḍatihā *leg.*) bi-šayʾin miṯla mā yaʿriḍu fī l-aʿrāsi fa-innahā bi-manzilati bayʿin wa-širan *344.2**.

1.2 πραθείς *pass. part.* (*having been sold*) : πραθεὶς δέ, ἐὰν διὰ τοῦ πυλῶνος (*sc.* ἐκπίπτῃ) *Artem. Onirocr. 194.1* = wa-in raʾā ka-annahū ... yaḫruǧu mina l-bābi fa-inna ḏālika yadullu ʿalā bayʿihī *351.4*.

2. τὸ πωλεῖν (*the act of selling*) : οἷον ἐν τῷ ὠνεῖσθαι καὶ πωλεῖν *Arist. Eth. Nic. V 4, 1132b15* = miṯla mā yakūnu fī l-širāʾi wa-l-bayʿi *309.14* ⟼ οἷον ὡς ὁ τελώνης Διομέδων περὶ τούτων τῶν νέων (τούτων τῶν νέων *ut intell. Arab., cf. Lyons, 346* : τῶν τελωνῶν *β* : τῶν τελῶν *A, ed.*), "εἰ γὰρ μηδ' ὑμῖν αἰσχρὸν τὸ πωλεῖν, οὐδ' ἡμῖν τὸ ὠνεῖσθαι" *Arist. Rhet. II 23, 1397a26** = kamā qāla Diyūmīdūn al-ʿāširu fī ulāʾika l-aḥdāṯi innahū in lam yakun yaqbuḥu bi-hāʾulāʾi bayʿu l-quwwati fa-laysa yaqbuḥu binā naḥnu btiyāʿuhā *148.2*.

3. *periphr.;* καπηλικῶς *adv.* (*in a mercenary spirit*) = innamā šaʾnuhu l-bayʿu bi-l-darāhimi : καὶ οἱ πολλοὶ τῇ δόξῃ μόνῃ τῆς ἀντιδότου ἀπατώμενοι, παρὰ τῶν καπηλικῶς χρωμένων τῇ τέχνῃ ... ὠνοῦνται τὸ φάρμακον *Galen Ther. Pis. 216.5-6* ≅ wa-akṯaru l-nāsi innamā yaštarīhi bi-sababi šuhrati smihī faqaṭ ... wa-innamā yabīʿuhu l-bāʿatu lahū ʿalā hāḏihi l-ǧihati ... lā siyyamā llaḏīna innamā šaʾnuhum bayʿu ṣināʿati l-ṭibbi bi-l-darāhimi *105b16*.

بائع **I. bāʾiʿun** *act. part., pl.* **bāʿatun**

1. *transl.* ἔμπορος (*trader, merchant*) *and derivatives*

1.1 *sem.; etym.; transl.* ἔμπορος (*trader, merchant*) *in* οἰνέμπορος (*wine merchant*) = bāʾiʿu l-ḫamri : καὶ οἰνεμπόροις (οἴνου ἐμπόροις *L*) εἰς ὄξος μεταβαλεῖν τὸν οἶνον προαγορεύουσι *Artem. Onirocr. 208.6* = fa-ammā fī bāʿati l-ḫamri fa-innahā tadullu ʿalā anna l-ḫamra yaḥmuḍu wa-yakūnu ḫallan *376.3*.

1.2 ἐμπορευόμενος *part.* (*trading*) : εἰδέναι δὲ χρὴ ὅτι ἕκαστον τούτων τοῖς ἐμπορευομένοις καὶ τοῖς πιπράσκουσι ... οὐδὲν ἀποτρόπαιον προαγορεύει *Artem. Onirocr. 230.15* = wa-yanbaġī lanā an naʿlama anna kulla hāḏihi l-šibāki fī l-bāʿati wa-l-muštarīna ... lā tadullu fīhim ʿalā maḍarratin *424.15*.

2. *sem.; etym.; transl.* πώλης (*seller*) *in* φαρμακοπώλης (*druggist, apothecary*) = bāʾiʿu l-adwiyati : ἔστι δὲ τοῦτο θεωρῆσαι ἐκ τῶν παρὰ τοῖς φαρμακοπώλαις τρεφομένων (*sc.* ὄφεων) *Arist. Hist. anim. VIII 4, 594a23* = wa-ḏālika yuʿlamu mina l-ḥayyāti llatī tūǧadu tuġaḏḏā ʿinda bāʿati l-adwiyati *323.4;* τὰ ... ἄλλα πάντα, ὅσα παρατίθενται οἱ φαρμακοπῶλαι *IX 39, 622b34* = sāʾiru l-aǧnāsi llatī yaḥmiluhā bāʿatu l-adwiyati *427.5*.

ابْتاعَ VIII. ibtāʿa

1. ibtāʿa btiyāʿan (*to acquire by purchase*) *transl.* τίμημα (*purchase price, value of property*) *in* αἱρέω ἀπὸ τιμημάτων (*to obtain* [*political rule*] *on the basis of one's taxable property*) : ὀλιγαρχία δέ ἐστιν, ὅταν ἀπὸ τιμημάτων αἱ ἀρχαὶ αἱρῶνται *Ps.-Arist. Div. 5a3* = wa-ammā llatī yatawallāhā l-qalīlu mina l-nāsi fa-hiya llatī yubtāʿu sulṭānuhā btiyāʿan *versio T 55.12.*

ابْتِياعٌ VIII. ibtiyāʿun *maṣdar,* ibtiyāʿatun *n. vicis* (*v. also supra,* ibtāʿa 1)

1. τὸ ὠνεῖσθαι (*the act of buying*) : οἷον ὡς ὁ τελώνης Διομέδων περὶ τῶν τούτων νέων (τῶν τούτων νέων *fort. Arab., cf. Lyons, 346* : τῶν τελωνῶν *β* : τῶν τελῶν *A, ed.*), "εἰ γὰρ μηδ' ὑμῖν αἰσχρὸν τὸ πωλεῖν, οὐδ' ἡμῖν τὸ ὠνεῖσθαι" *Arist. Rhet. II 23, 1397a27** = kamā qāla Diyūmīdūn al-ʿāširu fī ulāʾika l-aḥdāṯi innahū in lam yakun yaqbuḥu bi-hāʾulāʾi bayʿu l-quwwati fa-laysa yaqbuḥu binā naḥnu btiyāʿuhā *148.2.*

2. πωλητός (*for sale*) : τῆς δὲ βασιλείας ἡ μὲν κατὰ νόμον (κατὰ νόμον πωλητή *ut interpr. Arab.*), ἡ δὲ κατὰ γένος ἐστίν. ἡ μὲν οὖν ἐν Καρχηδόνι κατὰ νόμον πωλητὴ γάρ ἐστιν *Ps.-Arist. Div. 5a8** = wa-ammā llatī (*sc.* siyāsatu l-muduni) yatawallāhā man ǧarat ʿādatuhū bi-ḏālika fa-ʿalā ḍarbayni aḥaduhumā ʿalā sabīli l-ibtiyāʿati wa-l-āḫaru ʿalā sabīli l-irṯi fa-inna mulka l-qarḫīdūniyyīna (*sic leg.*) ǧarati l-ʿādatu bi-btiyāʿatin *versio T 55.16**.

بَيّاعٌ bayyāʿun

1. *sem.; etym.; transl.* πώλης (*seller*) *in* ῥωποπώλης (*dealer in small wares*) = bayyāʿu l-fākihati (*fruit-seller*)! : καὶ πάντες ... ἰατροὶ καὶ ῥωποπῶλαι (ὀπωροπῶλαι *ut intell. Arab.*) *Galen Simpl. medic. XI, 804.11** = laysa l-aṭibbāʾu wuḥūdahum wa-lākin bayyāʿū l-fākihati ayḍan *versio al-Biṭrīq WGAÜ, 596.19.*

[بيق]

بيقية bīqiyatun *or* **bīqiyyatun** (*cf. Dietrich, Diosc. Triumphans II 131*)

1. ἀφάκη (*tare, Vicia cracca* L.) : περὶ ἀφάκης *Galen Simpl. medic. XI, 843.16* = ḏikru l-bīqiyati *WGAÜ, 150.12; v. also Ibn al-Bayṭār Ǧāmiʿ I, 132.16 ad Diosc. Mat. med. I, 214.3 and Ullmann Unters., 50.*

بيكار

بيكار bīkārun

A. *Basic meaning: compass (also* birkārun*), < Pers.* pargār (*compass*), *v. Dozy I, 136b, Vullers I, 344b.*

1. ὁ ὕδερος εἰς ἀμίδα (*diabetes, polyuria caused by diabetes [lit., chamber-pot dropsy]*) = bīkāru l-bawli (*lit., "the compass of urination", a calque from* ὁ διαβήτης, *"compass", so called from its outstreched legs; v. H. J. Thies, Der Diabetes-Traktat ʿAbd al-Laṭīf al-Baġdādī's, Bonn 1971, p. 56; G. Strohmaier, Orientalistische Literaturzeitung 71 [1976], p. 59 n. 1*) : τοῦτο τὸ πάθος, ὅ τινες μὲν ὕδερον εἰς ἀμίδα, τινὲς δὲ διάρροιαν εἰς οὖρα, τινὲς δὲ διαβήτην, ἔνιοι δὲ δίψακον ὀνομάζουσι *Galen Loc. aff. VIII, 394.12* = al-ʿillatu llatī yusammīhā qawmun bīkāra l-bawli wa-qawmun uḫaru stiṭlāqa l-bawli wa-qawmun uḫaru diyābīṭis wa-qawmun uḫaru l-ʿaṭaša l-mubarriḥa *WGAÜ Suppl. II, 520.23.*

B. *Basic meaning: picture, < Pers.* pīkār < paykar (*form, picture*), *v. Vullers I, 401a-b.*

1. ἐσόπτρισμα (*reflection, mirror image*) = bīkārun muttaṣilun : τί ἡμέρα; ... φυσικὸν ἐσόπτρισμα (ἔσοπτρον *var. reading*) *Vita et Sententiae Secundi, Sent. 4* = wa-mā huwa l-nahāru qāla huwa bīkārun muttaṣilun ṭabīʿiyyun *WGAÜ Suppl. I, 404.19.*

[بيمارستان]

بيمارستان **bīmāristānun** < *pers.* bīmāristān (*hospital*), *v. Vullers I, 304b, EI*^{2} *I, 1222b-1226a.*

• **1.** ξενοδοχεῖον (*hospice, guesthouse for the poor and sick, v. Lampe 932a*) : ὁ δὲ ἀποστρεφόμενος φεύγειν, ἀφικόμενος δὲ εἰς ξενοδοχεῖον, ᾧ ἐπώνυμον κάμηλος *Artem. Onirocr. 13.15* = fa-farra wa-maḍā hāriban ilā bīmāristānin kāna yusammā l-ǧamala *27.5;* καὶ τὸ ξενοδοχεῖον κάμηλος καλούμενον τὸν μηρὸν κατάξειν (*sc.* προηγόρευεν) *13.23-14.1* = wa-li-anna l-bīmāristāna llaḏī ṣāra ilayhi kāna yusammā ǧamalan dalla ḏālika ʿalā anna faḫiḏahū yankasiru *27.14* (*for the meaning of the term* ξενοδοχεῖον *in Syriac and Arabic as "hospital" see Michael W. Dols, "The Origins of the Islamic Hospital: Myth and Reality," Bulletin of the History of Medicine 61, 1987, 367-390*).

بين

بان **I. bāna** *intrans.*

1. *transl.* δῆλος (*clear, evident*) *and its compounds*

1.1 δῆλον, *sc.* ἐστί *or* γίγνεται ([*it is* or *becomes*] *clear, evident*) **(a)** *abs.* : ἡ μὲν οὖν περὶ τὰς ἡδονὰς ὑπερβολὴ ὅτι ἀκολασία ..., δῆλον *Arist. Eth. Nic. III 13, 1118b28* = fa-qad bāna anna l-šaraha ifrāṭun fī l-laḏḏāti *229.13* ⤚ ὅτι μὲν οὖν μετατιθεμένου τοῦ ὀνόματος καὶ τοῦ ῥήματος ἡ αὐτὴ γίγνεται κατάφασις καὶ ἀπόφασις, δῆλον *Arist. Int. 10, 20b12* = fa-qad bāna anna l-asmāʾa wa-l-kalima iḏā buddilat amākinuhā kāna l-īǧābu wa-l-salbu wāḥidan bi-ʿaynihī *118.14 / fol. 186a; 11, 21a6* = *120.11 / fol. 187a* ⤚ ὅτι μὲν οὖν τἀναντία πως πάντες ποιοῦσι τὰς ἀρχάς, δῆλον *Arist. Phys. I 5, 188a27* = fa-qad bāna annahum ǧamīʿan (ǧamīʿan *cod.* : *om. Badawī*) yaǧʿalūna l-mabādiʾa l-mutaḍāddata ʿalā waǧhin mā *44.1*;* ὅτι μὲν οὖν ἀδύνατον ἐν αὑτῷ τι εἶναι πρώτως, δῆλον *IV 3, 210b22* = fa-qad bāna annahū lā yumkinu an yakūna l-šayʾu fī ḏātihī ʿalā l-qaṣdi l-awwali *296.11; VIII 6, 259a24* = *869.8* ⤚ δῆλον ὡς οὐδ' ἄλλον τινὰ χρόνον (*sc.* εὔλογον ὑποθέσθαι) *Galen Dieb. decr. IX, 796.13* = fa-qad bāna annahū lā yaǧūzu an yakūna zamānan ... ġayra hāḏayni *145.11* ⤚ δῆλον ὡς, ὅστις ἂν ἰατρὸς (*ante* ἰατρὸς <ἀληθὴς> *add. Mueller* : *om. Arab.*) ᾖ, πάντως οὗτός ἐστι καὶ φιλόσοφος *Galen Med. phil. 7.18** = fa-qad bāna anna man kāna ṭabīban fa-huwa lā maḥālata faylasūfun *120* **(b)** *in hend.;* bāna wa-ʿulima : ἔκ τε τούτων αὐτῶν τῶν ῥήσεών ἐστι δῆλον ἐξ ἄλλων τε πολλῶν *Galen An. virt. 51.8* = fa-qad bāna wa-ʿulima ... min aqwālihī (*sc.* aqwāli Aflāṭūn) hāḏihī wa-min aqwālin lahū uḫara kaṯīratin *23.22-23;* ἤδη μὲν κἀκ τούτων ἐστὶ δῆλον... *65.16* = fa-qad bāna wa-ʿulima mimmā salafa wa-min hāḏā ayḍan... *33.17-18* **(c)** *in hend.;* bāna wa-waḍaḥa : δῆλον οὖν ἤδη σοι γέγονεν, ὡς ἡ τῆς ψυχῆς οὐσία κατὰ ποιὰν κρᾶσιν ἀέρος τε καὶ πυρὸς γίγνεται *Galen An. virt. 45.21* = fa-qad bāna wa-waḍaḥa laka anna ǧawhara l-nafsi ... yakūnu bi-mizāǧin mā mina l-hawāʾi wa-l-nāri *19.17.*

1.2 διάδηλος (*distinguishable*) : ὁ δ' ἀγαθὸς καὶ κακὸς ἥκιστα διάδηλοι καθ' ὕπνον *Arist. Eth. Nic. I 13, 1102b5* = fa-ammā l-ḫayyiru wa-l-šarīru (al-ḫayyiru wa-l-šarīru *propos. Ullmann NE II, 134* : al-ḫayru wa-l-šarru *ed.*) fa-laysa yakādu yabīnu (*sic leg.*) fī waqti l-nawmi *151.5**.

1.3 εὔδηλος (*quite clear*) : εὔδηλος μὲν οὖν ἐστιν ... κἀκ ταύτης τῆς ῥήσεως *Galen An. virt. 52.4* = fa-qad bāna min hāḏā l-qawli ... *24.18.*

1.4 πρόδηλος (*clear*) : πρόδηλον ὡς πάντως ψυχρός ἐστιν ὁ στρυφνὸς χυμός *Galen Simpl. medic. XI, 638.17* = fa-qad bāna anna l-ḫilṭa l-ʿafiṣa bāridun lā maḥālata *WGAÜ Suppl. II, 189.1.*

1.5 *sem.; etym.; transl.* δῆλος (*clear, evident*) *in* ἄδηλος (*not evident, i.e., obscure*) = laysa yabīnu : τὸ βουλεύεσθαι δὲ ἐν τοῖς ὡς ἐπὶ τὸ πολύ, ἀδήλοις δὲ πῶς ἀποβήσεται *Arist. Eth. Nic. III 5, 1112b9* = wa-l-rawiyyatu innamā takūnu fīmā yūǧadu fī akṯari l-amri wa-laysa yabīnu ilā māḏā yaʾūlu amruhū *201.2.*

2. *transl. derivatives of* φαίνω (*to bring to light, to make appear*)

2.1 φανερόν, *sc.* ἐστί ([*it is* or *becomes*] *manifest, clear*) **(a)** *abs.*: φανερὸν γὰρ ὡς οὐχ ἑαυτῆς ... προνοεῖ *Artem. Onirocr. 173.3* = yabīnu lahum min ḏālika annahū ... lam tahummahū umūru nafsihī *310.7* **(b)** *in hend.;* bāna wa-ṣaḥḥa : ἐκ δὴ τῶν εἰρημένων ... φανερόν, ὅτι ... *Plot. Enn. IV 4, 45.1* = fa-qad bāna wa-ṣaḥḥa mimmā ḏakarnāhu anna... *Theol. Arist. VI : 83.12.*

2.2 *sem. concentr.;* συμφανὲς γίγνεται (*it is or becomes manifest*) = *in hend.;* bāna wa-ẓahara : καὶ πολλὰ συμφανῆ γίνεσθαι (sc. δοκεῖ) δι' αὐτῆς (*sc.* τῆς ἀρχῆς) τῶν ζητουμένων *Arist. Eth. Nic. I 7, 1098b8* = fa-qad yuẓannu ... anna kaṯīran mina l-ašyāʾi l-maṭlūbati tabīnu (*sic leg.*) wa-taẓharu bi-ẓuhūri l-mabdaʾi *137.13.*

3. ἀποδείκνυμαι, *pass.* (*to be demonstrated, made evident*) : τούτου δ' ἀποδεδειγμένου φανερὸν ὅτι ... *Arist. Phys. VI 8, 238b26* = wa-iḏ qad bāna ḏālika fa-ẓāhirun annahū ... *704.9*; ἀποδεδειγμένων δὲ τούτων λέγομεν *VI 10, 240b8* = wa-iḏ qad bāna ḏālika fa-innā naqūlu *724.4*.

4. *sem. concentr.*; σαφέστερός ἐστι (*it becomes clearer*) : ἀσαφῶς δὲ νῦν ῥηθὲν τότ' ἔσται σαφέστερον *Arist. Phys. IV 5, 213a6* = wa-in kāna l-qawlu fīhi ġayra bayyinin fī hāḏā l-mawḍiʿi fa-innahū sa-yabīnu hunāka *333.3*.

5. ἀνακύπτω (*to emerge, come into view*) = *in hend.*; ẓahara wa-bāna : τὰ τῆς γεωμετρικῆς ἰδιώματα ἀνακύπτει *Nicom. Arithm. 138.7* = fa-inna ḫawāṣṣa l-tawassuṭi l-handasiyyi taẓharu wa-tabīnu (*sic leg.*) *106.13*.

6. ἀφίστημι (*to stand away from*) : πίεξις μὲν, ὥστε τὰ ἐπικείμενα μὴ ἀφεστάναι, μηδὲ ἐρηρεῖσθαι (<κάρτα> *add. Litt., Kühlewein* : *om. Arab.*) *Hippocr. Off. med. 34.16** = ammā fī l-ġamzi fa-kaymā lā yabīna mina l-ʿuḍwi mā huwa mawḍūʿun ʿalayhi wa-lā yaḍġaṭahū *6.13*.

7. *sem. metathesis; pass. / act. transformation;* κρίνομαι *pass.* (*to be discerned*) : τὸ δ' ἀληθὲς ἐν τοῖς πρακτικοῖς ἐκ τῶν ἔργων καὶ τοῦ βίου κρίνεται *Arist. Eth. Nic. X 9, 1179a19* = wa-ammā l-ḥaqqu fī l-aʿmāli innamā (*sic cod.*; <fa->innamā *Badawī, cf. Ullmann NE II, § 131*) yabīnu mina l-afʿāli wa-l-ʿumri *569.6*⊗.

8. *sem. metathesis; object / subject transformation; transl. derivatives of* εἴδω (*to see, know*)

8.1 συνοράω (*to see, become aware of*) : τοῦτο δ' ἔξεστι καὶ ἐκ τούτων συνιδεῖν *Ps.-Plut. Placita 274a6* = wa-qad yumkinu an yabīna ḏālika bi-mā aṣifu *1.23*.

8.2 καθοράω (*to see, perceive*) = bāna li- : ἵνα μᾶλλον κατίδωμεν ὅτι ἐν πᾶσιν ἡ μεσότης <ὀρθὸν καὶ> (*suppl. Schmidt / Ullmann, 29*) ἐπαινετόν *Arist. Eth. Nic. II 7, 1108 a15** = li-yabīna (yabīna *Ullmann NE I, 72* : yubayyana Akasoy/Fidora) lanā anna l-tawassuṭa fī ǧamīʿihā ṣawābun maḥmūdun *179.8**.

9. *sem. amplif.; added in an inferential and occasionally resumptive phrase or clause beyond the Greek text, which either* (α) *translates as a whole Greek conjunctions and particles marking the drawing of a conclusion, or* (β) *supports and amplifies the Arabic word translating the conjunction or particle*

9.1 (α) ὥστε (*and so, therefore*) **(a)** fa-qad bāna min ḏālika anna... (*from this it becomes clear that...*) : ὥστε τὸ πᾶς ἢ μηδεὶς οὐδὲν ἄλλο προσσημαίνει ἢ ὅτι ... *Arist. Int. 10, 20a12* = fa-qad bāna min ḏālika anna qawlanā kullun aw qawlanā wa-lā wāḥidun laysa yazīdāni ʿalā an yadullā <ʿalā> (*nos*) anna... *116.13-14* / fol. 185b* **(b)** wa-iḏā kāna hāḏā ʿalā mā ḏakarnā fa-qad bāna wa-ṣaḥḥa anna... (*and since this is as described, it is evident and correct that...*) : ὥστ᾽ οὔτε νῦν εἰσὶ πλείους οὐρανοί *Arist. Cael. I 9, 279a9* = wa-iḏā kāna hāḏā ʿalā mā ḏakarnā fa-qad bāna wa-ṣaḥḥa annahū laysa l-ʿawālimu kaṯīratan *versio A 110b1.*

9.2 (β) τοίνυν *inferential (therefore, accordingly)* = iḏan (*therefore*), *amplified by* fa-qad bāna iḏan anna... (*it is, therefore, clear that...*) : οὐ τοίνυν οὐδὲ Ποσειδωνίῳ δοκεῖ τὴν κακίαν ἔξωθεν ἐπεισιέναι τοῖς ἀνθρώποις *Galen An. virt. 78.8* = fa-qad bāna iḏan anna Fūsīḏūniyūs ayḍan lam yakun yarā anna l-šarra yadḫulu ʿalā l-nāsi min ḫāriǧin *42.14* (*v. Denniston, 575, 2.ii*).

9.3 (α) μὲν οὖν (*in sum, then*) = fa-qadi ttaḍaḥa l-āna wa-bāna (*it has now become manifest and clear*) : ὅτι μὲν οὖν ... ἐπὶ τοσοῦτον ἡμῖν εἰρήσθω *Arist. Cael. 289a8* = fa-qadi ttaḍaḥa l-āna wa-bāna bi-mā ḏakarnā mina l-muqaddamāti wa-l-maqāyīsi anna ... *versio A 80b4.*

9.4 (β) ἄρα (*then, therefore*) = iḏan (*therefore*), *amplified by* fa-qad bāna iḏan anna... (*it is, then, clear that...*) : ἄλλο ἄρα ἑκάτερον τὸ ἀμέριστον καὶ μεριστόν *Plot. Enn. IV 3, 19.27* = fa-qad bāna iḏan anna quwwata l-nafsi l-qābilata li-l-taǧziʾati ġayru quwwatihā llatī lā taqbalu l-taǧziʾata *Theol. Arist. II : 40.9; sim. VI 7, 11.48 = VIII : 92.16.*

10. *sem. amplif.; used in an added summarizing conclusion* (α), *beyond the Greek sentence* (β), *at the end of a section* = fa-qad bāna wa-ṣaḥḥa bi-mā ḏakarnā anna ... : (β) οὐκ ἄρα οὕτως ψυχὴ ὡς πνεῦμα οὐδ᾽ ὡς σῶμα *Plot. Enn. IV 7:* 8^{3}*.22* = (β) fa-laysati l-nafsu iḏan bi-rūḥin ġarīziyyin wa-lā bi-ǧirmini l-battata. (α) fa-qad bāna wa-ṣaḥḥa bi-mā ḏakarnā anna l-nafsa laysat bi-ǧirmin *Theol. Arist. III 53, 52.9.*

بَيانٌ I. bayānun, *pl.* bayānātun *maṣdar*

1. *transl.* ἐπιδείκνυμι (*to show, point out*) *and its derivatives*

1.1 ἐπίδειξις (*exhibition, display*) : ὥστ᾽ ἐγὼ πολλάκις ... κατὰ τὰς ἐπιδείξεις εἴωθα παραλείπειν αὐτά (αὐτά *Garofalo, Arab.* : αὐτ᾽ *P* : αὐτό *Kühn*) *Galen Anat. admin. II, 671.16** = wa-li-hāḏā min ʿādatī fī miṯli hāḏihi l-bayānāti an adaʿa mirāran kaṯīratan hāḏihi l-mawāḍiʿa *506.19.*

1.2 *sem. metathesis; trans. / intrans. transformation*: ἐπιδείκνυμι (*to show, point out*) = bayān (*being* or *becoming plain*) : οὐδὲ λύειν ἅπαντα προσήκει, ἀλλ' ἢ ὅσα ἐκ τῶν ἀρχῶν τις ἐπιδεικνὺς ψεύδεται *Arist. Phys. I 2, 185a15* = fa-innahū laysa yanbaġī an nanquḍa (*sic leg. pro* tunqaḍa *ed.*) kullahā bal innamā yanbaġī an naqṣida bi-l-naqḍi minhā li-mā kāna bayānuhū mabniyyan ʿalā l-mabādiʾi illā annahū bāṭilun *8.11.*

2. ἔμφασις (*explanation, exposition*) : ἐν τοῖς ἑξῆς μὲν ... εἰσόμεθα ... κἀνταῦθα δὲ πρὸς ἁπλῆν ἔμφασιν προχειριστέον ... *Nicom. Arithm. 51.3* = innahū amrun yatabayyanu fī-mā baʿdu ... wa-ammā hāhunā fa-innā nubayyinu ḏālika bayānan basīṭan *45.14.*

3. ἐναργής (*manifest, clear*) : καὶ τοῦθ' οὕτως ἐναργές ἐστιν, ὥστε καὶ οἱ ἀπὸ μόνης τῆς ἐμπειρίας ὁρμώμενοι γιγνώσκουσιν αὐτό *Galen Nat. fac. II, 43.7* = wa-yabluġu min bayāni hāḏā anna llaḏīna qtaṣarū ʿalā l-taǧribati waḥdahā yaʿrifūnahū *WGAÜ Suppl. I, 353.7.*

4. δῆλον, *sc.* ἐστί ([*it is*] *clear, manifest*) = *in hend.;* bayānun wa-taṣḥīḥun : ὅτι μὲν τοίνυν ... ἐκ τῶνδε δῆλον *Arist. Cael. I 5, 271b28* = fa-naqūlu inna ... wa-bayānu ḏālika wa-taṣḥīḥuhū ... bi-mā anā ḏākiruni (ḏākiruhū *versio* C) l-āna *versio B/C 149.14 Badawī.*

5. διάγνωσις *medic.* (*diagnosis*) : νῦν δὲ ἐρέω τὴν διάγνωσιν *Hippocr. Nat. puer. 77.14* = wa-anā qāʾiluni l-āna bayānan *78.8.*

6. *transl.* διάρθρωσις (*differentiation, distinctness*) *and its derivatives*

6.1 *sem. amplif.*; διάρθρωσις (*differentiation, distinctness*) = bayānu l-ṣūrati : Ἀσκληπιάδης ἐπὶ μὲν τῶν ἀρρένων (*sc.* ἐν γαστρί) ... τὴν διάρθρωσιν γίνεσθαι ἀπὸ ἕκτης καὶ εἰκοστῆς, πολλάκις δὲ καὶ ἐνδοτέρω *Ps.-Plut. Placita 433a14* = wa-ammā Asqlibiyāḏis fa-yarā anna l-ḏukūra ... yakūnu bayānu l-ṣūrati fīhā mina l-yawmi l-sādisi wa-l-ʿišrīna wa-kaṯīran mā yakūnu ḏālika fī abʿada (*sic!, v. supra,* abʿadu 9, *II, 393*) min hāḏā l-zamāni *73.25.*

6.2 διαρθρόομαι *pass.* (*be perceived clearly, distinguished*) : ἔτι καὶ ἐν τοῖς φυτοῖς ἔνεστι τὸ ἕνεκά του, ἧττον δὲ διήρθρωται (ἤρθρωται *E*) *Arist. Phys. II 8, 199b10* = wa-ayḍan fa-innā qad naǧidu fī l-nabāti mā min aǧli šayʾin wa-in kāna aqalla bayānan *154.9.*

7. πεῖρα (*experience, trial*) = *in hend.;* taǧribatun wa-bayānun (*experience and exposition*) : εἰ δέ τις τῶν ἐντυγχανόντων ... τῶν εἰρημένων τι ὑπ' ἐμοῦ παρά τινος τῶν ἄλλων εἰλῆφθαι καὶ μὴ ἀπὸ τῆς πείρας ἡγεῖται *Artem. Onirocr. 202.12* = fa-in kāna man qaraʾa kalāmanā ...

yarā annī aḫaḏtuhū ʿan ġayrī wa-lam āḫuḏhu ʿan taǧribatin wa-bayānin *364.10*; τοῖς γε πείρᾳ κεχρημένοις καὶ τριβαῖς πολλαῖς εὐπαρακολούθητός ἐστιν ὁ λόγος *234.14* = man kāna yastaʿmilu l-taǧribata wa-l-bayāna l-kaṯīra wa-yadrusu ḏālika fa-inna qawlanā huwa lahū bayyinun *433.6*.

8. εὐμένεια (*goodwill, favorableness*) = *in hend.*; faḥṣun wa-bayānun : γένοιτο δὲ μετὰ πολλῆς εὐμενείας τοὺς ἐντυγχάνοντας ἐπιθυμῆσαι (ἐπιθυμῆσαι *codd., Arab.* : *secl. Pack*) ἀναγνῶναι τὰ βιβλία *Artem. Onirocr. 235.7** = ḏālika yakūnu maʿa faḥṣin kaṯīrin wa-bayānin li-man yurīdu an yaqraʾa fī maqālātinā *434.10*.

9. ἐπιμελῶς (*carefully, diligently*) = bi-bayānin : τοὺς ἐπιμελῶς ἀναγνόντας οὐκ ἐάσει ἀποστῆναί ποτε τῶν λόγων τούτων τὰ βιβλία *Artem. Onirocr. 235.10* = allaḏī yaqraʾuhā (*sc.* maqālātinā) bi-bayānin fa-lā (*sic leg. pro* wa-lā *ed.*) yaqdiru an yaḫruǧa mina l-kalāmi llaḏī fīhā *434.12**.

10. *sem.; etym.; transl.* σκέψις (*examination, consideration*) *in* ἀσκέπτως (*without reflection, heedlessly*) = bi-lā bayānin : πελεκᾶνες ἄνδρας ἀγνώμονας σημαίνουσιν, ἀσκέπτως (ἀσκόπως *V*) δὲ καὶ ἀλόγως πάντα δρῶντας *Artem. Onirocr. 138.15* = wa-l-ṭayru llaḏī yusammā bilīqānis ... fa-innahā tadullu ʿalā qawmin ǧuhhālin lā maʿrifata lahum yaʿmalūna aʿmālahum bi-lā bayānin wa-lā maʿrifatin *249.7*.

11. *sem. amplif.; morph.; added in the accusative, following its own or related finite verbs, as a cognate accusative (mafʿūl muṭlaq) adverbial phrase that translates the Greek adverbial suffix* –ως *or an adverbial prepositional phrase*:

11.1 ἀκριβῶς (*precisely*) = [bayyana] bayānan mustaqṣan : δείξει δὲ ταῦτα (τὰ *add. codd., ed.* : *eras. Q* : *om. Cs, Arab.*) ἐν τοῖς Περὶ τῆς αἰσθήσεως ἀκριβῶς *Them. In De an. 70.8** = hāḏihi l-ašyāʾu sa-yubayyinuhā fī kitābihī fī l-ḥissi bayānan mustaqṣan *114.17*.

11.2 ἐναργῶς (*clearly*) = [bayyana/tabayyana] bayānan wāḍiḥan : ὅτι δὲ ... ἐναργῶς ἀπεδείξαντο *Galen Anat. admin. II, 241.16* = wa-mimmā bayyanū ḏālika bihī bayānan wāḍiḥan qawluhum inna... *30.22* ⟼ ἵνα δὲ καὶ ἐναργῶς πεισθῶμεν περὶ τῶν λεγομένων *Nicom. Arithm. 114.23* = wa-likay (wa-likay *propos. Kutsch* : wa-lākin *cod., ed.*) natabayyana mā qulnā bayānan wāḍiḥan *89.11**.

11.3 σαφῶς (*clearly*) = [bayyana/tabayyana] bayānan wāḍiḥan : τοῦ μικρὸν ἔμπροσθεν εἰρημένου σαφῶς ἐνδεικνυμένου *Galen Anat.*

admin. II, 705.15 = iḏ kāna l-ḍarbu llaḏī ḏakarnāhu awwalan yatabayyanu bayānan wāḍiḥan *548.9* ⟼ τὸ οὖν προκείμενον ἤδη δέδεικται σαφῶς *Galen Dieb. decr. IX, 794.1* = wa-qad bayyantu mā aradtu bayānan wāḍiḥan *141.10.*

11.4 ὡσαύτως (*in like manner*) = [tabayyana] bayānan ʿalā miṯālin wāḥidin : τὰ δὲ τοιαῦτα δείκνυται μὲν ὡσαύτως *Arist. Anal. post. I 9, 76a11* = wa-amṯālu hāḏihī qad tatabayyanu bayānan ʿalā miṯālin wāḥidin *357.1 / fol. 200b.*

11.5 αὐτάρκως (*sufficiently*) = [bayyana] bayānan šāfiyan : ὅτι δ' ..., αὐτάρκως ἐπιδέδεικται *Galen Anat. admin. II, 610.15-16* = wa-ammā anna ... fa-qad bayyantu ḏālika bayānan šāfiyan *432.5.*

11.6 κατ' ἀναλογίαν (*by analogy*) = [awḍaḥa] bayānan bi-ṭarīqi l-muqāyasati : πειρατέον ἐμφαίνειν ... εἴτε κατ' ἀναλογίαν εἴτε κατ' ἄλλην ὁμοίωσιν *Theophr. Princ. 4b12-13* = fa-qad yanbaġī an naltamisa an nūḍiḥa ... immā bayānan ... bi-ṭarīqi l-muqāyasati aw bi-ṭarīqin mina l-tašbīhi āḫara *172.4.*

! 12. θεατροκοπία (*grandstanding, courting of applause*) ≠ bayānun yaqbaluhū ǧumhūru l-nāsi (*explanation accepted by the masses*) : ἀλλ' οὐ θεατροκοπίας (θεατροκοπίας *corr. Reiske,* θεατροκοπίας *vel* θεατροκοπίαν *Arab.* : θεατροκοπίαις *V* : θεατροκοπία *L*) καὶ τὰ τοῖς λογεμπόροις ἀρέσκοντά ποτε μετῆλθεν (μετῆλθεν *ut intell. Arab.* : μετῆλθον *ed.*) *Artem. Onirocr. 202.18** = ġayra annahū lā yaqdiru an yaʾtiya, ʿalā ḏālika, bi-bayānin yaqbaluhū ǧumhūru l-nāsi wa-kalāmin yuwāfiquhum fī ǧamīʿi qawlihī *364.15*! (*v. supra,* atā *c.* bi- 11.2, *I, 26*).

بائنٌ **I. bāʾinun** *act. part.*

1. σαφής (*clear, plain*) = *in hend.;* bāʾinun muʾakkadun : μᾶλλον δὲ σαφὲς ἔσται τὸ λεγόμενον διὰ πλειόνων ῥηθέν *Arist. Rhet. I 2, 1358a9* = wa-qad yakūnu l-qawlu l-maqūlu bi-ziyādatin bāʾinan muʾakkadan iḏā kāna maqūlan fī ašyāʾa kaṯīratin *14.23.*

2. χωριστός *c. gen.* (*separable from*) = bāʾinun min : χωριστὸν ἄρα πάντῃ σωμάτων ἐστὶ τὸ πρὸς ἑαυτὸ ἐπιστρέφον *Procl. El. theol. 16 : 18.19* ≅ fa-lā maḥālata anna l-ǧawhara ... bāʾinun mina l-ǧirmi ayḍan wa-annahū yarǧiʿu ilā ḏātihī *16:19.*

3. ὑπερέχω *intrans. c. gen.* (*to be or rise above, i.e., s.th.*) = bāʾinun ʿalā : δελφὶς δὲ καὶ φάλαινα, καὶ ὅσα αὐλὸν ἔχει, ὑπερέχοντα τὸν αὐλὸν καθεύδει τῆς θαλάττης *Arist. Hist. anim. IV 10, 537b1* = wa-ammā l-dulfīnu wa-l-ḥayawānu l-ʿaẓīmu llaḏī yusammā bi-l-yūnāniyyati falaynā wa-kullu mā lahū unbūbun fī ǧasadihī yatanaffasu bihi l-hawāʾa fa-huwa yanāmu wa-ḏālika l-unbūbu bāʾinun ʿalā l-māʾi *196.18.*

4. *sem.; etym.; transl. the privative* α- *in* ἄϋλος (*immaterial, without matter*) = bāʾinun ʿan/min : ἄϋλος ἄρα ὁ νοῦς· καὶ πῶς ἄϋλός ἐστιν, εἴπερ κατέχεται ἐν γενέσει; πῶς δὲ γνώσεται τὰ ἄϋλα ἐν γενέσει κατεχόμενος; *[Ps.-]Philop. In De an. 566.31-567.1* ≅ wa-ḏālika anna l-ʿaqla bāʾinun min kulli hayūlā ... wa-in kāna bāʾinan ʿan kulli hayūlā fa-yanbaġī an naʿlama kayfa ṣāra wa-huwa yurbaṭu bi-l-hayūlā yaʿlamu l-ašyāʾa ʿilman mubāyinan *Paraphr. De an. 335.5-6.*

بَيَّنَ **II. bayyana** *c. acc. r.*

1. *transl. verbs with the general sense of to make clear, show, explain*

1.1. *transl.* δείκνυμι (*to bring to light, show*) *and its derivatives and compounds*

1.1.1 δείκνυμι, *act. and pass. forms* (*to bring to light, show*) **(a)** *abs., often in sem. metathesis, pass. / act. transformation* (*it has been shown = we will make clear*) : διὰ τοῦτο δὴ καὶ ἀχρόνως δείκνυσιν ὁ Ἀριστοτέλης γινόμενον τὸ ὁρᾶν *Alex. An. mant. [Vis.] 143.30* = wa-li-ḏālika yubayyinu Arisṭū anna l-ibṣāra yaḥduṯu bi-lā zamānin *153.62* ↤ δείξας δ' ὅτι μὴ παντὸς τοῦ δυνάμει εἰς τὸ ἐνεργείᾳ μεταβολὴ διὰ πάθους τε καὶ ἀλλοιώσεως *Alex. qu. III 3 [Sens.] 83.31* = fa-lammā bayyana l-ḥakīmu fa-qāla innahū laysa kullu quwwatin taʾūlu ilā l-fiʿli wa-tantaqilu ilayhi bi-stiḥālatin wa-qabūli l-aṯari *174.59* ↤ πῶς οὖν ... δείξει τὴν οὐσίαν *Arist. An. post. II 7, 92a34** = fa-ʿalā ayyi ǧihatin yubayyinu l-ǧawhara *442.8 / fol. 227b* ↤ δειχθήσεται δὲ καὶ τοῦτο διὰ τῶν ἑπομένων *Arist. An. pr. I 3, 25b24* = wa-nubayyinu ḏālika fī-mā nastaʾnifu *147.7 / fol. 67b* ↤ λείπεται ἄρα αὐτὸ τοῦτο δεῖξαι *Arist. Cael. I 9, 278b8* = wa-baqiya lanā an nubayyina (*sic leg.*) ayḍan *versio B 190.13* Badawī*; ἔξω δὲ τοῦ οὐρανοῦ δέδεικται ὅτι οὔτ' ἔστιν ... σῶμα *I 9, 279a16* = wa-qad bayyannā fī-mā taqaddama annahū laysa ḫāriǧan mina l-samāʾi ǧismun *versio A 111a1* ↤ ἀλλ' ἐδέδεικτο ὅτι μία μιᾶς (*sc.* ἀπόφασις καταφάσεως) *Arist. Int. 10, 20b4* = ġayra annā qad bayyannā anna l-īǧāba l-wāḥida innamā lahū salbun wāḥidun *118.8 / fol. 186a10* ↤ τὸ μὲν οὖν διαιρετὸν δέδεικται πρότερον *Arist. Phys. VI 4, 235b4* = fa-ammā l-inqisāmu fīhi fa-qad bayyannā ānifan *663.14;* τὰ γὰρ ἐπαμφοτερίζοντα καὶ δύναμιν ἔχοντα τοῦ κινεῖσθαι καὶ ἠρεμεῖν δείκνυσιν περὶ αὐτῶν *VIII 6, 259a27* = wa-ḏālika anna llatī tataṣarrafu bi-l-amrayni ǧamīʿan wa-bihā quwwatun ʿalā an tataḥarraka wa-ʿalā an taskuna tubayyinu amra hāḏihī *869.12; etc.* ⟼ ἔτι δὲ ... ἅπαντες ... δεικνύναι πειρῶνται ... ὅτι μέγα ἢ μικρὸν τὸ ἀγαθὸν ἢ τὸ κακόν *Arist. Rhet. I 3, 1359a19* = ṯumma inna ǧamīʿa l-mutakallimīna ... yatakallafūna ... an yubayyinū ayḍan anna l-ḫayra awi l-šarra ʿaẓīmun aw yasīrun *18.10; III 18, 1419b20 = 223.5* ⟼ δείξομεν δὲ τούτων ἕκαστον *Artem. Onirocr. 98.14* = wa-naḥnu nubayyinu l-qawla fī kulli wāḥidin min anwāʿihā *181.13;* δείξει δὲ (ἔτι *add. V, ed.* : *om. L Arab.*) ὁ ἐπιὼν λόγος ἀκριβέστερον *157.5** = wa-naḥnu nubayyinu l-qawla fīhā fī-mā nastaʾnifu min kalāminā *285.4;* ἐμοὶ δὲ νῦν πρόκειται τὰ σημαινόμενα δεικνύειν *216.5* = fa-ammā anā fa-innamā qaṣdī l-āna an ubayyina dalāʾila l-ruʾyāʾāti *393.2* ⟼ ὅπερ ἔδει δεῖξαι *Eucl. El. I.4 : i, 12.3; I.5 : i, 13.21; I.6 : i, 14.18* = wa-ḏālika mā aradnā an nubayyina *i.1, 54.7; i.1, 56.19; i.1, 60.10; et saepe;* ὅλη ἡ ὑπὸ ΑΒΗ γωνία ὅλῃ τῇ ὑπὸ ΑΓΖ γωνίᾳ ἐδείχθη ἴση *I.5 : i, 13.13* = wa-qad kunnā bayyannā anna zāwiyata ĀBḤ musāwiyatun li-zāwiyati ĀǦZ *i.1, 56.15; I.5 : i, 13.4 = i.1, 56.10; etc.* ⟼ ἐδείχθη ... ἔμπροσθεν ἡ θνητὴ ψυχὴ κρᾶσις οὖσα τοῦ σώματος *Galen An. virt. 44.8* = qad bayyannā fī-mā salafa anna l-nafsa l-mayyitata hiya mizāǧu l-badani *18.14; 63.9 = 32.2* ⟼ ἔς τ' ἂν δὲ μὴ δύνανται δεῖξαι ταῦτα μάτην παραδείγματα γράφουσι *Galen In De off. med. 908.14* = fa-mā dāmū lā yaqdirūna an yubayyinū hāḏā fa-iṯbātuhum fī kutubihimi l-miṯālāti llatī tamaṯṯalū bihā innamā kāna bāṭilan *80.25;* ἐδείχθη δὲ κατὰ τὸ περὶ παραδείγματος ὑπόμνημα *908.16* = wa-qad bayyantu ḏālika fī l-maqālati llatī ḏakartu fīhā amra l-miṯāli *82.1; etc.* ⟼ ἐπὶ τῶν ἄλλων ζώων, ὧν ἓξ ὑπάρχειν γένη δείκνυμι *Galen Nerv. diss. 840.15* = fī l-ḥayawānāti l-uḫari llatī sa-ubayyinu anna aǧnāsahā sittatun *105.8* ⟼ ἐπεὶ δ' οὐκ ἔστιν ἀληθὴς ὁ λόγος οὗτος, ὡς δείξομεν *Galen Ther. Pis. 250.15* = fa-qad ʿulima l-āna anna aqāwīlahum hāḏihī bāṭilatun (*sic leg. pro* bāṭilun *ed.*) ʿalā mā bayyannā *116b17** ⟼ τούτων ὑποκειμένων ... δείξομεν, ὡς ... *Hyps. Anaph. 60* = wa-iḏ qad waḍaʿnā hāḏā kaḏā fa-innā nubayyinu annā ... *49* ⟼ τὸ τέταρτον (τέταρτον *Arab.* : τρίτον *codd., ed.*) εἶδος τοῦ πολλαπλασίου δεικνύντες *Nicom. Arithm. 52.23-24** = al-nawʿu llaḏī qad bayyannā annahu l-nawʿu l-rābiʿu *47.11;* ὥσπερ καὶ τῶν κύβων αὐτῶν τετράγωνοι ἀριθμοὶ ἦσαν τὰ ἐπίπεδα, ὡς ἐδείχθη *108.7* = kamā anna l-saṭḥa llaḏī yakūnu ʿanhu l-ʿadadu l-mukaʿʿabu huwa l-ʿadadu l-murabbaʿu ʿalā mā bayyannā ānifan *84.14* ⟼ δείξει δὲ ὁ λόγος προϊὼν ... ὅπως χρὴ λέγειν *Them. In De an. 54.9* = wa-sa-nubayyinu iḏā amʿannā fī l-qawli kayfa yanbaġī an yuqāla ... *77.12;* δείξει δὲ ταῦτα (τὰ *add. codd., ed.* : *eras. Q* : *om. Cs, Arab.*) ἐν τοῖς Περὶ τῆς αἰσθήσεως *70.7** = hāḏihi l-ašyāʾu sa-yubayyinuhā fī kitābihī fī l-ḥissi *114.17* ⟼ καὶ ὅσα ἄλλα ἀστρολογία δείκνυσιν *Theophr. Princ. 9b27* = wa-sāʾiru mā yubayyanu bi-ṣināʿati l-nuǧūmi *208.8* **(b)** *in hend.;* bayyana wa-awḍaḥa : μετῆλθεν ἐπὶ τὴν αἴσθησιν καὶ ἔδειξεν τίς μὲν ἡ πρώτη δύναμίς ἐστι *Alex. qu. III 3* [*Sens.*] *84.34* = raǧaʿa ilā l-ḥissi wa-bayyana wa-awḍaḥa l-ḥissa l-kāʾina bi-l-quwwati mina l-nawʿi l-awwali *180.2;* ἐδείχθη γάρ, ὅτι... *86.1* = li-annā qad bayyannā wa-awḍaḥnā ānifan anna... *186.6* ⟼ τοῦτο δ' ὅτι ἀδύνατον, δέδεικται πρότερον *Arist. Cael. I 6, 273a18* = wa-qad bayyannā wa-awḍaḥnā ānifan fa-qulnā innahū lā yumkinu an takūna ḥarakatun lā nihāyata lahā *versio B=C 159.7;* (περὶ τὸν οὐρανόν ...) τὸ μὲν κινούμενον δέδεικται ὅτι πρῶτον καὶ ἁπλοῦν *II 6, 288a34* = fa-innā qad bayyannā fī-mā salafa wa-awḍaḥnā anna l-mutaḥarrika l-awwala huwa basīṭun *versio A 70a9* / fa-innā qad bayyannā wa-awḍaḥnā fī-mā salafa anna l-mutaḥarrika l-awwala mabsūṭun *versio B 250.6* **(c)** *in hend.;* bayyana wa-qāla : ἔξω δὲ τοῦ οὐρανοῦ δέδεικται ὅτι οὔτ' ἔστιν ... σῶμα *Arist. Cael. I 9, 279a16* = wa-qad bayyannā ānifan wa-qulnā innahū laysa ḫāriǧan mina l-samāʾi ǧirmun *versio B 194.3 Badawī.*

1.1.2 ἐπιδείκνυμι (*to show, point out*) : τὰ δὲ ἓξ ἐν τῷ ἔμπροσθεν λόγῳ ἐπεδείξαμεν ὄντα ἑξήκοντα πέντε *Artem. Onirocr. 198.14* = wa-l-sittatu bi-qadri l-qawli l-muqaddami ka-mā bayyannā takūnu ḫamsatan (*sic ed. pro* ḫamsan) wa-sittīna *358.18*⊗ ⟼ ὅτι δ' ..., αὐτάρκως ἐπιδέδεικται *Galen Anat. admin. II, 610.16* = wa-ammā anna ... fa-qad bayyantu ḏālika bayānan šāfiyan *432.5; II, 416.16 = 210.1; etc.* ⟼ ἴσως δὲ καὶ ταῦτά μοι περιττῶς νῦν εἰρήσεται, ἑτερώθι, καθάπερ ἔφην, ἐπιδεδειχότι *Galen In De off. med. 908.5* = wa-ʿasā an yakūna qawlī mā qultu min hāḏā fī hāḏā l-mawḍiʿi faḍlan iḏ kuntu qad bayyantu fī mawḍiʿin āḫara ʿalā mā waṣaftu *80.17* ⟼ *Galen Simpl. medic. XI, 827.17, v. WGAÜ, 254.13-14* ⟼ θεὸς γὰρ οὖσα ὥσπερ ἡ ἐν ἡμῖν φύσις, κατὰ τὸν Ὅμηρον, καὶ ἄγουσα τὰ ὅμοια πρὸς τὰ ὅμοια, οὕτω τὰς θείας δυνάμεις ἑαυτῆς ἐπιδείκνυται *Galen Ther. Pis. 225.6-7* = wa-ḏālika anna li-l-ṭabīʿati llatī fīnā quwwatan šarīfatan mulhamatan, ka-mā qāla Ūmīrusu l-šāʿiru fīhā innahā taṣilu l-šibha bi-l-šibhi, ka-ḏālika tubayyinu āṯāra quwāhā *108b16*; ἐπέδειξα γάρ, ὡς οἶμαι φιλοπόνως, ὅτι καὶ ὅλα μὲν τὰ ζῷα τοῖς ἀνθρώποις βοηθεῖ ποτε, ἔσθ' ὅτε δὲ καὶ αὐτὰ μόνα τὰ μέρη *243.16* = wa-qad bayyantu ḏālika fī mawāḍiʿa uḫara anna mina l-ḥayawāni mā yanfaʿu bi-asrihī baʿḍa lawḍāʿi wa-minhā l-ǧuzʾa minhu wa-minhā ǧuzʾa l-ǧuzʾi *114b8* ⟼ κἂν (κἂν *corr. Heiberg, Arab. ut vid.* : καὶ *codd.*) μὴ πάσας οἷόν τ' ᾖ τῆς εἰρημένης προθέσεως ἀξίως συμπλέκειν, ἀλλὰ χωρὶς ἑκάστην οὕτως ἔχουσαν ἐπιδεικνύειν *Ptol. Hypoth. 72.5** = wa-in kāna lā yumkinunā an nurakkiba l-ḥarakāti kullahā tarkīban muwāfiqan li-ġaraḍinā llaḏī qasaḍnā lahū lākinnā nubayyinu bi-hāḏā l-nawʿi mina l-ʿamali ḥāla kulli wāḥidin minhā bi-nfirādihī *17.7 Morelon.*

1.1.3 ἀποδείκνυμι (*to prove, demonstrate*) : ὅτι δὲ ... ἐναργῶς ἀπεδείξαντο *Galen Anat. admin. II, 241.16* = wa-mimmā bayyanū ḏālika bihī bayānan wāḍiḥan qawluhum inna... *30.22* ⟼ ἐγὼ μὲν γὰρ ἀποδείξω ἃ ἂν φήσω τὸν ἄνθρωπον εἶναι... *Hippocr. Nat. hom. 170.3* = wa-ḏālika annī anā ubayyinu anna l-ašyāʾa llatī aqūlu inna l-insāna murakkabun minhā... *4.4;* πάντα ... ὅσα ἐγώ φημί τε καὶ ἀποδείκνυμι *178.9* = hāḏihī kulluhā llatī ḏakartuhā wa-bayyantuhā *8.8* ⟼ ἀποδεικνύειν ὅτι καὶ αἱ ἀναλύσεις ἐπ' αὐτὴν (*sc.* τὴν ἰσότητα) ἐσχάτην περαιοῦνται *Nicom. Arithm. 74.13* = an nubayyina anna l-inḥilāla (al-inḥilān *ed.*) ilayhā (*sc.* ilā l-musāwāti) yaruddunā aḫīran *60.16;* ἐπεὶ δὲ ἀρχὰς τῶν ὅλων οἵ τε φυσικοὶ ... τὸ ταυτὸν καὶ τὸ ἕτερον λέγουσιν, ... ἔτι τοῦτο ἀποδεικτέον ἀναγκαιότατα ... *113.2* = wa-lammā kāna aṣḥābu ʿilmi l-ṭabīʿati ... innamā yaǧʿalūna mabādiʾa l-ašyāʾi kullihā l-huwa-huwa wa-l-ġayriyyata ... fa-inna l-wāǧiba ayḍan an nubayyina ... *88.5; 74.10 = 60.13; etc.* ⟼ ὧν τὰς τέσσαρας ... φθάσαντες ἀπεδείξαμεν *Porph. Isag. 18.8* = arbaʿun minhā ... qad bayyannāhā fīmā qablu *1095.18 / fol. 155a.*

1.1.4.1 ἐνδείκνυμαι *med.* (*to show, make plain*) : ἀγαπητὸν οὖν ... τἀληθὲς ἐνδείκνυσθαι *Arist. Eth. Nic. I 1, 1094b21* = fa-bi-wuddinā ... an nubayyina l-ḥaqqa *117.2* ⟼ ἐνταῦθα δ' ἀρκεῖ ... ἐνδεδεῖχθαι *Galen An. virt. 33.6* = wa-ammā hāhunā ... fa-aktafī bi-an ubayyina ... *10.3* ⟼ φαντασία μὲν οὖν ἐστι πάθος ἐν τῇ ψυχῇ γινόμενον, ἐνδεικνύμενον ἐν αὐτῷ καὶ τὸ πεποιηκός *Ps.-Plut. Placita 401a17* = fa-l-taḫayyulu huwa taʾṯīrun wāqiʿun fī l-nafsi yubayyinu fī ḏātihi l-fāʿila lahū *55.11.*

1.1.4.2 ἔνδειξις (*proof, demonstration*) : πρὸς ἔνδειξιν τῆς ... ἐγκυκλίου κινήσεως *Ptol. Hypoth. 70.7* = li-nubayyina ... amra (li-yabīna ... amru *ms Brit. Libr. Arab. 426*) l-ḥarakati l-mustadīrati *15.7 Morelon.*

1.2. *transl.* δηλόω (*to show, reveal*) *and its derivatives and compounds*

1.2.1 δηλόω (*to show, reveal, disclose*) : δεδήλωται δὲ περὶ τῆς αἰτίας αὐτῶν ἐν ἑτέροις *Arist. Part. anim. III 10, 673a30* = wa-qad bayyannā ʿillata ḏālika fī amākina uḫara *91.7* ⟼ καὶ οἱ τραγικοὶ δηλοῦσι ... *Arist.*

Rhet. III 14, 1415a20 = ṯumma l-ṭarāġūdiyyūna ayḍan yubayyinūna... *204.19* ↦ τὴν δὲ αἰτίαν ὁ ἐπιὼν λόγος δηλώσει *Artem. Onirocr. 66.2* = wa-sa-nubayyinu sababa ḏālika fī l-maqālati llatī baʿda hāḏihī *122.6* ↦ δηλώσω γὰρ κᾀκεῖνα *Galen Anat. admin. II, 227.2* = wa-anā muʿtazimun ʿalā an ubayyina laka amra hāḏihī ayḍan *14.20; II, 609.2-3* = *431.4* ↦ δεδήλωται δέ μοι καὶ περὶ τουτέων *Hippocr. Genit. 46.16* = innā qad bayyannā amra hāḏihī *36.2*.

1.2.2 *sem.; etym.; transl.* δῆλον (*clear*) *in* ἄδηλον, *sc.* ἐστί, ([*it is*] *not clear*), *together with sem. metathesis, impersonal / personal transformation* = lā yubayyinu (*he does not make clear*) : ἄδηλον γὰρ ὁπότερου τὸν ὅρον ἀποδέδωκεν *Arist. Top. VI 2, 139b25*= li-annahū (*sc.* allaḏī ḏakara l-ḥadda) lā yubayyinu ḥadda ayyimā minhā (*fort.* minhumā *leg.*) waffā *649.2 / fol. 297a*.

1.2.3 *sem. metathesis; impersonal / personal transformation* : δῆλον, *sc.* ἐστί, ([*it is*] *clear, manifest*) = bayyana (*he made clear*) **(a)** *abs.* : τὸ δ' ἄπειρον ἐν τοῖς ἑπομένοις ἔσται δῆλον *Arist. Phys. VI 4, 235b5* = wa-ammā anna ḏālika yakūnu fīhi bi-lā nihāyatin fa-sa-nubayyinu fī-mā baʿdu *663.15* **(b)** *in hend.; with sem. amplif.* bayyana wa-laḫḫaṣa talḫīṣan šāfiyan : ἀλλ' ἐπεὶ δῆλον περὶ τούτων, περὶ τῶν λοιπῶν σκεπτέον *Arist. Cael. I 5, 271b1* = wa-aqūlu ayḍan innahū iḏā bayyannā hāḏihi l-ašyāʾa wa-laḫḫaṣnāhā talḫīṣan šāfiyan fa-innā <nurīdu ...> *versio B* (*om. C*) **(c)** *in hend.; with sem. amplif.* bayyana wa-ṣaḥḥaḥa [bi-qawlin] šāfin muqniʿin: περὶ μὲν οὖν ... δῆλον ἡμῖν ἐκ τῶν εἰρημένων *Arist. Cael. I 8, 277b26* = fa-qad bayyannā l-āna wa-ṣaḥḥaḥnā ... bi-qawlin šāfin muqniʿin *versio B 187.1 Badawī*.

1.3 *transl. verbal and adverbial derivatives of* σαφής (*clear, manifest*)

1.3.1.1 σαφηνίζω (*to make clear*) : ὡς ὁ κύβος ἁρμονία πρὸ βραχέος ἐσαφηνίσθη *Nicom. Arithm. 145.3* = ka-mā annā bayyannā qubaylu anna l-mukaʿʿaba yūǧadu fīhi l-tawassuṭu l-taʾlīfiyyu *111.18*.

1.3.1.2 *sem.; etym.*; προσαφηνίζω (*to make clear beforehand*) = bayyana awwalan : λοιπὸν δεῖ προσαφηνίσαντας (προσαφηνίσαντας *PCSH Arab.* : σαφηνίσαντας *codd. cett., ed.*) τὰς τῶν λόγων συνθέσεις ... μεταβῆναι ἐπὶ ... *Nicom. Arithm. 80.1** = fa-qad baqiya ʿalaynā an nubayyina awwalan kayfa yakūnu taʾlīfu hāḏihi l-nisabi ... ṯumma nantaqila ilā... *65.12* (προσαφηνίζω *is not attested in the Greek lexica*).

1.3.2 σαφῶς, *sc.* φημί ([*to state*] *clearly*) **(a)** *abs.* ἐν τούτῳ πάλιν τῷ λόγῳ σαφῶς οὐ μόνον τὰ ἤθη ταῖς τῆς χώρας κράσεσιν ἀκόλουθά φησιν ὑπάρχειν *Galen An. virt. 62.17-18* = wa-fī hāḏā l-kalāmi ayḍan qad qāla qawlan yubayyinu annahū laysa l-aḫlāqu faqaṭ tatbaʿu (*sic leg.*) amzāǧa l-baladi *31.16* **(b)** *in hend.*; awḍaḥa wa-bayyana : ἐν τούτῳ τῷ λόγῳ πνεύματα φησὶ σαφῶς καὶ εἰλήσεις (*sic ed. Bazou*) ... *Galen An. virt. 66.7-9* = wa-qad awḍaḥa fī hāḏā l-kalāmi wa-bayyana anna l-riyāḥa wa-ḥarārāti l-šamsi ... *34.6.*

1.3.3 *sem. concentr.*; σαφῶς παρίστημι (*to present clearly*) : ἐπειδὴ δὲ ἄνευ τῶν ὀνομάτων αὐτῶν (*sc.* τῶν ὅπλων) οὐκ ἂν εἴη σαφῶς παραστῆσαι τὰς ἀποδείξεις *Artem. Onirocr. 154.25* = wa-li-annā lā naqdiru an nubayyina l-burhāna fī hāḏā l-qawli bi-ġayri ḏikri asmāʾi l-silāḥi *280.11.*

1.4. *transl. compounds and derivatives of* φαίνω (*to show, make clear*)

1.4.1 ἀποφαίνω (*to show forth, display*) = *in hend.*; ḥarrara (*vel* aḫbara) wa-bayyana : ταῦτα ἐσηνεγκάμην ὧδε διὰ τοῦτο, ὅκως ἀποφαίνω ὅτι ... *Hippocr. Nat. puer. 62.20* = wa-innamā takallamnā bi-hāḏā l-kalāmi wa-adḫalnā hāḏihi l-ašyāʾa hāhunā li-nuḥarrira (li-nuḫbira *ms. G*) wa-nubayyina ... *62.1.*

1.4.2 *sem. metathesis; intransitive / transitive transformation;* ἐμφαίνομαι *med.* (*to become visible*) = bayyana ʿan : οὐ γὰρ μόνον 'τὸ ὅτι' δεῖ τὸν ὁριστικὸν λόγον δηλοῦν, ... ἀλλὰ καὶ τὴν αἰτίαν ... ἐμφαίνεσθαι *Arist. De an. II 2, 413a15* = fa-innahū yanbaġī li-l-ḥaddi an lā takūna fīhi dalālatun ʿalā anniyyati l-šayʾi faqaṭ dūna an yubayyina ʿan ʿillatihī *31.21.*

1.4.3 *sem. metathesis; impersonal / personal transformation* : φανερόν, *sc.* ἐστί, ([*it is*] *clear, manifest*) **(a)** *abs.* : φανερὸν δὲ καὶ ἄλλως ὅτι ἀδύνατον ... *Arist. Cael. I 12, 283a24* = fa-ayḍan fa-innā nubayyinu bi-waǧhin āḫara ḫaṭaʾa l-qawli bi-anna ... *versio A fol. 120a6* **(b)** *in hen dia tessarōn;* bayyana wa-awḍaḥa wa-laḫḫaṣa wa-qāla : ὅτι δ' ἀναγκαῖον οὕτως ἔχειν, ἐκ τῶν περὶ τὰς κινήσεις ὑποθέσεων φανερόν *Arist. Cael. I 8, 276b8* = wa-qad bayyannā ḏālika wa-awḍaḥnāhu ḥayṯu waṣafnā ḥarakāti l-aǧrāmi wa-laḫḫaṣnāhā wa-qulnā fīhā bi-qawlin muḍṭarrin *versio B 179.13 Badawī.*

1.5 ἐναργῶς, *sc.* φημί ([*to state*] *clearly*) : ἐναργῶς πάλιν ἐνταῦθα γεννᾶν τοὺς τόπους φησὶν ἀμείνους τε καὶ χείρους ἀνθρώπους *Galen An. virt. 65.20* = wa-hāhunā ayḍan qad bayyana fī qawlihī anna l-mawāḍiʿa tuwallidu unāsan akṯara faḍīlatan wa-aqalla faḍīlatan *33.23.*

1.6 τρανόω (*to make clear*) : διὰ γὰρ τῆς τοιαύτης γραφῆς ... ἡ τῶν φρασθησομένων (φρασθησομένων *non vert. Ar.*) ἐπιπέδων τε καὶ στερεῶν σχηματογραφία τρανωθῆναι δύναιτ' ἂν μόνως καὶ σαφηνισθῆναι *Nicom. Arithm. 84.1* = fa-bi-hāḏā l-ṣinfi mina l-kitābi ...

waḥdahū yumkinu an nubayyina wa-nūḍiḥa rusūma aškāli l-aʿdādi l-musaṭṭaḥati wa-l-muǧassamati *68.12*.

1.7 διευκρινέω (*to elucidate*) : δῆλον ὅτι ἄρα δύο μέθοδοι ἐπιλήψονται ἐπιστημονικαὶ καὶ διευκρινήσουσι *Nicom. Arithm. 6.1* = wa-kāna mina l-bayyini anna hāhunā ṭarīqayni min ṭuruqi l-ʿilmi yudrikāni wa-yubayyināni *14.4-5*.

1.8 ἐξηγέομαι (*to set forth, explain*) : τὴν δὲ αἰτίαν Πανύασις ... ἐπιμελῶς ἐξηγήσατο *Artem. Onirocr. 70.18* = wa-qad bayyana l-ʿillata fī ḏālika Ā-s-x-w-s (*sic cod. pro* Bānuwāsīs) ... bayānan wāḍiḥan *129.16*.

1.9 ἀποδίδωμι *sc.* αἰτίαν (*to give* [*an account*], *explain* [*the reason*]) **(a)** *abs.* : οὐχ ἥκιστα δὲ καὶ τῆς φυσικῆς διαφορᾶς ... ἀποδιδοὺς τὴν αἰτίαν *Galen An. virt. 79.15* = wa-yubayyinu ayḍan laysa bi-dūni ḏālika ʿillata l-iḫtilāfi l-ṭabīʿiyyi *43.12* **(b)** *sem. concentr.*; ἀποδίδωμι αἰτίαν = *in hend.*; laḫḫaṣa wa-bayyana : οὗ αἰτίαν ἀπέδωκεν, ὅτι... *Alex. qu. III 3* [*Sens.*] *85.7* = wa-laḫḫaṣa l-ḥakīmu ḏālika wa-bayyanahū wa-ḏālika annahū qāla inna... *182.7*.

1.10 *transl. compounds of* ἔρχομαι (*to go*)

1.10.1 ἐπέρχομαι (*to go over, discuss*) : ἔτι δὲ καὶ ὧδε τὸν αὐτὸν τοῦτον λόγον ἔστιν ἐπελθεῖν *Arist. Phys. VIII 5, 256a22* = wa-qad yumkinu ayḍan an yubayyana hāḏā l-qawlu bi-ʿaynihī ʿalā hāḏā l-waǧhi *846.12*.

1.10.2 διέρχομαι (*to go through in detail*) = *in hend.*; awḍaḥa wa-bayyana : ὡς διῆλθον ἐν τῇ περὶ τῶν ἐθῶν πραγματείᾳ *Galen An. virt. 32.11* = ʿalā mā awḍaḥtu wa-bayyantu fī kitābi aḫlāqi l-nafsi *9.9*.

1.11 ὑποτίθεμαι *med.* (*to instruct, demonstrate*) : ὥσπερ δὲ οἱ γραμματικοὶ τῶν στοιχείων ἐπειδὰν τὰς δυνάμεις διδάξωσι τοὺς παῖδας, τότε πότε (πότε *Arab.* [*nos*] : ὁπότε *suppl. Browne, p. 220* : *om. codd., ed.*) καὶ ὅπως (*post* ὅπως *add.* ὁμοῦ πᾶσι *ed.* : *om. Arab.*) χρῆσθαι δεῖ ὑποτίθενται *Artem. Onirocr. 234.11** = fa-ka-mā anna muʿallimī l-aḥrufi yuʿallimūna l-mutaʿallimīna badʾan quwwata l-aḥrufi wa-yubayyinūna lahum baʿda ḏālika matā wa-kayfa yanbaġī lahum an yastaʿmilūhā *433.2*.

1.12 σημαίνω (*to indicate, point out*) : πότε (ὅπως *ut intell. Arab.*) δὲ ἐνδέχεται (ἐνδέχεται *L Arab.* : δέχεται τὸ ν *V* : ἐνδείκνυται *Pack*) καὶ πότε (ὅπως *ut intell. Arab.*) οὔ, ὁ ἐπιὼν λόγος σημαίνει (σημαίνει *LV Arab.* : σημανεῖ *Pack*) *Artem. Onirocr. 199.14** = wa-naḥnu nubayyinu fī-mā nastaʾnifu min kalāminā kayfa yakūnu ḏālika mumkinan aw mumtaniʿan *360.10*.

1.13 ἐπιμιμνήσκομαι (*to make mention of*) = bayyana l-qawla : περὶ ὧν ἐν τῷ περὶ κυνηγίου λόγῳ ἐπιμνησθήσομαι *Artem. Onirocr. 77.21* = wa-naḥnu nubayyinu l-qawla fī ṣuwarihā ... fī kalāminā fī l-ṣaydi *142.16-143.1.*

1.14 ὁράω, οἶδα (*to see, to see with the mind's eye, to know*) : ὡς αὐτίκα εἰσόμεθα *Nicom. Arithm. 13.6* = wa-sa-nubayyinu ḏālika fī-mā baʿdu *19.9;* ὡς εὐθὺς εἰσόμεθα *46.11* = wa-sa-nubayyinu ḏālika baʿda qalīlin *42.19*; ἃ κατ' οἰκεῖον τόπον ἐν ἑτέροις ὀψόμεθα *123.3* = wa-sa-nubayyinu ḏālika fī mawḍiʿin āḫara mina l-mawāḍiʿi llatī talīqu bihī *95.9.*

1.15 ποιέω (*to produce, perform*) : ὅπερ ἔδει ποιῆσαι *Eucl. El. I.1 : i, 8.9* = wa-ḏālika mā aradnā an nubayyina *i.1, 44.1; I.1, i, 9.14 = i.1, 48.19; I.3 : i, 10.9 = i.1, 52.11; etc.* (*where the translator transl. the canonical* ὅπερ ἔδει δεῖξαι *instead, with which this formulation is synonymous*).

2. *transl. verbs with the general sense of "to state, declare, announce"*

2.1.1 λέγω, *fut.* ἐρῶ (*to say, state, mention*) **(a)** *abs.* : πρῶτον μὲν καθόλου καὶ κοινῶς περὶ αἰσθήσεως λέγει, ἔπειτα ἐρεῖ προελθὼν περὶ ἑκάστης ἰδίᾳ *Alex. qu. III 3 [Sens.] 82.26* = ḏakara awwalan ǧamīʿa l-ḥawāssi fa-qāla fīhā bi-qawlin kulliyyin ṯumma bayyana kulla wāḥidin ʿalā ḥidatin *168.7*) ⟼ πόσα δ' ἔστιν εἴδη τῶν λόγων τῶν σοφιστικῶν ... ἤδη λέγωμεν *Arist. Soph. el. 1, 165a37* = wa-naḥnu munḏu l-āna āḫiḏūna fī an nubayyina kam anwāʿu l-alfāẓi l-sūfisṭāʾiyyati *782.8 / fol. 329a* (*naql ʿĪsā b. Zurʿa*) ⟼ ἐγὼ δ' οἶμαι δεῖν ... τὸ ἔτυμον τοῦ ὀνόματος εἰπεῖν *Artem. Onirocr. 5.14* = sa-... ubayyinu awwalani l-maʿnā llaḏī yaqaʿu ʿalayhi hāḏā l-ismu *11.13* **(b)** bayyana l-qawla : περὶ δὲ ... ἐν τῷ περὶ ᾠῶν (ᾠῶν *Arab.* : ζώων *codd., ed.*) ἐροῦμεν λόγῳ *Artem. Onirocr. 80.4** = fa-ammā ... fa-innā nubayyinu l-qawla fīhā iḏā qulnā fī l-bayḍi *147.9;* περὶ ὧν ἀκριβέστερον ἐν τῷ πρώτῳ βιβλίῳ ... εἴρηκα *215.15* = wa-qad bayyannā l-qawla fī ḏālika ʿalā ḥaqīqatihī fī l-maqālati l-ūlā *391.13.*

2.1.2 *sem. metathesis; pass. / act. transformation;* εἴρηται (*to have been said*) = bayyannā (*we have said*) **(a)** *abs.* : ἡ μὲν διαφορὰ ... πρότερον εἴρηται *Arist. Hist. anim. VII 1, 581a12* = wa-qad bayyannā fī-mā salafa min qawlinā l-iḫtilāfa wa-l-faṣla *461.9* ⟼ εἴρηται ... διότι τῇ μὲν ὁμοιομερῆ τῇ δ' ἀνομοιομερῆ (*sc.* τὰ σπλάγχνα ἐστίν) *Arist. Part. anim. II 1, 647b8* = fa-qad bayyannā ... al-ʿillata llatī min aǧlihā ṣārat baʿḍu l-aʿḍāʾi aǧzāʾuhā tušbihu baʿḍuhā baʿḍan wa-baʿḍuhā rukkibat min aǧzāʾin lā tušbihu baʿḍuhā baʿḍan *26.17*; τίνος μὲν οὖν ἕνεκεν ἡ τῶν κεράτων φύσις εἴρηται *III 2, 663b21-22* = fa-qad bayyannā li-mā-ḏā ṣāra ṭibāʿu l-qurūni fī l-ḥayawāni *65.1* **(b)** bayyana ʿan : τί μὲν οὖν εἰκός ἐστι ... εἴρηται ... καὶ νῦν *Arist. Rhet. I 2, 1357b22* = ammā mā l-ṣādiqu ... fa-qad bayyannā ʿanhu hāhunā ayḍan *13.26; 1357b26* = *14.3; etc.* **(c)** *in hend.*; laḫḫaṣnā wa-bayyannā : περὶ μὲν οὖν τῶν κατὰ τὰς διαστάσεις τῶν μορίων ... τοσαῦτα εἰρήσθω *Arist. Cael. II 2, 286a2* = fa-qad laḫḫaṣnā l-āna wa-bayyannā abʿāda aǧzāʾi l-samāʾi *versio B 234.11 Badawī.*

2.2 φράζω (*to declare, tell, express*) **(a)** *abs.* : τὴν δὲ περίοδον αὖτις φράσω τὴν τῶν ἡμερέων *Hippocr. Nat. hom. 186.16* = wa-innā nubayyinu l-adwāra mina l-ayyāmi ... fī-mā baʿdu *13.15;* ὥσπερ μοι πέφρασται καὶ ἑτέρωθι *190.4-5* = ka-mā bayyantu fī kitābin āḫara *16.12* **(b)** bayyana l-ḏikra : ἐκφερόμεναι (*sc.* αἱ ἀναλογίαι) ὑφ' ἡμῶν κατὰ ὑπεναντίωσιν τὴν πρὸς τὰς πεφρασμένας ἀρχετύπους τρεῖς *Nicom. Arithm. 141.2* = wa-iḏā naḥnu rattabnāhā waǧadnāhā muqābilatan li-l-ṯalāṯi l-mutawassiṭāti llatī bayyannā ḏikrahā wa-annahā ka-l-asāsi lahā *108.12.*

2.3 γράφω (*to describe*) **(a)** *abs.* : καὶ κατωτέρω τοῦ συγγράμματος ἀποφαινόμενος τὴν αὐτὴν δόξαν ἔγραψεν *Galen An. virt. 52.8* = wa-qad bayyana hāḏā l-raʾya ayḍan fī-mā baʿda hāḏā l-kalāmi min hāḏihi l-maqālati *24.19* **(b)** bayyana l-raʾya : ἃ τάχ' ἂν ἐφεξῆς εἴποιμι ξύμπαντα πρότερον ἀναμνήσας ὃν ὁ Πλάτων ἔγραψε λόγον *Galen An. virt. 42.9* = wa-laʿallī sa-ufaṣṣiluhā laka fī-mā astaʾnifu iḏā anā badaʾtu bi-ḏikri mā waḍaʿa Aflāṭun bi-mā bayyana min raʾyihī *17.8.*

2.4 ἀκριβόω (*to state accurately*) **(a)** bayyana l-qawla : τὸ δὲ κατὰ μέρος περὶ ἰχθύων ἐν τῷ περὶ ἁλιείας ἀκριβώσω λόγῳ *Artem. Onirocr. 77.27* = wa-naḥnu nubayyinu l-qawla fī anwāʿi l-samaki mufaṣṣalan fī qawlinā <fī> ṣaydi l-māʾi *143.7;* περὶ ὀδόντων ἠκρίβωσα μὲν ἐν τῷ πρώτῳ βιβλίῳ *191.8* = al-qawlu fī l-asnāni qad bayyannāhu fī l-maqālati l-ūlā *346.11* **(b)** bayyana ʿalā l-ḥaqīqati : ἠκρίβωται δὲ ὁ λόγος ἐν τῷ πρώτῳ βιβλίῳ ἐν τῷ περὶ σώματος *Artem. Onirocr. 221.14* = wa-qad bayyannā ḏālika ʿalā ḥaqīqatihī fī l-maqālati l-ūlā fī qawlinā fī l-badani *405.12.*

2.5 *sem.; etym.*; *transl.* διαβεβαιόω (*to confirm*) *in* προδιαβεβαιόω (*to confirm beforehand*) = bayyana ānifan : καὶ Πλάτων δὲ ... ἀνακεφαλαιούμενος τὰ διὰ πλειόνων προδιαλεχθέντα καὶ προδιαβεβαιωθέντα ἐπιφέρει ... *Nicom. Arithm. 7.9* = wa-Aflāṭūn ayḍan qad ḏakara ğumala mā qad qaddamnā ḏikrahū wa-bayyannāhu ānifan ... fa-qāla ... *15.1*.

3. *transl. verbs with the general sense of "to separate, differentiate"*

3.1 διαιρέω (*to divide, determine*) **(a)** *abs.* : ὅπως διελόμενοι πόσα ἐστί, περὶ τούτων χωρὶς λαμβάνωμεν τὰ στοιχεῖα καὶ τὰς προτάσεις *Arist. Rhet. I 2, 1358a34* = fa-iḏā bayyannā kam hiya aḫaḏnā l-ḥurūfa ayi l-usṭuqussāti wa-l-qaḍāyā ʿalā ḥidatin *16.1;* πρῶτον μὲν οὖν διελώμεθα τίνων ὀρεγόμενοι καὶ ποῖα φεύγοντες ἐγχειροῦσιν ἀδικεῖν *I 10, 1368b28* = ġayra annā nabdaʾu fa-nubayyinu ayya l-ašyāʾi ḥīna yaštāqūna ilayhā wa-ayya l-ašyāʾi ḥīna yakrahūnahā yaṣīrūna ilā an yağūrū *51.3* **(b)** bayyana l-qawla : περὶ ὧν ἀκριβῶς καὶ ἀνενδεῶς ... ἐν τῷ πρώτῳ βιβλίῳ διῄρηκα *Artem. Onirocr. 114.1* = wa-qad bayyannā l-qawla fī ḏālika ʿalā ḥaqīqatin bi-lā nuqṣāni šayʾin ... fī l-maqālati l-ūlā *208.10* **(c)** *in hen dia trion;* faṣṣala wa-mayyaza wa-bayyana : πρῶτον δὲ διαιρετέον πῶς ἀγένητα καὶ γενητά φαμεν καὶ φθαρτά καὶ ἄφθαρτα *Arist. Cael. I 11, 280b1* = illā annā nurīdu qabla an nafʿala ḏālika an nabdaʾa awwalan fa-nufaṣṣila maʿāniya (*sic leg. pro* maʿan fī *ed.*) l-kawni wa-l-fasādi wa-numayyizahā wa-nubayyina mā llaḏī naʿnī bi-qawlinā innahū mukawwanun wa-ġayru mukawwanin *versio B 202.10-11* Badawī.*

3.2 διορίζω (*to determine, define*) **(a)** *abs.* : διωρισμένων δὲ τούτων περὶ τῶν ἐφεξῆς λέγωμεν *Arist. Part. anim. I 4, 644b20* = fa-iḏ qad bayyannā ğamīʿa hāḏihi l-ašyāʾi yanbaġī lanā an naḏkura mā yatlūhā *19.17* **(b)** *in hend.;* mayyaza wa-bayyana : καὶ περὶ μὲν χρωμάτων καὶ τριχῶν διωρίσθω τὸν τρόπον τοῦτον *Arist. Gener. anim. V 6, 786b5* = fa-qad mayyaznā wa-bayyannā ḥāla l-lawni wa-l-šaʿari bi-qadri hāḏā l-fanni *193.1* ↔ διοριστέον καὶ περὶ τούτων, ποία πρώτη καὶ δευτέρα *Arist. Part. anim. I 1, 639b13* = ṯumma yumayyazu wa-yubayyanu ayya hāḏihi l-ʿilali awwaluhā wa-ayyahā ṯānīhā *6.17*.

3.3 διαρθρόω (*to divide, describe distinctly*) **(a)** *abs.* : λοιπὸν καὶ περὶ τῆς τελειοτάτης (*sc.* μεσότητος) ... διαρθρώσω *Nicom. Arithm. 144.21* = wa-qad baqiya ʿalaynā l-āna an nubayyina amra l-tawassuṭi l-tāmmi *111.13; 82.19 = 67.15* **(b)** *in hend.;* awḍaḥa wa-bayyana : ἀκριβῶς διελεῖν καὶ διαρθρῶσαι τὰ τοῖς οὖσι συμβεβηκότα *Nicom. Arithm. 4.12* = nastaqṣī tamyīza mā yaʿriḍu li-l-ašyāʾi l-mawğūdati wa-nūḍiḥu ḏālika wa-nubayyinuhū *13.6*.

4. *sem. amplif.; added to explain causal* ἐντεῦθεν (*from this*) = min baʿdihā : iḏ qad bayyannā ḏālika ... min baʿdihā : ἐντεῦθεν ἤδη ῥᾴδιον συνιδεῖν τίς τε ὁ στερεὸς ἀριθμός *Nicom. Arithm. 99.8* = wa-iḏ qad bayyannā ḏālika fa-inna l-amra yashulu ʿalaynā min baʿdihā fī maʿrifati l-aʿdādi l-muǧassamati *78.11.*

5. *sem. amplif.; used in an added transitional sentence* (α), *beyond the Greek text, summarizing what went before and referring to* πίστιν λαμβάνω (*to be persuaded, convinced* = qad yuqnaʿu), *which follows later in the Greek text* (β): (β) ὅτι μὲν οὖν ... ὁ οὐρανός ... ἐκ τῶν εἰρημένων ἔξεστι λαμβάνειν τὴν πίστιν *Arist. Cael. II 1, 283b26, 30* = (α) innā qad bayyannā wa-awḍaḥnā bi-l-maqālāti l-muqniʿati wa-l-burhāni l-šāfī fa-qulnā inna l-samāʾ ... (β) wa-qad yuqnaʿu l-bāḥiṯu bi-qawlinā hāḏā wa-yaʿlamu anna s-samāʾa ʿalā mā qulnā *versio B 223.6 Badawī.*

6. *sem.; def.;* ἀποσχεδιάζειν (*to improvise, make up offhand*) = bayyana šayʾan mimmā lam yaʿlamhu (*to explain s.th. on the basis of what one does not know*) : οὕτω τὸν ὀνειροκρίτην, ὧν μὴ ἀκριβῆ δύναται κατάληψιν λαβεῖν, περὶ τούτων οὐ χρὴ ἀποφαίνεσθαι οὐδὲ ἀποσχεδιάζειν *Artem. Onirocr. 21.3* = ka-ḏālika l-ḥālu fī l-ruʾyāʾāti iḏā lam yafhami l-insānu taʾwīlahā ʿalā l-ṣiḥḥati fa-yanbaġī (*sic leg. pro* wa-yanbaġī *cod., ed.*) lahū ḥīnaʾiḏin an lā yaǧzima fī qiṣṣatihī (*an* qaḍiyyatihī? *incert. in cod.*) wa-lā yubayyina (yubayyina *cod., Rosenthal 141b* : yatabayyana *ed.*) šayʾan minhā mimmā lam yaʿlamhu *40.12**.

بَيَّنَ II. **bayyana** *c.* **ʿan**

1. χωρίζω (*to separate, sc. one from another*) = bayyana baʿḍahā ʿan baʿḍin : οὐδὲν γὰρ ὁ κεραυνὸς ἑνοῖ, ἀλλὰ καὶ τὰ ἡνωμένα χωρίζει *Artem. Onirocr. 112.13* = wa-ḏālika anna l-ṣāʿiqata innamā tubayyanu bihā l-ašyāʾu baʿḍuhā ʿan baʿḍin *206.11* (*where the translator omitted the first phrase*).

تَبْيِينٌ II. **tabyīnun** *maṣdar*

1. *transl.* δείκνυμι (*to bring to light, show*) *and its derivatives*

1.1 δείκνυμι (*to bring to light, show*) : ἀλλ' ὁμοίως δειχθήσεται ὡς καὶ ἐπὶ τῶν καθόλου *Arist. An. pr. II 6, 58b37* = wa-ka-ḏālika yakūnu l-tabyīnu ka-mā kāna fī l-qiyāsāti l-kulliyyati *270.16 / fol. 115a.*

1.2 τὸ δεικνύμενον *pass. part.* (*what is shown, exposition*) : περὶ δὲ τῶν φυσικῶν καὶ φθαρτῶν εἰδῶν ἐν τοῖς ὕστερον δεικνυμένοις ἐροῦμεν *Arist. Phys. I 9, 192b2* = wa-ammā amru l-ṣūrati l-ṭabīʿiyyati lfāsidati fa-naḥnu āḫidūna fī tabyīnihī min ḏī qabalin (qabalin *nos* : qubulin *ed.) 76.1**.

1.3 τὸ δεικνύναι *or* δείκνυσθαι *inf.* (*proving, explanation*) : τὸ δὲ κύκλῳ καὶ ἐξ ἀλλήλων δείκνυσθαι *Arist. An. pr. II 5, 57b18* = al-tabyīnu llaḏī yakūnu bi-l-dawri min baʿḍin ʿalā baʿḍin *267.3 / fol. 113b* ⊢ τὸ ... δεικνύναι τὰ φανερὰ διὰ τῶν ἀφανῶν *Arist. Phys. II 1, 193a4* = tabyīnu l-umūri l-ẓāhirati bi-l-umūri l-ḫafiyyati *81.4* ⊢ ἔτι ἐκ τοῦ ὁμοίως δεικνύναι φευκτὸν καὶ αἱρετὸν τὸ προκείμενον *Arist. Top. III 3, 118b37* = wa-ayḍani l-mawḍiʿu l-maʾḫūḏu mina l-tabyīni bi-anna l-mawḍūʿa (al-mawḍūʿa *corr. supra lin.* : al-mawḍiʿa *cod., ed.*) mutağannabun wa-maʾṯūrun ʿalā miṯālin wāḥidin *566.16* / fol. 269b1* ⊢ νῦν σοι πειράσομαι δεικνύναι *Porph. Isag. 1.16* = fa-anā l-āna multamisun tabyīna ḏālika *58.8 Gyekye / fol. 26b.*

2. δῆλον (*clear, manifest*) : ἀλλὰ τό γε τοσοῦτον δῆλον, ὅτι ... *Arist. Eth. Nic. IV 11, 1126b5* = wa-lākin qad yumkinunā an nabluğa min tabyīni ḏālika hāḏā l-miqdāra *275.14*.

3. φανερός (*manifest*) **(a)** *abs.* : ἡ μὲν οὖν πάτριος δόξα ... ἐπὶ τοσοῦτον ἡμῖν φανερὰ μόνον *Arist. Metaph. Λ 8, 1074b14* = fa-ammā raʾyu l-ābāʾi ... hāḏā qadru tabyīnihī ʿindanā *1691.2 (cf. 1687.11)* **(b)** *sem. amplif.; added as cognate accusative* (*mafʿūl muṭlaq*) *to* tabayyana *transl.* φανερόν (*manifest*) : Εὔδοξος μὲν οὖν τὴν ἡδονὴν τἀγαθὸν ᾤετ' εἶναι ... οὐχ ἧττον δ' ᾤετ' εἶναι φανερὸν ἐκ τοῦ ἐναντίου *Arist. Eth. Nic. X 2, 1172b18, 20* = ammā Awduqsus fa-qad <kāna> (*nos; cf. not. Axelroth ad loc.*) yaẓunnu anna l-laḏḏata hiya l-ḫayru ... wa-anna (*sic leg.; cf. not. Axelroth ad loc.* : wa-inna *Badawī, Akasoy/Fidora*) ḏālika yatabayyanu min ḍiddihā tabyīnan laysa bi-dūnin *531.9**.

¶ **4.** διά (*?*) *prep. indicating interval, distinction between two points* = tabyīnun ʿan (*setting apart from*) : ἰδίᾳ δὲ εὐγένεια (διὰ δὲ εὐγενείας *ut intell. Arab.; v. Lyons p. 248*) *Arist. Rhet. I 5, 1360b34* = al-tabyīnu ʿani l-ḥasabi *23.22* (*where the translator misunderstood* ἰδίᾳ *through some corruption or misreading; elsewhere he consistently translates* ἴδιος *and* ἰδίᾳ *with some form of* ḫāṣṣ: *v. Lyons, Glossary, 76-77*).

مُبَيِّنٌ **II. mubayyinun** *act. part.*

1. δείκνυμι (*to bring to light, show*) : τίς δὲ φορὰ πρώτη, νῦν δεικτέον *Arist. Phys. VIII 7, 261a28* = wa-ammā ayyu nuqlatin hiya l-ūlā fa-innā mubayyinūhu min ḏī qabalin *887.3*.

2. δηλόω (*to show, disclose*) = bayyana ʿan : περὶ μὲν οὖν τούτων δηλωθήσεται καθ' ἕκαστον *Arist. Rhet. I 2, 1356a18* = wa-naḥnu mubayyinūna ʿan hāḏihi l-maʿānī šayʾan šayʾan *8.21.*

بايَنَ **III. bāyana** *c. acc. r.*

1. ἀποχωρέω *c. gen. r.* (*to depart from s.th.*) : οὐ μόνον δὲ τούτων (*sc.* τῶν κινήσεων) ἀποκεχώρηκεν (*sc.* ἡ τῶν γνάθων κίνησις), ἀλλὰ καὶ τῆς τῶν χειλῶν (*sc.* κινήσεως) *Galen Anat. admin. II, 422.13* = wa-laysa ayḍan tubāyinu (*sc.* ḥarakatu l-ḫaddayni) hāḏihi l-ḥarakāti faqaṭ lākinnahā qad tubāyinu ayḍan ḥarakāti l-šafatayni *216.1.*

2. διαφωνέω *c. dat. r.* (*to be discordant with, disagree with s.th.*) = *in hend.;* ḫālafa wa-bāyana *c. acc. r.* : τῷ δὲ ψευδεῖ ταχὺ διαφωνεῖ τἀληθές *Arist. Eth. Nic. I 8, 1098b12* = wa-ammā l-kaḏibu fa-sarīʿun mā yuḫālifuhū (*sc.* al-ḥaqqu) wa-yubāyinuhū *137.15.*

مُبايَنَةٌ **III. mubāyanatun** *maṣdar*

1. ἀνομοιότης (*dissimilarity, unlikeness*) : ὅσοι δὲ ἐοίκασι τοῖς κυνοκεφάλοις πίθηκοι ... ἐναργῆ καὶ τὴν τῶν ὀστῶν ἀνομοιότητα κέκτηνται *Galen Anat. admin. II, 223.8* = fa-ammā l-qurūdu l-šabīhatu bi-l-ḥayawāni l-kalbiyyi l-raʾsi ... fa-mubāyanatuhā lahum ayḍan fī l-ʿiẓāmi abyanu *10.18.*

2. ἁμαρτάνων *act. part., sc.* τοῦ παντὸς (*erring, being wrong, sc. wholly*) = *in hend.* ʿalā ġalaṭin wa-mubāyanatin, *sc.* li-l-ḥaqqi kullihī (*in error and far from the whole truth*) : νομίζουσί γ' ἔνιοι ... τοῦ παντὸς ἁμαρτάνοντες *Galen In De off. med. 909.3* = wa-hāhunā qawmun yaẓunnūna ... wa-hāʾulāʾi fī ẓannihim hāḏā ʿalā ġalaṭin wa-mubāyanatin li-l-ḥaqqi kullihī *82.5.*

مُبايِنٌ **III. mubāyinun** *act. part.*

1. διαφέρων (*differing*) **(a)** *abs.* : πέντε κινήσεις ὀλίγον ἔμπροσθεν εἶπον ... εἶναι διαφερούσας ἀλλήλων *Galen Anat. admin. II, 429.8* = qultu qubaylu inna l-ḥarakāti ... ḫamsun wa-inna baʿḍahā mubāyinun li-baʿḍin *222.17* **(b)** *in hend.;* mubāyinun munfaṣilun : εὑρήσεις πολλὰς ... μυῶν συζυγίας, ... διαφερούσας τῶν ῥαχιτῶν μυῶν ἐναργεστάτην διαφοράν *Galen Anat. admin. II, 451.15* = wağadta ... azwāğan kaṯīratan min azwāği l-ʿaḍali ... mubāyinatan munfaṣilatan ʿan ʿaḍali l-ṣulbi nfiṣālan bayyinan ğiddan *246.4*.

2. κεχωρισμένος (*separate*) : χρόνῳ ἀχώριστον τὸ κρῖνον, τῷ εἶναι δὲ κεχωρισμένον *Arist. De an. III 2, 427a3* = wağaba an yakūna l-qāḍī ʿalayhā fī ... l-zamāni ... ġayra maqsūmin illā annahū fī ḥaddi l-anniyyati (*sic leg. pro* ānniya *ed.*, ayniyya *cod.*) mubāyinun *67.17**.

3. διακεκριμένος (*separate, different*) : καὶ πολλὸν διακεκριμένον ἔχειν τὸ σῶμα τό τε προϋπάρχον καὶ τὸ ἐπιτραφὲν *Hippocr. Nat. hom. 198.8* = wa-yakūnu l-badanu llaḏī qtanūhu l-āna mubāyinan ğiddan li-l-badani llaḏī kāna lahum qabla ḏālika *21.15*.

4. ἀφορίζομαι *pass.* (*to be separated, distinguished*) : τούτων τῶν κινήσεων ἡ προειρημένη κίνησις ἡ τῶν γνάθων ἀφώρισται *Galen Anat. admin. II, 422.12* = fa-ammā ḥarakatu l-ḥaddayni llatī taqaddama ḏikruhā fa-mubāyinatun li-hāḏihi l-ḥarakāti *214.22*.

5. ἀφίστημι *c. gen.* (*to stand apart from, be unattached to*) = *in hend.*; mubāyinun li-... baʿīdun ʿan : ἀφεστήκασι μὲν ἀλλήλων αἱ ὄρθιαι πλευραὶ τῶν εἰρημένων μυῶν *Galen Anat. admin. II, 428.17* = fa-l-aḍlāʿu l-muntaṣibatu min hātayni l-ʿaḍalatayni llatayni ḏakarnā baʿḍuhā mubāyinun li-baʿḍin baʿīdun ʿan ṣāḥibihī *222.11*.

6. ἀπολελυμένος (*detached*) : καὶ ἔτι τοῖς κύκλοις αὐτοῖς ... ἐφαρμόζοντες τὰς κινήσεις ὡς ἀπολελυμένοις τῶν περιεχουσῶν αὐτοὺς σφαιρῶν *Ptol. Hypoth. 72.24-25* = wa-nağʿalu taʾlīfa l-ḥarakāti ... bi-l-dawāʾiri bi-aʿyānihā waḥdahā ka-annahā mubāyinatun li-l-ukari llatī tuḥīṭu bihā *17.19 Morelon*.

7. ἐξαίρετος (*special, peculiar*) : τὰ τοίνυν χείλη φύσιν ἰδίαν ἐξαίρετον ἔχει *Galen Anat. admin. II, 431.4-5* = inna ṭabīʿata l-šafatayni tūğadu ṭabīʿatan ḫāṣṣiyyatan mubāyinatan li-ṭabīʿati sāʾiri l-aʿḍāʾi *224.19*.

8. ἑτερόφυλος (*of another kind*) : τὰ ἀσυνήθη τε καὶ ἑτερόφυλα πρὸς τὰς αἰσθήσεις *Nicom. Arithm. 8.5* = al-ašyāʾu l-ġayru maʾlūfatin wa-llatī hiya mubāyinatun li-l-ḥawāssi *15.16*.

9. ἀσύμμετρος (*incommensurable*) : οἷον τὸ ἀσύμμετρον εἶναι τὴν διάμετρον ἀεὶ ἔστι *Arist. Phys. IV 12, 222a5* = miṯālu ḏālika anna l-quṭra mubāyinun mawğūdun abadan *458.15* ⟝ οἷον τὸ ἀσύμμετρον μὲν συντεθὲν τῇ διαμέτρῳ τὸ ἀληθές (*sc.* ποιεῖ) *Them. In De an. 109.15* = miṯālu ḏālika anna qawlanā mubāyinun iḏā rakkabtahū maʿa qawlika l-quṭru yakūnu minhu l-ḥaqqu *199.2.*

10. παρά *c. acc.* (*beyond, besides*) : οὐσία σώματος ἄλλη παρὰ τὰς ἐνταῦθα συστάσεις *Cael. I 2, 269a31* = ǧawharun āḫaru ǧusmāniyyun mubāyinun li-hāḏihi l-aǧrāmi llatī talīnā *versio C 134.4 Badawī* (*sic leg. cum MSS*).

أبانَ **IV. abāna** *c. acc. r.*

1. ἀποδείκνυμι (*to prove, demonstrate*) : τότε δήπου καὶ τῆς δόξης ἑτέραν αὐτὴν (*sc.* τὴν φαντασίαν) ἀπεδείκνυμεν *Them. In De an. 90.19* = fa-qad abannā bi-ḏālika annahū (*sc.* al-taḫayyula) ġayru l-ẓanni ayḍan *158.13.*

2. παρατίθημι (*to provide,* sc. *an explanation* or *proof*) : ὧν (*sc.* φυσιογνωμονικῶν θεωρημάτων) καὶ παρεθέμην ἄν τινας ῥήσεις *Galen An. virt. 57.8* = la-abantu l-šahādāti min ḏālika l-kalāmi (*sc.* ārāʾin firāsiyyatin) *28.10.*

3. *sem. concentr.* ἄγω πρὸς φῶς (*to bring s.th. to light*) = *in hend.;* abāna wa-anāra : ἄγει δὲ πρὸς φῶς τὴν ἀλήθειαν χρόνος *Men. Mon. 13* = inna l-zamāna yubīnu l-ḥaqqa wa-yunīruhū *I, 11 : 18.*

إبانة **IV. ibānatun** *maṣdar*

1. χώρισις (*separation*) : ἀρχῇ τῆς χωρίσεως τῇδε χρώμενον *Galen Anat. admin. II, 348.9* = wa-ǧʿal awwala ibānatika ... ʿalā hāḏihi l-ṣifati *140.10.*

مُبِينٌ **IV. mubīnun** *act. part.*

1. σαφής (*clear, plain*) : τὸ δὲ μὴ σαφεῖ χρῆσθαι τῇ φωνῇ (*sc.* σημαίνει) *Artem. Onirocr. 83.13* = ḏālika yadullu ... ʿalā anna kalāmahū ġayru mubīnin *153.12.*

تَبَيَّنَ **V. tabayyana** *intrans.* (*for transitive use, see below, p. 704 f.*)

1. *transl. derivatives and compounds of* δῆλος (*visible, manifest*)

1.1 δῆλον, *sc.* ἐστί / γίνεται, ([*it is* or *becomes*] *clear, manifest*) : δῆλον γὰρ τοῦτο ... ἐκ πολλῶν *Alex. An. mant.* [*Lib. arb.*] *175.2* = wa-hāḏā l-maʿnā ... yatabayyanu min ašyāʾa kaṯīratin *205.115* ↦ ἔσται δῆλον ἐκ τῶν ὕστερον *Arist. Cael. I 10, 280a34* = tabayyana lanā ḥīnaʾiḏin *versio A 119b16* ↦ ὅτι δὲ ... ἐκ τῶνδε δῆλον *Arist. Cat. 10, 12b27* = wa-min hāḏihi l-ašyāʾi yatabayyanu ayḍan anna ... *66.7 / fol. 174a* ↦ ἐν μεγάλῃ δὲ διαστάσει μάλιστα δῆλον γίνεται *Arist. Eth. Nic. IX 3, 1165b25* = wa-innamā yatabayyanu ḏālika kaṯīran fī l-buʿdi l-ʿaẓīmi *493.10; τάχ' ἂν γένοιτο δῆλον IX 8, 1168b14* = laʿalla an yatabayyana akṯara *511.3; etc. (v. Ullmann NE I, 73)* ↦ δῆλον δὲ ἐκ τοῦδε ... *Arist. Int. 10, 20a10* = wa-qad tabayyana ḏālika min qawlinā ... *116.11 / fol. 185b* ↦ δεῖ γὰρ τὸ ὅτι καὶ τὸ εἶναι ὑπάρχειν δῆλα ὄντα *Arist. Metaph. Z 17, 1041a15* = li-annahū yanbaġī an yakūna l-annu wa-l-anniyyatu yatabayyanu annuhā (*fort.* annuhumā *leg.; cf. app. crit. ad loc. et comm. p. 1009.16*) *1006.9* ↦ δῆλόν τε σκοποῦσιν ὡς τιθέασιν αὐτὴν ἔνιοι *Arist. Phys. III 2, 201b19* = wa-li-anna ṣawāba qawlinā tabayyana (*nos* : yubayyanu *ed.*) li-man taʾammala amrahā ʿalā ḥasabi mā waḍaʿahā ʿalayhi qawmun āḫarūna *182.8**; ὅτι μὲν οὖν ἐστί τι (ἐστί τι *Arab., EV* : ἔστιν *ΛPST*) ὁ τόπος, δοκεῖ δῆλον εἶναι ἐκ τῆς ἀντιμεταστάσεως *IV 1, 208b1** = wa-qad yuẓannu annahū tabayyana (*nos* : *sine punct. ms.* : yubayyanu *Badawī*) anna l-makāna maʿnan mā min qibali l-istibdāli fī l-nuqlati *272.1** ↦ δῆλον δὲ καὶ τοῖσι πυρετοῖσι καὶ τοῖσι χρώμασι τῶν ἀνθρώπων *Hippocr. Nat. hom. 184.8* = wa-qad tabayyana ayḍan ḏālika mina l-ḥummayāti wa-min alwāni l-nāsi *11.17* ↦ ὡς ἀπ' αὐτῶν τῶν ἐπιδειχθησομένων ἔσται δῆλον *Ptol. Hypoth. 74.4* = wa-ḏālika yatabayyanu bi-mā sa-nubarhinuhū min baʿdu *19.3* ↦ δῆλον τοίνυν ἐκ τῶν εἰρημένων, ὡς ... *Them. In De an. 43.6* = fa-qad yatabayyanu (*an* tabayyana *leg.?*) mimmā qīla anna ... *52.11**; οὕτω γὰρ ἂν γένοιτο δῆλον, εἴτε ὅλη (*sc.* ἡ ψυχὴ) ἀχώριστον (ἀχώριστον *Arab.* : χωριστὸν *ed.*) εἶδος (τοῦ σώματος *add. ed.* : *om. Arab.*) *43.33** = fa-inna bi-hāḏā l-waǧhi tabayyana hal hiya (*sc.* al-nafsu) bi-asrihā ṣūratun ġayru mufāriqatin *54.4*.

1.2 *sem.; etym.;* ἄδηλον, *sc.* ἐστί, ([*it is*] *unclear*) = laysa yatabayyanu : ἄδηλον οὖν ὁπότερον βούλεται λέγειν τῶν δηλουμένων *Arist. Top. VI 2, 139b22* = fa-laysa yatabayyanu ayyamā (*an* ayyahumā *leg.?*) yurīdu an yaqūla mina l-maʿānī (*sic leg. pro* al-maʿnā) *648.18** / *fol. 297a*.

1.3 δηλοῦμαι *med.* (*to become clear*) : αἱ δὲ διαφοραὶ τῶν ψόφων (ψοφούντων *E*[a] *UVX* [*MSS of Arist. De anima, ed. Jannone*]) ἐν τοῖς κατ' ἐνέργειαν ψόφοις δηλοῦνται *Them. In De an. 65.37* = fa-ammā aṣnāfu l-ašyāʾi llatī yakūnu lahā ṣawtun fa-innahā tatabayyanu fī l-aṣwāti llatī bi-l-fiʿli *105.13*.

1.4 κατάδηλον, *sc.* ἐστί *or* γίγνεται, ([*it is* or *becomes*] *manifest, visible*) : πολλάκις δὲ καὶ μὴ διορίσαντος κατάδηλον ὅτι ... *Arist. Top. II 2, 109b2* = wa-qad yatabayyanu li-l-insāni mirāran kaṯīratan wa-in lam yulaḫḫiṣ ḏālika annahū ... *525.8 / fol. 254b* ⟼ τῶν ... ἔργων τε καὶ παθῶν τῆς ψυχῆς, ἐξ ὧν αἱ δυνάμεις αὐτῆς κατάδηλοι γίγνονται *Galen An. virt. 32.20* = afʿāli l-nafsi ... wa-ālāmihā ... allatī minhā tatabayyanu quwāhā *9.16*.

2. *transl. derivatives and compounds of* φαίνω (*to bring to light*)

2.1 φαίνομαι *pass.* (*to appear, to appear to be*) **(a)** *abs.* : καὶ διὰ πλειόνων μὲν φαινομένου γίνεσθαι (*sc.* τοῦ τέλους) διὰ τίνος ῥᾷστα καὶ κάλλιστα (*sc.* γίνεται) ἐπισκοποῦσι *Arist. Eth. Nic. III 3, 1112b16* = wa-iḏā tabayyana anna l-ġāyata takūnu bi-ašyāʾa kaṯīratin baḥaṯū ʿani l-šayʾi llaḏī bihī takūnu ashala wa-aǧwada *201.7;* φαίνονται οἱ μεγαλόψυχοι περὶ τιμὴν εἶναι *IV 3, 1123b22* = wa-yatabayyanu min amri kabīrī l-anfusi ... annahum yaltamisūna l-karāmata *259.11;* φαίνεται δὲ (*sc.* αὕτη ἡ ἕξις) πρὸς μὲν τὴν φιλοτιμίαν ἀφιλοτιμία *V 4, 1125b21* = fa-qad tabayyana min amrihā (*sc.* hāḏihi l-ḥāli) annahā bi-l-qiyāsi ilā maḥabbati l-karāmati ġayru maḥabbatin li-l-karāmati *271.12* ⟼ αἱ τῶν μεγάλων νεύρων διανεμήσεις φαίνονται ἐναργῶς *Galen Anat. admin. II, 400.4* = tabayyana taqassumu l-aʿṣābi l-kibāri wa-ẓahara li-l-baṣari *194.5* **(b)** *in hend.*; ẓahara wa-tabayyana : φανήσεται δ' ἄν, ὃ λέγομεν, ὀρθῶς τις (τις *Plato, Arab.* : εἴ τις *Hoche; cf. D'Ooge p. 185 n. 3*) ... μανθάνῃ (μανθάνῃ *Plato, Arab.* : μανθάνει *Hoche*) *Nicom. Arithm. 7.12** (= *[Ps.-]Plato Epinomis 991E4*) = wa-hāḏā šayʾun yaẓharu li-l-insāni wa-yatabayyanu anna huwa fahima mā naqūlu (*sic leg. pro* yaqūlu) fahman ṣaḥīḥan *15.6**.

2.2 φανερόν, *sc.* ἐστί, ([*it is* or *becomes*] *clear, manifest*) **(a)** *abs.* : φανερὸν δὲ καὶ ἄλλως ὅτι ἀδύνατον ... *Arist. Cael. I 12, 283a24* = wa-naqūlu ayḍan bi-qawlin āḫara yatabayyanu bihī ḫaṭaʾu man qāla inna ... *versio B 219.8* ⟼ οὐχ ἧττον δ' ᾤετ' εἶναι φανερὸν ἐκ τοῦ ἐναντίου *Arist. Eth. Nic. X 2, 1172b18* = wa-inna ḏālika yatabayyanu min ḍiddihā tabyīnan laysa bi-dūnin *531.9* ⟼ ἐκ δὴ τούτου φανερὸν ὅτι ... *Eucl. El. I.15 : i, 24.11* = wa-qad tabayyana ayḍan mimmā waṣafnā anna ... *i.1, 82.8* ⟼ περὶ δὲ τοῦ θεωρητικοῦ νοῦ οὐδέν πω φανερόν *Them. In De an. 102.12* = fa-ammā l-ʿaqlu l-naẓariyyu fa-lam yatabayyan baʿdu šayʾun min amrihī *185.12* **(b)** *in hend.*; tabayyana wa-waḍaḥa : ἀλλ' ἐκεῖνό γε φανερόν, ὅτι ἀδύνατον ... *Arist. Cael. I 5, 272a28* = illā annahū qad tabayyana wa-waḍaḥa annahū lā yumkinu ... *versio C 153.12*. *Badawī*.

2.3 φανερῶς (*clearly*) : εἰ διττή φανερῶς ἔστιν *Galen Nerv. diss. 839.3* = wa-in kāna tabayyana min amrihā annahā zawǧāni *104.2*.

2.4 συμφανές, *sc.* ἐστί, ([*it is*] *manifest*) : συμφανὲς δ' ἐστὶ καὶ ἐκ τοῦ λόγου τὸ ζητούμενον *Arist. Eth. Nic. I 10, 1099b25* = wa-qad tabayyana ayḍani l-amru l-maṭlūbu mina l-qawli llaḏī taqaddama *145.8*.

2.5 προφανής (*foreseen; conspicuous*) = *in hend.*; tabayyana wa-ẓahara : τὰ προφανῆ μὲν γὰρ κἂν ἐκ λογισμοῦ καὶ λόγου τις προέλοιτο *Arist. Eth. Nic. III 11, 1117a21* = fa-inna l-ašyāʾa llatī tatabayyanu wa-taẓharu qad yufakkiru l-insānu fīhā wa-yumayyizuhā fa-yaḫtārahā *225.13*.

2.6 ὑποφαίνομαι *pass.* (*to show oneself a little, to be half seen*) : ἢν γάρ τι ὑποφαίνηται τοῦ λευκοῦ, συμβαλλομένων τῶν βλεφάρων, μὴ ἐκ διαρροίης ἐόντι ἢ φαρμακοποσίης, φλαῦρον τὸ σημεῖον καὶ θανατῶδες σφόδρα *Hippocr. Aph. VI : 52* = fa-in tabayyana šayʾun min bayāḍi l-ʿayni wa-l-ǧafnu muṭbaqun wa-laysa ḏālika bi-ʿaqibi ḫtilāfin wa-lā šurbi dawāʾin fa-tilka ʿalāmatu mahlakatin *58.14*.

2.7 φαντάζομαι *pass.* (*to appear*) : τὸ δὲ λεῖον ... διὰ ταῦτά τε ἰδεῖν λαμπρὸν καὶ στίλβον λιπαρόν τε φανταζόμενον ἐλαιηρὸν εἶδος *Plato Tim. 60A7* = wa-l-ṯānī amlasu ... wa-min aǧli ḏālika yatabayyanu fī ruʾyatihī l-ḍawʾu wa-l-nūru wa-l-duhniyyatu wa-huwa l-nawʿu l-duhniyyu *Frag. 20*.

2.8 *sem.; etym.;* ἀφανίζομαι *pass.* (*to disappear, be invisible*) = lā yatabayyanu : εἰκότως οὖν ἐκδερόντων τὸ ζῷον ὁ μῦς ἀφανίζεται *Galen Anat. admin. II, 425.8* = wa-li-hāḏā waǧaba iḏā suliḫa l-ḥayawānu an lā tatabayyana hāḏihi l-ʿaḍalatu *218.11*.

2.9 *sem. concentr. and metathesis; transitive / intrans. transformation;* ἐπάγω ἔμφασιν *c. gen.* (*to bring about an appearance*) = tabayyana min (*to appear from*) : καί τινος ἐν τῷ χρόνῳ δριμύτητος ἔμφασιν ἐπάγουσα *Galen Simpl. medic. XI, 813.14* = wa-baʿda an yamḍiya li-ḏālika waqtun tatabayyanu minhu ḥarāfatun *versio Ḥunayn WGAÜ, 239.21*.

3. *transl. derivatives and compounds of* δείκνυμι (*to show, display*)

3.1 δείκνυμαι *pass.* (*to be made manifest, shown*) : δείκνυται δὲ ἐν τοῖς μαθήμασιν ... *Aelian. Tact. 302b2-3* = wa-qad yatabayyanu fī ʿulūmi l-handasati ... *14.19* ⟼ ὑδατώδης δὲ οὖσα καὶ ἡ κόρη δέδεικται *Alex. An. mant. [Vis.] 142.31-32* = wa-qad tabayyana anna l-ḥadaqata ayḍan min māʾin *149.33; 144.31 = 155.96* ⟼ τὸ καθόλου δὲ ὑπάρχει τότε, ὅταν ἐπὶ τοῦ τυχόντος καὶ πρώτου δεικνύηται *Arist. An. post. I 4, 73b33* = <wa-ammā> (wa-ammā *supplevimus* : wa-l-maḥmūlu in kāna huwa *suppl. Badawī*) l-kulliyyu fa-ḥīnaʾiḏin yakūnu mawǧūdan matā wuǧida fī ayyi šayʾini ttafaqa wa-yatabayyanu annahū mawǧūdun fī l-awwali ayḍan *344.17* / fol. 196b*; ὃ τοίνυν τὸ τυχὸν πρῶτον δείκνυται δύο ὀρθὰς ἔχον *I 4, 73b40* = fa-l-amru llaḏī ayyu šayʾini ttafaqa minhu huwa l-awwalu mimmā yatabayyanu anna lahū zawāyā musāwiyatan li-qāʾimatayni *345.6 / fol. 196b; etc.* ⟼ εἰ τὸ ὑγιεινὸν δειχθείη ὅτι ἔστιν ἐπιστητὸν ᾗ ἀγαθόν *Arist. An. pr. I 38, 49a23* = in tabayyana anna l-ṣaḥīḥa maʿlūmun min ǧihati annahū ḫayrun *235.11 / fol. 102b* ⟼ τὸ δ' ἱστάμενον δέδεικται κινούμενον *Arist. Phys. VI 8, 238b28* = wa-qad kāna qad tabayyana anna l-mutawaqqifa mutaḥarrikun *704.12; VI 3, 234a11 = 639.9; VI 4, 235a34 = 663.5; etc.* ⟼ ἐδείχθη δὲ καὶ ἡ ὑπὸ ΖΒΓ τῇ ὑπὸ ΗΓΒ ἴση *Eucl. El. I.5 : i, 13.16* = wa-qad tabayyana anna zāwiyata ĞBZ ... miṯlu zāwiyati BĞḤ *i.1, 56.18.*

3.2 ἀποδείκνυμαι *pass.* (*to be demonstrated, made evident*) : ἀποδεδειγμένων δὲ τούτων φανερὸν ὅτι ... *Arist. Phys. VI 7, 238a32* = wa-iḏ qad tabayyana ḏālika fa-ẓāhirun anna... *700.2.*

3.3 ἐνδείκνυμαι *pass.* (*to be pointed out*) : τοῦ μικρὸν ἔμπροσθεν εἰρημένου σαφῶς ἐνδεικνυμένου *Galen Anat. admin. II, 705.15* = iḏ kāna l-ḍarbu llaḏī ḏakarnāhu awwalan yatabayyanu bayānan wāḍiḥan *548.9.*

3.4 παραδεικτέον (*to be demonstrated*) : ὃ δὲ μάλιστα βεβαιώσει ... ἐκεῖνο παραδεικτέον ἐν πάσῃ ἀπὸ μονάδος ἀναλόγῳ ἐκθέσει *Nicom. Arithm. 118.26* = wa-mimmā yaṣiḥḥu (*an* yuṣaḥḥiḥu *leg.?*) anna ... an yatabayyana ḏālika fī ǧamīʿi l-aʿdādi l-mutanāsibati llatī tabtadiʾu mina l-wāḥidi *92.16*.*

4. σαφές, *sc.* ἐστί, ([*it is* or *becomes*] *clear, plain*) : σαφὲς δὲ ἀπὸ τούτων ὅτι ... *Artem. Onirocr. 4.7* = fa-qad tabayyana mimmā qulnā anna ... *9.2* ⟼ σαφὲς δ' ἂν εἴη τὸ λεγόμενον τοῦτον τὸν τρόπον *Porph. Isag. 4.14* = wa-qad yatabayyanu mā naḥnu wāṣifūhu ʿalā hāḏā l-naḥwi *1064.8 / fol. 149b.*

5. εὑρίσκομαι *pass.* (*to be found, evident*) : τούτων δὲ εὑρημένων καὶ γιγνωσκομένης τῆς ἐν ταῖς ἑξῆς περιφερείαις ἀναφορικῆς ὑπεροχῆς ... *Hyps. Anaph. 160* = wa-iḏ qad tabayyana hāḏā wa-ʿulima tafāḍulu maṭāliʿi l-aǧzāʾi l-ṯalāṯīna ... *129.*

6. περαίνομαι *pass.* (*to be inferred, concluded*) : ἔχομεν ποῖον ἐν ἑκάστῳ σχήματι περαίνεται τῶν προβλημάτων ... καὶ ἐν ποίῳ τὸ ἐν μέρει *Arist. An. pr. I 32, 47b10* = maʿlūmun ʿindanā ayyumā mina l-maṭlūbāti yatabayyanu fī kulli wāḥidin mina l-aškāli ... wa-fī ayyimā yatabayyanu l-ǧuzʾiyyu *229.14 / fol. 100b;* ὅσα δ' ἐν πλείοσι περαίνεται, ... γνωριοῦμεν τὸ σχῆμα *I 32, 47b13* = fa-kullu mā kāna mina l-maṭlūbāti yatabayyanu bi-aškālin kaṯīratin fa-innā innamā naʿrifu l-šakla ... *229.17 / fol. 100b.*

7. γίγνομαι *c. dat. pers.* (*to be* or *become to s.o.*; i.e., *clear and evident*) : ποιησόμεθα δὲ τὴν ἔκθεσιν ... ἐπὶ ... τῶν κατὰ μέρος ἀκόλουθον ταῖς πολλαχῇ γεγενημέναις ἡμῖν ἀπὸ τῆς ... παρατηρήσεως διορθώσεσιν *Ptol. Hypoth. 72.9* = wa-ammā mā naḍaʿuhū mina l-ašyāʾi l-ǧuzʾiyyati fa-innā natbaʿu fīhi mā tabayyana lanā mina l-arṣādi ... allatī raṣadnāhā fī mawāḍiʿa kaṯīratin wa-ṣaḥḥaḥnāhā *17.9 Morelon.*

8. ἀφίσταμαι *pass.* (*to keep far from; to be distinct from*) : ἕλκεα ὁκόσα ἐνιαύσια γίνεται, ἢ μακρότερον χρόνον ἴσχει, ἀνάγκη ὀστέον ἀφίστασθαι *Hippocr. Aph. VI:45* = iḏā maḍā bi-l-qarḥati ḥawlun aw muddatun aṭwalu min ḏālika waǧaba ḍarūratan an yatabayyana minhā ʿaẓmun *58.2.*

9. *sem. metathesis; object / subject transformation; transl.* εἴδω (*to see, see with the mind's eye, know*) *and its compounds*

9.1 οἶδα, *perf. of* εἴδω (*to see with the mind's eye, to know*) = tabayyana *c.* li- *pers.* (*to become clear to s.o.*) : οἶδα δ' αὐτὴν (*sc.* τὴν ἀντίδοτον) καὶ εἰς τὴν τῆς ψυχῆς σύνεσίν τε καὶ ὀξύτητα μὴ οὖσαν ἀσύμβολον *Galen Ther. Pis. 283.8* ≅ wa-qad tabayyana lī min hāḏā l-maʿǧūni annahū nāfiʿun ayḍan fī ḥālāti ḫubṯi l-nafsi *127a3* ⟼ ἀρχεγονώτερον τὸ πολλαπλάσιον καὶ πρεσβύτερον τοῦ ἐπιμορίου καὶ ἐν τοῖς ἑξῆς μὲν ποικιλώτερον εἰσόμεθα *Nicom. Arithm. 51.2* = wa-ammā anna ḏā l-aḍʿāfi l-awwalu wa-l-mutaqaddimu li-l-zāʾidi ǧuzʾan fa-innahū amrun yatabayyanu (*fort.* <lanā> *addendum*) fī-mā baʿdu bayānan šāfiyan *45.13*.*

9.2 κατεῖδον (*to see, discern*) = *in hend.;* ẓahara li- wa-tabayyana : ἵνα καὶ τάξιν καὶ ποικιλίαν αὐτῶν (*sc.* τῶν πολλαπλασίων) ... καὶ ὅ τι πρότερον φύσει κατίδωμεν *Nicom. Arithm. 51.10* = ḥattā yaẓhara lanā fī ḏālika wa-yatabayyana bihī taġayyuru aǧnāsi ḏawāti l-aḍʿāfi wa-tartībuhā ... wa-ayyuhā (wa-ayyuhā *nos* : wa-annahā *ed.*) aqdamu bi-l-ṭabīʿati min ġayrihā *45.17*.*

10. *sem. metathesis; transitive / intrans. transformation;* παρίστημι, *sc.* τὸ φαινόμενον (*to make present,* i.e. *the phenomenon*) = tabayyana : ὁ γὰρ τοιοῦτος (*sc.* τρόπος) ... τὸ φαινόμενον παρίστησι μόνον *Ptol. Hyp. 70.21* = fa-inna hāḏā l-nawʿa ... innamā yatabayyanu fīhi ẓāhiru l-šayʾi faqaṭ *17.2 Morelon.*

11. *sem. metathesis; transitive / intrans. transformation;* βεβαιόω (*to confirm, establish*) = tabayyana : προϊὼν ὁ λόγος βεβαιώσει τὸ λεγόμενον *Nicom. Arithm. 87.20-21* = wa-ḏālika amrun yatabayyanu ǧamīʿuhū fī-mā baʿdu *70.20.*

12. *sem. metathesis; transitive / intrans. transformation;* προσβάλλω (*to produce, exhibit*) = tabayyana li- : οὐ μὴν θερμότητά γέ τινα προσβάλλει σαφῆ, καθάπερ οὐδὲ ψῦξιν *Galen Simpl. medic. XI, 815.3* = wa-laysa yatabayyanu lahū ḥarāratun maʿlūmatun wa-lā burūdatun maʿlūmatun *versio Ḥunayn WGAÜ, 560.22.*

13. *sem. amplif.; added in an inferential clause beyond the Greek text, which translates as a whole Greek conjunctions and particles marking the drawing of a conclusion*

13.1 ἄρα (*then, therefore*) = fa-qad tabayyana : τῶν ἄρα παραλληλογράμμων χωρίων αἱ ἀπεναντίον πλευραί τε καὶ γωνίαι ἴσαι ἀλλήλαις εἰσίν *Eucl. El. I 34: i, 47.23* = fa-qad tabayyana anna kulla saṭḥin mutawāzī l-aḍlāʿi fa-inna kulla ḍilʿayni minhu yataqābalāni aw zāwiyatayni tataqābalāni fa-humā mutasāwiyāni *i.2, 146.16.*

13.2 ἐπεὶ τοίνυν (*since then, since therefore*) = fa-qad tabayyana wa-ttaḍaḥa : ἐπεὶ τοίνυν ..., λείπεται ... *Arist. Cael. II 8, 289b30* = fa-qad tabayyana wa-ttaḍaḥa anna ..., fa-baqiya iḏan an naqūla inna ... *versio A 85a6.*

13.3 ὥστε (*and so, therefore*) = fa-qad tabayyana anna : ὥστε ὁ ΑΗ δύο τῶν κατὰ συζυγίαν πολλαπλάσιός ἐστι *Hyps. Anaph. 53* = fa-qad tabayyana anna ĀḤ al-murakkaba min ǧamīʿi l-maqādīri miṯlu llaḏī yakūnu min taḍʿīfi kulli muzdawiǧayni minhā *43.*

تَبَيَّنَ **V. tabayyana** *c. acc. r.*

1. *transl.* ὁράω (*to see, know s.th.*) *and its compounds*

1.1 ὁράω (*to see, perceive; to see with the mind*) = *in hend.;* ʿalima wa-tabayyana : ἔστι τοίνυν ἰδεῖν ταῦτα καθυποκειμένων ἤδη τῶν παθῶν οὐ πρόρρησιν ἔχοντα τῶν μελλόντων *Artem. Onirocr. 3.23* = wa-qad yumkinu l-insāna an yaʿlama wa-yatabayyana anna hāḏihi l-āṯāra llatī taʿriḍu fī l-šayʾi l-mawḍūʿi laysa innamā tataqaddamu fa-tadullu ʿalā mā sa-yakūnu *8.7.*

1.2 συνοράω (*to see, comprehend s.th.*) : φαίνονται δ' ἐλέγχειν διὰ τὸ μὴ δύνασθαι συνορᾶν τὸ ταὐτὸν καὶ τὸ ἕτερον *Arist. Soph. el. I 5, 167a38* = wa-yurawna annahum yubakkitūna min qibali annahum lā yumkinuhum an yatabayyanū maʿnā (*sic ed., an* maʿnayayi *leg.?*) l-wāḥidi bi-ʿaynihī wa-l-ġayri *versio Ibn ʿAdī 814.10* / fol. 334b.*

2. εὑρίσκω (*to discover, recognize s.th.*) : τὸ μὲν εὔτονον τῆς δυνάμεως (*sc.* τῶν φαρμάκων) ἐκ τοῦ πληκτικοῦ τῆς ἀποφορᾶς εὑρίσκομεν, τὸ δ' ἄτονον τῆς ἰσχύος διὰ τῆς ἐκλύσεως *Galen Ther. Pis. 221.18* ≅ natabayyanuhū (*sc.* al-dawāʾa) hal huwa qawiyyun ʿinda l-šammi fī l-rāʾiḥati am ḍaʿīfun *107b8.*

3. καταμανθάνω (*to perceive, understand s.th.*) : οὐκ ἐπὶ τοῖς μέλλουσι καταμανθάνειν αὐτοὺς ἢ θεραπεύειν ἰατροῖς *Galen In De off. med. 744.4* = lā l-aṭibbāʾu llaḏīna yurīdūna an yatabayyanū aḥwālahum wa-yuʿāliǧūhum *14.24.*

4. φωράω (*to search for, detect s.th.*) : καὶ φωράσεις αὐτὸ μετὰ τὸν θάνατον τοῦ ζῴου γυμνώσας τὸν πνεύμονα *Galen Anat. admin. II, 705.6* = wa-anta tatabayyanu hal yaslamu hāḏā am lā bi-an takšifa ʿani l-riʾati baʿda mawti l-ḥayawāni *548.3.*

5. *sem.; etym.; transl.* δῆλος (*clear*) *in* πρόδηλος (*clear beforehand, foreseeable*) = *in hend.;* allaḏī tabayyanahū wa-ẓahara lahū qabla wuqūʿihī : ἀνδρειοτέρου δοκεῖ εἶναι τὸ ἐν τοῖς αἰφνιδίοις φόβοις ἄφοβον ... εἶναι ἢ ἐν τοῖς προδήλοις (*sc.* φόβοις) *Arist. Eth. Nic. III 11, 1117a19* = yuẓannu bi-l-šuǧāʿi annahū yakūnu ʿinda l-fazaʿi llaḏī yufāǧiʾuhū ġayra faziʿin ... bal yakūnu ašǧaʿa minhu ʿinda (*sc.* al-fazaʿi) llaḏī yatabayyanuhū wa-yaẓharu lahū qabla wuqūʿihī fīhi *225.11.*

مُتَبَيِّنٌ V. **mutabayyinun** *act. part.*

1. φαίνομαι *pass.* (*to appear, become evident*) : πολλαὶ δ' ἤδη γυναῖκες διέφθειραν κοῦρον ὀλίγῳ πρόσθεν τριήκοντα ἡμερέων, καὶ ἄναρθρον ἐφαίνετο *Hippocr. Nat. puer. 63.19* = innā qad raʾaynā kaṯīran mina l-nisāʾi qad fasadati l-aǧinnatu fīhinna ṯumma ḫaraǧat min baʿdi ṯalāṯīna yawman min ġayri an takūna fīhā mafāṣilu mutabayyinatun *63.3.*

تَبَايُنٌ VI. **tabāyunun** *maṣdar*

1. *transl.* παρά *prep. in* παρὰ ... φέρομαι *or* παρά ... παραφέρομαι *in a variant reading* ([*to move*] *past or beyond*) = taḥarraka ilā l-tabāyuni :

εἰ δὲ παρά μένουσαν (*sc.* τὴν B) φέροιτο (*sc.* ἡ A), βραδύτερον (*sc.* ἂν ἀπολύοιντο) *Arist. Cael. I 5, 272a27* = fa-in taḥarraka aḥaduhumā wa-lam yataḥarraki l-āḫaru wa-yataḥarraku l-mutaḥarriku ilā l-tabāyuni kāna ftirāquhumā wa-tabāʿuduhumā baṭīʾan *153.9 Badawī.*

2. *as mafʿūl muṭlaq* → *infra,* VI. mutabāyinun 2.

مُتَبَايِنٌ **VI. mutabāyinun** *act. part.*

1. χωρίς (*separately*) : δύο δὴ λεκτέον ἐκείνω, διότι χωρὶς γεγόνατον ἀνομοίως τε ἔχετον *Plato Tim. 51E1* = yanbaġī an yuqāla inna li-hāḏayni nawʿayni li-anna kawnahumā mutabāyinun wa-humā ġayru mutašābihayni *Frag. 19.*

2. ἀπέχων *part.* (*being far from, separate*) : εἰσίν τε τῶν ὁμωνυμιῶν αἱ μὲν πολὺ ἀπέχουσαι, αἱ δὲ ἔχουσαί τινα ὁμοιότητα *Arist. Phys. VII 4, 249a23-24* = fa-l-muttafiqatu asmāʾuhā baʿḍuhā mutabāyinatun tabāyunan šadīdan wa-baʿḍuhā fīhā baʿḍu l-išbāhi *780.11.*

3. μαχόμενος *part.* (*conflicting, clashing*) : ὅτι ... ἐκ μαχομένων καὶ ἐναντίων συνέστη τὰ ὄντα *Nicom. Arithm. 114.24* = anna hāḏihi l-ašyāʾa innamā hiya ʿan taʾlīfi l-ašyāʾi l-mutabāyinati l-mutaḍāddati *89.12.*

4. ἀσύμμετρος (*incommensurable*) : οἷον περὶ τοῦ κόσμου ἢ τῆς διαμέτρου καὶ τῆς πλευρᾶς, ὅτι ἀσύμμετροι *Arist. Eth. Nic. III 5, 1112a23* = aʿnī fī l-ʿālami wa-l-quṭri wa-l-ḍilʿi annahumā mutabāyināni *199.7.*

5. ἑτερογενής (*of different kinds or genera*) = *in hend.;* mutabāyinun lā muǧānasata baynahumā : διαφέροντα ἀλλήλων καὶ οὐχ ἑτερογενῆ *Nicom. Arithm. 13.3* = fī-mā baynahumā ḫtilāfun wa-laysā mina l-mutabāyinati llatī lā muǧānasata baynahumā *19.6-7.*

6. *sem.; etym.; transl.* προ- (*of preference or distinction of one over another*) *in* προμήκης *math.* ([*number*] *made up of two unequal factors*) = al-mutabāyinu l-ṭūlayni : οὐκέτι ... ὁ τοιοῦτος ἑτερομήκης κληθήσεται, ἀλλὰ προμήκης *Nicom. Arithm. 109.2* = fa-laysa tusammā hāḏihi l-aʿdādu muḫtalifata l-ṭūlayni ... lākinna hāḏihi l-aʿdāda tusammā l-mutabāyinata l-ṭūlayni *85.5;* προμήκης δέ ἐστιν ὁ ὑπὸ δύο μὲν ἀριθμῶν διαφερόντων (*sic leg.*) ... γινόμενος *113.13* = wa-ammā l-ʿadadu l-mutabāyinu l-ṭūlayni fa-huwa ... muǧtamiʿun min ḍarbi ʿadadayni ġayri mutasāwiyayni *88.11-12; 113.7 = 88.8.*

7. *sem. concentr.* πολλαὶ ἰδέαι (*many [different] kinds, sorts* = *Syriac* znayyā [*cf. A.C. McCollum, A Greek and Syriac Index to De Mundo, p. 93*]) : πολλαὶ δὲ καὶ ἄλλαι φαντασμάτων ἰδέαι θεωροῦνται *Ps.-Arist. Mund. 4, 395b11* = fī l-hawā'i ašyā'u uḫaru narāhā mutabāyinan (*sic ed. pro* mutabāyinatun) *K 186b16*⊗.

8. *sem. amplif.; added according to sense to specify the meaning of* πάντα (*all*) = kulluhā mutabāyinatan (*all of them, but not all of them together but all of them separately*) : ὥστ' οὔτε κοῦφον ἁπλῶς οὐθὲν ἔσται τῶν σωμάτων εἰ πάντ' ἔχει βάρος *Arist. Cael. I 7, 276a4* = in kānat hāḏihi l-aǧrāmu kulluhā mutabāyinatan ṯaqīlatan lam yakun fīhā šay'un ḫafīfuni l-battata *versio B 177.1 Badawī.*

استبان X. istabāna

1. *transl. derivatives and compounds of* δῆλος (*clear, manifest*)

1.1 δῆλον, *sc.* ἐστί / γίνεται, ([*it is* or *becomes*] *clear, manifest*) **(a)** *abs.* : ἔσται καὶ περὶ τούτου δῆλον *Arist. Cael. I 10, 280a35* = istabāna ḥīna'iḏin *202.4 Badawī*; δῆλον τοίνυν ὅτι ὁ ἀφανὴς πόλος ἐστὶ τὸ ἄνω *II 2, 285b22* = fa-qadi stabāna l-āna anna l-falaka l-ḫafiyya huwa l-falaku l-a'lā *versio B 233.14 Badawī* ⟼ δῆλον δ' εἴ τις ἐπιχειρήσειεν ἐκ τοῦ λόγου τούτου τὰ πάθη καὶ τὰ ἔργα τῆς ψυχῆς ἀποδιδόναι *Arist. De an. I 5, 409b14* = wa-innamā yastabīnu ḏālika matā ṭalaba aḥaduni stiḫrāǧa 'ilmi af'āli l-nafsi min hāḏā l-ḥaddi aw 'ilmi l-āfāti l-muġayyirati lahā *22.18* ⟼ δῆλον δὲ τοῦτο ἐπὶ τῶν ἐκτεμνομένων *Arist. Gener. anim. I 2, 716b5* = wa-qawlunā yastabīnu min qibali llaḏīna yuḫṣawna *5.9* ⟼ ὅτι δ'..., ἐκ τῶνδε δῆλον *Arist. Phys. VIII 10, 266a26* = wa-qad yastabīnu annahū ... mimmā naḥnu qā'ilūhu *925.12* ⟼ πολλάκις γὰρ ὕστερον γίγνεται δῆλον πῶς ἦν πρᾶξαι βέλτιον, πρότερον δὲ ἄδηλον *Arist. Rhet. II 23, 1400b3* = fa-innahū kaṯīran mā lā yastabīnu kayfa kāna waǧhu l-'amali bi-llatī hiya afḍalu illā bi-aḫaratin (*sic leg.* : bi-āḫiratin *ed.*) wa-lā yakūnu fī awwali ḏālika ẓāhiran *159.16**; δῆλον ὅτι οὐ συλλελόγισται *II 26, 1403a33* = yastabīnu bihī anna ḏālika l-qawla laysa musalǧisan *170.17; I 4, 1360a33* = *22.8; etc.* ⟼ ὅτι δὲ ..., δῆλόν ἐστιν ἐκ τῶν ῥήσεων αὐτοῦ *Galen An. virt. 51.15* = wa-qadi stabāna anna ... min qawlihī hāḏā llaḏī qālahū *24.6* **(b)** *in hend.*; istabāna wa-ttaḍaḥa : ὥστε δῆλον ἐκ τῶν εἰρημένων ὅτι οὐκ ἔσται ... *Arist. Cael. I 6, 273b26* = istabāna bi-mā ḏakarnā wa-ttaḍaḥa annahū lā yumkinu an yakūna ... *versio B, versio C 162.13 Badawī* ⟼ ὅτι μὲν οὖν ... δῆλον ἐκ τῶν εἰρημένων *Arist. De an. I 4, 408a30* = fa-qadi stabāna wa-ttaḍaḥa mimmā qad qīla annahū (*sic leg.*) ... ka-mā ḏakarnā ānifan *19.13* **(c)** *in hend.;* istabāna wa-ṣaḥḥa : ὅτι μὲν τοίνυν ἀναγκαῖον εἶναι γένεσιν, ἐκ τούτων δῆλον *Arist. Cael. II 3, 286b2* = fa-qadi stabāna l-āna wa-ṣaḥḥa bi-qawlinā hāḏā annahū lā budda mina l-kawni *versio B 237 Badawī* ; ὅτι μὲν οὖν ... δῆλον *II 4,* 286b33 = fa-qadi stabāna l-āna wa-ṣaḥḥa anna ... *versio B 240.4 Badawī* ; ὅτι μὲν οὖν ... δῆλον ἐκ τούτων *4, 287b15* = fa-qadi stabāna l-āna wa-ṣaḥḥa bi-mā qulnā anna ... *245.7 Badawī.*

1.2 *sem.; etym.; transl.* δῆλος (*clear, manifest*), *in* ἄδηλον, *sc.* ἐστί, ([*it is*] *unclear*) = *neg. c.* istabāna **(a)** lam yastabini l-amru baʿdu : περὶ δὲ φαντασίας ἄδηλον *Arist. De an. II 3, 414b16* = wa-ammā l-tawahhumu fa-lam yastabin lanā l-amru fīhi baʿdu *35.20* **(b)** *in hend.;* lā yaẓharu wa-lā yastabīnu : καὶ ὅσα γε τῶν ὀρνέων καθ' ὥραν μίαν ὀχεύει, ὅταν ὁ χρόνος οὗτος παρέλθῃ οὕτω μικροὺς ἔχουσιν (*sc.* τοὺς ὄρχεις) ὥστε σχεδὸν ἀδήλους εἶναι *Arist. Gener. anim. I 4, 717b10* = wa-mā kāna mina l-ṭayri yasfadu fī awānin wāḥidin fa-iḏā ǧāza ḏālika l-awāna fa-unṯayāhu ṣiġārun ǧiddan bi-qadri mā lā taẓharu wa-lā tastabīnu *8.12.*

1.3 *sem. metathesis.; neg. / affirm. transformation* : οὐκ ἄδηλον, *sc.* ἐστί ([*it is*] *not unclear*) = istabāna : οὐκ ἄδηλον πόθεν τὸ ὑγρὸν φαίνεται πορευόμενον *Arist. Part. anim. III 3, 664b13* = yastabīnu min ayyi mawḍiʿin taḫruǧu l-ruṭūbatu *67.11.*

2. *transl. derivatives of* φαίνω (*to bring to light*)

2.1 φαίνομαι *pass.* (*to come to light, appear*) : καθ' ἕκαστα δ' ἐπισκοποῦντι πάμπαν γελοῖος φαίνοιτ' ἂν ὁ μεγαλόψυχος *Arist. Eth. Nic. IV 7, 1123b33* = wa-man yattabiʿu l-umūra l-ǧuzʾiyyata yastabīnu lahū anna l-kabīra l-nafsi ... ḍaḥika bihī kullu aḥadin *261.3* ⟼ ὥστε φαίνεται μεῖζον ἀγαθόν *Arist. Rhet. I 7, 1364a9* = fa-qadi stabāna anna l-ḫayra qad yakūnu aʿẓama *34.18;* φαίνεται φίλος εἶναι *II 4, 1381a11* = istabāna ... annahū ṣadīqun *92.27* ⟼ οἱ τῆς κερκίδος ἴδιοι φαίνονται μύες *Galen Anat. admin. II, 261.12-13* = yastabīnu l-ʿaḍalu l-ḫāṣṣu bi-l-zandi l-aʿlā *52.20.*

2.2.1 φανερός (*clear, visible*) **(a)** *abs.* : κόραξ καὶ κορώνη· καὶ γὰρ ταῦτ' ἀεὶ φανερά, καὶ οὐ μεταβάλλει τοὺς τόπους *Arist. Hist. anim. IX 23, 617b14* = wa-l-ġurābu wa-l-ġudāfu ayḍan tastabīnu (*sic leg.*) fī kulli zamānin wa-lā tantaqilu min amākinihā *408.4* **(b)** *in hend.;* istabāna ẓāhiran : οὕτω γὰρ ἔσται σοι φανερὸν ἅπαν τοὖργον, ὡς ἂν μηδὲν συγκεχύσθαι *Galen Anat. admin. II, 518.15* = iḏā faʿalta hāḏā stabāna laka l-ʿamalu kulluhū ẓāhiran wa-lam yatašawwaš ʿalayka šayʾun minhu *318.21.*

2.2.2 φανερόν, *sc.* ἐστί, ([*it is* or *becomes*] *clear, manifest*) = istabāna anna **(a)** *abs.* : ἐπεὶ δὲ τὰ μὲν ὑπόκειται τὰ δ' ἀποδέδεικται τῶν εἰρημένων, φανερὸν ὅτι ... *Arist. Cael. I 3, 269b19* = fa-qadi stabāna l-āna bi-mā waṣafnā mina l-muqaddamāti wa-bi-mā awḍaḥnā mina l-maqāyīsi anna ... *versio B=C 136.11 Badawī* ; ὅτι μὲν οὖν ... φανερόν *I 10, 280a11* = fa-qadi stabāna l-āna annahū ... *versio B 200.5 Badawī* ⟼ ὅτι μὲν οὖν περίττωμά ἐστι τὸ σπέρμα χρησίμου τροφῆς καὶ τῆς ἐσχάτης ... φανερόν *Arist. Gener. anim. I 18, 726a28* = wa-qadi stabāna anna l-zarʿa faḍlatu ṭaʿāmin yuḥtāǧu ilayhi wa-faḍlatu l-ġiḏāʾi l-aḫīri *35.9;* φανερὸν ὅτι τῆς αἱματικῆς ἂν εἴη περίττωμα τροφῆς τὸ σπέρμα τῆς εἰς τὰ μέρη διαδιδομένης τελευταίας *I 19, 726b9* = fa-min hāhunā yastabīnu anna l-zarʿa faḍlatu l-ġiḏāʾi l-damiyyi l-aḫīri llaḏī yaftariqu fī l-aʿḍāʾi *36.4* ⟼ φανερὸν ὅτι τὸ αἷμα ἡ τελευταία τροφὴ τοῖς ζῴοις τοῖς ἐναίμοις ἐστί *Arist. Part. anim. II 3, 650a34* = yastabīnu anna l-dama l-ġiḏāʾu l-aḫīru llaḏī bihī yuġḏā l-ḥayawānu l-damiyyu *33.1* ⟼ ὅτι μὲν οὖν τὰ ἔξω τοῦ πράγματος οἱ ἄλλοι τεχνολογοῦσι, ... φανερόν *Arist. Rhet. I 1, 1355a20* = fa-qadi stabāna iḏan anna hāʾulāʾi innamā yuzaḫrifūna l-qawla fī ṣafḥati l-amri wa-ẓāhirihī *5.6;* ὅτι μὲν οὖν οὐκ ἔστιν ... ἡ ῥητορική, ... φανερόν *I 1, 1355b9* = fa-qadi stabāna iḏan anna l-rīṭūriyyata laysat... *6.17; etc.* **(b)** *in hend.*; istabāna wa-ṣaḥḥa : φανερὸν δ' ἐκ τῶν εἰρημένων ... *Arist. Cael I 3, 270b26* = fa-qadi stabāna l-āna wa-ṣaḥḥa bi-mā ḏakarnā annahū ... *versio B, sim. versio C 142.5 Badawī* ; ἐκ τε δὴ τούτων φανερόν ὅτι ... *I 6, 273a21* = fa-qadi stabāna l-āna wa-ṣaḥḥa bi-mā ḏakarnā annahū ... *versio B/C 159.14 Badawī*; φανερὸν ἄρα ὅτι .... *I 9, 279a17* = fa-qadi stabāna iḏan wa-ṣaḥḥa annahū ... *versio B*; *etc.* ⟼ ἐκ δὴ τούτων φανερὸν ὅτι πλείους ... αἱ σωματικαὶ φύσεις τῶν ψυχῶν *Procl. El. theol. 62:58.30* = fa-qadi stabāna l-āna wa-ṣaḥḥa fī-mā ḏakarnā anna l-ǧawāhira l-ǧirmiyyata akṯaru mina l-ǧawāhiri l-nafsāniyyati *62:10;* φανερὸν ὅτι τὸ πρώτως ὂν ἐπέκεινα τῆς ὁλότητός ἐστιν *73:70.10* = fa-qadi stabāna ... wa-ṣaḥḥa anna l-huwiyyata l-ūlā arfaʿu wa-aʿammu mina l-kulliyyati *73:14; sim. 74:70.22 = 74:5* **(c)** *in hend.* istabāna wa-ttaḍaḥa : φανερὸν τοίνυν ἐκ τῶν εἰρημένων *Arist. Cael. I 9, 279a6* = fa-qadi stabāna l-āna wa-ttaḍaḥa fī-mā ḏakarnā wa-bayyannā anna *versio B 193.4 Badawī, versio A 110a12* ⟼ ἐκ δὴ τούτων φανερόν ὅτι ... καὶ ... καὶ ... *Proclus El. theol. 21: 24.22* = fa-qadi stabāna l-āna bi-mā ḏakarnā wa-ttaḍaḥa anna ... wa-stabāna ayḍan anna ... wa-stabāna ayḍan anna ... *21: 18-22.*

3. διορίζω (*to determine*) : διωρισμένων δὲ τούτων ληπτέον ἂν εἴη ... *Arist. Meteor. IV 1, 378b26* = wa-iḏ qadi stabāna ḏālika fa-l-naḏkur ... *1079.*

4. συμβαίνει *impersonal use* (*it happens that the case is, the fact is*) = istabāna *with sem. amplif.* : συμβαίνει δὲ τοὐναντίον *Arist. Cael. II 2, 285b27* = fa-qadi stabāna ḫilāfu mā qālū bi-mā bayyannāhu ānifan wa-awḍaḥnāhu *versio B 233.14 / 234.2 Badawī.*

5. *sem.; etym.; transl.* διαρθρόω (*articulate, endow with differentiated parts*) *in* ἀδιάρθρωτος (*unarticulated, undifferentiated*) = lā tastabīnu *sc.* al-aʿḍāʾu : ἔστι δὲ σὰρξ μόνη γεννωμένη ἄπλαστός τε καὶ ἀδιάρθρωτος *Galen Ther. Pis. 255.2* ≅ fa-innahā talidu ḥayawānan ka-l-biḍʿati lā yastabīnu fīhi šayʾun min aʿḍāʾihī *118a12.*

6. *sem. metathesis; pass. / act. intransitive transformation* : βλέπομαι *pass.* (*to be seen, observed*) = *in hend.;* istabāna wa-ẓahara : οὕτω γάρ σοι καὶ ἡ τῶν καλουμένων φύσις ὤτων (ὤτων *coni. Garofalo, Arab.* : ὀστῶν *codd.*) ὀφθήσεται, βλεπομένη μὲν ἐναργῶς *Galen Anat. admin. II, 605.7** = wa-bi-hāḏā l-waǧhi mina l-ʿamali taqifu ʿiyānan ʿalā ṭabīʿati l-zawāʾidi llatī yuqālu lahā āḏānu l-qalbi fa-inna hāḏihi l-zawāʾida tastabīnu ṭabīʿatuhā wa-taẓharu ẓuhūran bayyinan *424.21.*

7. *sem. metathesis; transitive / intransitive transformation;* δείκνυμι (*to show, point out*) = istabāna (*it has become clear*) : δείξει δὲ τὸ τοιοῦτον (*sc.* θηρίον) ... ἡ δευτέρα βίβλος *Artem. Onirocr. 57.13* = wa-yastabīnu amru l-ḥayawāni fī l-maqālati llatī baʿda hāḏihī *108.8.*

8. *sem. metathesis; transitive / intransitive transformation;* ποιέω (*to produce, bring forth*) = istabāna (*it has appeared*) : ὁ ἀκέραιος ... κηλῖδα οὐ ποιεῖ *Diosc. Mat. med. I, 24.20* = al-ḫāliṣu ... lā yastabīnu lahū aṯarun *vetus transl. Ullmann Unters., 188.24.*

9. *sem. amplif.; added in an inferential and occasionally resumptive phrase or clause beyond the Greek text, which either* (α) *translates as a whole Greek conjunctions and particles marking the drawing of a conclusion, or* (β) *supports and amplifies the Arabic word translating the conjunction or particle*

9.1.1 (α) ἄρα (*therefore, so then*) **(a)** fa-qadi stabāna : ἅπαν ἄρα τὸ ἀεὶ ὂν ἁπλῶς ἄφθαρτον *Arist. Cael. I 12, 281b25* = fa-qadi stabāna anna kulla šayʾin azaliyyi l-kawni lā yaqaʿu taḥta l-fasādi *versio B 208.17 Badawī* **(b)** fa-qadi stabāna l-āna : οὐκ ἄρα τὸ ἄπειρον ὑπ᾽ οὐδενὸς πεπερασμένου κινηθήσεται *Arist. Cael. I 7, 275a10* = fa-qadi stabāna l-āna anna l-ǧirma llaḏī lā nihāyata lahū lā yumkinu an yuḥarrikahū ǧirmun āḫaru mina l-aǧrāmi ḏawāti l-nihāyati l-battata *versio B 170.8 Badawī* ⟼ πᾶν ἄρα τὸ μετέχον τοῦ ἑνός καὶ ἕν ἐστι καὶ οὐχ ἕν *Proclus El. theol.* 2:2.25 = fa-qadi stabāna l-āna anna l-ašyāʾa kullahā wāḥidun wa-lā wāḥidun bi-l-maʿnā llaḏī ḏakarnā *2:11* **(c)** fa-qadi stabāna l-āna wa-ṣaḥḥa : ἐν οὐδενὶ ἄρα χρόνῳ δυνατὸν πεπερασμένῳ ἄπειρον ὑπ' ἀπείρου κινηθῆναι *Arist. Cael. I 7, 275b2* = fa-qadi stabāna l-āna wa-ṣaḥḥa annahū lā yumkinu an yuḥarrika l-ǧirmu llaḏī lā nihāyata lahū ǧirman āḫara lā nihāyata lahū fī zamānin ḏī nihāyatin *versio B 173.13 Badawī* ; ἀκολουθοῦσιν ἄρα ἀλλήλοις τὸ γενητὸν καὶ τὸ φθαρτόν *I 12, 282b22* = fa-qadi stabāna l-āna wa-ṣaḥḥa anna l-šayʾa l-mukawwana wa-l-šayʾa l-wāqiʿa taḥta l-fasādi yatbaʿu aḥaduhumā l-āḫara *215.3 Badawī* ⟼ μετὰ τὸ ἓν ἄρα τὸ πρῶτον ἑνάδες *Proclus El. theol. 21:24.31* = fa-qadi stabāna l-āna wa-ṣaḥḥa anna l-waḥīdata baʿda l-wāḥidi l-ḥaqqi *21:27*; δύο ἄρα μόνα τὰ μέτρα *54:52.13* = fa-qadi stabāna l-āna wa-ṣaḥḥa anna l-ʿadada ṯnāni faqaṭ *54:5* **(d)** wa-la-ʿamrī la-qadi stabāna l-āna wa-ṣaḥḥa : ἀδύνατον ἄρα ἄπειρον εἶναι τὸ κύκλῳ *Arist. Cael. I 5, 272b16* = wa-la-ʿamrī la-qadi stabāna l-āna wa-ṣaḥḥa annahū lā yumkinu an yakūna l-ǧirmu l-mustadīru lā nihāyata lahū *versio B* **(e)** fa-qadi stabāna l-āna wa-ttaḍaḥa : ἀδύνατον ἄρα ἄπειρον εἶναι βάρος *Arist. Cael. I 6, 274a16* = fa-qadi stabāna l-āna wa-ttaḍaḥa annahū lā yumkinu an yakūna ṯiqlun lā nihāyata lahū *versio B / C 164.17.*

9.1.2 (β) ἄρα (*therefore, so then*) = iḏan, *amplified by* **(a)** fa-qadi stabāna l-āna iḏan : ἀδύνατον ἄρα τὸ ἄπειρον κινεῖσθαι ὅλον *Arist. Cael. I 5, 272b12* = fa-qadi stabāna l-āna iḏan anna l-ǧirma llaḏī lā nihāyata lahū lā yumkinu an yataḥarraka kulluhū wa-lā ǧuzʾun minhu *versio B* **(b)** fa-qadi stabāna iḏan wa-ttaḍaḥa : οὐθὲν ἄρα ὅλως σῶμα ἔξω τοῦ οὐρανοῦ *Arist. Cael. I 7, 275b9* = fa-qadi stabāna iḏan wa-ttaḍaḥa annahū laysa ǧirmun āḫaru ḫāriǧun mina l-samāʾi l-battata *versio B 174.5 Badawī.*

9.2.1 (α) ὥστε (*and so, therefore*) **(a)** fa-qadi stabāna l-āna : ὥστε καὶ τούτοις (*sc.* τοῖς κατὰ διάμετρον κύκλου ἀντικειμένοις) τρόπον τινα ἡ κίνησις εἰς ἀντικείμενα *Arist. Cael. I 8, 277a25* = fa-qadi stabāna l-āna anna ḥarakāti aǧzāʾi l-dawri ayḍan takūnu ilā mawāḍiʿa muḫtalifatin *versio B 184.6 Badawī* **(b)** fa-qadi stabāna l-āna bi-hāḏā l-qawli : ὥστε ἤτοι εἰσὶ πλείους οὐρανοὶ ἢ ἐνδέχεται πλείους εἶναι *Arist. Cael. I 9, 278a20* = fa-qadi stabāna l-āna bi-hāḏā l-qawli annahū immā an takūna l-samāwātu kaṯīratan wa-immā an yumkinu an takūna kaṯīratan *versio B 189.1 Badawī* **(c)** fa-qadi stabāna wa-ṣaḥḥa : ὥστ’ οὐκ ἔσται χρόνος οὐθεὶς ἐν ᾧ κινήσει *Arist. Cael. I 7, 275a22* = fa-qadi stabāna wa-ṣaḥḥa annahū lā yūǧadu zamānun yuḥarriku fīhi *versio B 172.2 Badawī.*

9.2.2 (β) ὥστε (*and so, therefore*) = iḏan, *amplified by* **(a)** fa-in kāna hāḏā ʿalā mā ḏakarnā fa-qadi stabāna iḏan wa-ṣaḥḥa : ὥστ’ οὔτε νῦν εἰσὶ πλείους οὐρανοὶ οὔτ’ ἐγένοντο *Arist. Cael. I 9, 279a9* = fa-in kāna hāḏā ʿalā mā ḏakarnā fa-qadi stabāna iḏan wa-ṣaḥḥa annahū laysati l-samāwātu kaṯīratani l-āna wa-lam takun fī l-sālifi kaṯīratan *versio B=C 193.8-9* **(b)** fa-qadi stabāna iḏan wa-ttaḍaḥa : ὥστ’ οὔτε κοῦφον ἁπλῶς οὐθὲν ἔσται τῶν σωμάτων *Arist. Cael. I 7, 276a4* = fa-qadi stabāna iḏan wa-ttaḍaḥa annahū ... lam yakun fīhā šay’un ḫafīfuni l-battata *versio B 177.1 Badawī.*

9.3.1 (α) δή *inferential* (*so then*) = fa-qadi stabāna l-āna : τριχῶς δὴ λεγομένου τοῦ οὐρανοῦ *Arist. Cael. I 9, 278b21* = fa-qadi stabāna l-āna anna l-samā’a tusammā ʿalā ṯalāṯati anḥā’in *versio B 191.8 Badawī* .

9.3.2 (β) δή *inferential* (*so then*) = iḏan, *amplified by* : fa-qadi stabāna iḏan : τὸ δὴ (δὴ *JS*[1], *Arab.* : δὲ *EH, ed.*) κύκλῳ σῶμα φερόμενον ἀδύνατον ἔχειν βάρος ἢ κουφότητα *Arist. Cael. I 3, 269b30** = fa-qadi stabāna iḏan (iḏan *versio C* : ayḍan *versio B*) annahū lā yumkinu an yakūna li-l-ǧirmi l-mutaḥarriki dawran (al-mutaḥarriki dawran *versio C* : al-mustadīri *versio B*) ḫiffatun wa-lā ṯiqlun *versio C 137.12 Badawī*; ἡ δὴ (δὴ *Arab.* : δὲ *ed.*) δύναμις τῆς ὑπεροχῆς ἐστίν *I 11, 281a14** = fa-qadi stabāna iḏan anna l-quwwata tuḥaddu fī ġāyati mā yaqwā *versio B 205.14 Badawī.*

9.4 (α) διόπερ (*hence, wherefore*) = fa-qadi stabāna l-āna : διόπερ τὸ ἐν ἀρχῇ μικρὸν ἐν τῇ τελευτῇ γίνεται παμμέγεθες *Arist. Cael. I 5, 271b12* = fa-qadi stabāna l-āna anna l-ḫaṭa’a l-ṣaġīra l-kā’ina fī awwali l-šay’i yakūnu kabīran fī āḫirihī *versio B.*

9.5 (α) ἐπεὶ τοίνυν (*since then, since therefore*) = qadi stabāna wa-ṣaḥḥa : ἐπεὶ τοίνυν ..., λείπεται ... *Arist. Cael. II 8, 289b30* = qadi stabāna wa-ṣaḥḥa annahū ... fa-yabqā ayḍan an naqūla inna ... *258.16 Badawī.*

9.6 (α) μὲν οὖν (*in sum, then*) = fa-qadi stabāna l-āna wa-ṣaḥḥa (*it has now become clear and true*) : ὅτι μὲν οὖν ... ἐπὶ τοσοῦτον ἡμῖν εἰρήσθω *Arist. Cael. II 6, 289a10* = fa-qadi stabāna l-āna wa-ṣaḥḥa bi-mā qaddamnā mina l-muqaddamāti wa-l-maqāyīsi (*v.l.* qiyāsi) anna ... *254.7 Badawī*; ὅτι μὲν οὖν ... ταῦθ’ ἡμῖν εἰρήσθω περὶ αὐτῶν *II 7,*

289a34 = fa-qadi stabāna l-āna bi-mā ḏakarnā wa-ṣaḥḥa anna ... *versio B 254.7 Badawī.*

10. *sem. amplif.; used in an added sentence, beyond the Greek text, marking the beginning of the apodosis after a compound protasis* = fa-qadi stabāna l-āna bi-mā qulnā annahū (*it has now become clear from what we said that*) : εἴπερ οὖν ἐστιν ἁπλῆ κίνησις ... καὶ ... καὶ ..., ἀναγκαῖον εἶναί τι σῶμα ἁπλοῦν *Arist. Cael. I 2, 269a2-5* = wa-aqūlu ayḍan innahū iḏā kānat ḥarakatun mabsūṭatun ... wa-kānat ... fa-in kānat ..., fa-qadi stabāna l-āna bi-mā qulnā annahū qad yakūnu ǧirmun mabsūṭuni ḍṭirāran *versio B.*

11. *sem. amplif.; used in an added summarizing conclusion, beyond the Greek text, at the end of a section : Arist. Cael. I 5, 288a12* = fa-qadi stabāna l-āna wa-ttaḍaḥa : fa-qadi stabāna l-āna wa-ttaḍaḥa fī-mā ṣārati l-samāʾu tataḥarraku mina l-mašriqi ilā l-maġribi *versio B 248.15 Badawī*; fa-qadi stabāna l-āna wa-ttaḍaḥa li-mā ṣārati l-samāʾu tataḥarraku mina l-mašriqi ilā l-maġribi *versio A 68a10* ⟼ *sim. Alex. qu. I 2 [Color.], Alex. qu. II 19 [Mundi ord.], Plot./Theol. Arist., Proclus El. theol., v. examples in Endress Proclus Arabus, p. 181–2.*

بَيْنَ **bayna** *prep. (p. 713-724)*

A. 1-6. transl. Greek prepositions

B. 7-9. transl. Greek adverbs and adjectives, also used nominally

C. 10-22. sem. amplif.; in the transl. of verbs or nouns with the basic meaning of difference and mutual relationship between two items, bayna introduces the mutually related items which are either implied in the Greek or referred to without a preposition

fī-mā bayna *prepositional phrase (p. 724-729)*

A. 1-3. transl. Greek prepositions

B. 4-10. transl. Greek words denoting an interval and an intermediate position between two things

C. 11-13. sem. amplif.; in the transl. of verbs or nouns with the basic meaning of difference and mutual relationship between two items, fī-mā bayna *introduces the mutually related items which are either implied in the Greek or referred to without a preposition*

min bayni *compound prep. (p. 729-731)*

fī ḏāti bayni *compound prep. (p. 731)*

bayna yadayhi *adverbial phrase (p. 731 f.)*

bayna-mā *conjunction (p. 732)*
baynā *conjunction (p. 732)*

بَيْنَ **bayna** *prep.; cf.* fī-mā bayna *below*

A. *transl. Greek prepositions*

1. ἐν *c. dat.* (*in [the midst of], amongst*) : <τὸ> ἐν πολλοῖς πίνουσιν ἀναστρέφεσθαι *Artem. Onirocr. 71.23* = annahū bayna ǧamāʿatin kaṯīratin yašrabūna l-ḫamra *132.10*⊗; ἄμεινον αὐτῷ ... μηδὲ προσιέναι δεσπότῃ τὸ παρὸν μηδὲ ἐν ὄχλῳ ἀναστρέφεσθαι (*sic V* : μηδὲ ὄχλῳ ἐναναστρέφεσθαι *L*) *148.16* = fa-inna l-aṣlaḥa lahū an ... lā yaʿṣiya mawlāhu wa-lā yakūna bayna qawmin yuḍādduhum *268.5;* ὁ θεὸς ... ὅτε ἦν ἐν ἀνθρώποις *169.16* = hāḏā l-malaku ḥayṯu kāna bayna l-nāsi *303.14* ⟼ γινομένη ἐν τοῖς πυροῖς *Diosc. Mat. med. I, 174.17* = yanbutu bayna l-ḥinṭati *vetus transl. Ullmann Unters., 188.27;* πολυπόδιον· φύεται ἐν πέτραις βρύα ἐχούσαις καὶ ἐν τοῖς γερανδρύοις πρέμνοις ἐπὶ τῶν βρύων *II, 334.11* = basfāyiǧun ... huwa nabātun yanbutu bayna l-ṣuḫūri (*var. reading* fī l-ṣuḫūri, *Dubler / Terés II, 370.24*) llatī ʿalayhā ḫuḍratun wa-fī sūqi šaǧari l-ballūṭi l-ʿatīqati ʿalā l-ušnati *Ibn al-Bayṭār Ǧāmiʿ I, 92.2; I, 248.4 = vetus transl. Ullmann Unters., 188.26; etc.* ⟼ τὰ παραλληλόγραμμα τὰ ἐπὶ τῆς αὐτῆς βάσεως ὄντα καὶ ἐν ταῖς αὐταῖς παραλλήλοις ἴσα ἀλλήλοις ἐστίν *Eucl. El. I.35 : i, 48.11* = al-suṭūḥu l-mutawāziyatu l-aḍlāʿi iḏā kānat ʿalā qāʿidatin wāḥidatin wa-bayna ḫaṭṭayni mutawāziyayni fa-hiya mutasāwiyatun *i.2, 146.21; sim. I.36 : i, 49.15 = i.2, 150.3; etc.* ⟼ ὡς μεσότης ἐν ἀκρότησιν *Nicom. Arithm. 26.6* = ka-tawassuṭi mā bayna l-ṭarafayni *29.7.*

2. πρός *c. acc., prep. expressing a relation between two objects, used with verbs or nouns denoting a difference, contrast, or contest between them, in both Greek and Arabic* (*a with reference to b = between a and b*) : ὁ γὰρ νῦν χρόνος συνάπτει πρός τε τὸν παρεληλυθότα καὶ τὸν μέλλοντα *Arist. Cat. 6, 5a7* = fa-inna l-āna mina l-zamāni yaṣilu mā bayna l-māḍī minhu wa-bayna l-mustaʾnafi *44.7-8 / fol. 165b17;* διὰ τὸ πλείστην τῷ μέσῳ διάστασιν πρὸς τὰ πέρατα τοῦ κόσμου εἶναι *6, 6a15* = li-anna l-buʿda bayna l-wasaṭi wa-bayna aṭrāfi l-ʿālami abʿadu l-buʿdi *47.10 / fol. 166a11* ⟼ ὡς τὸ θῆλυ πρὸς τὸ ἄρρεν διέστηκεν *Arist. Eth. Nic. VII 8, 1150b15* = ka-l-faṣli llaḏī bayna l-unṯā wa-l-ḏakari *399.10* ⟼ διαφέρουσι δὲ τὰ (*sc.* ᾠὰ) τῶν περὶ ποταμοὺς καὶ λίμνας γιγνομένων ὀρνέων πρὸς τὰ τῶν ξηροβατικῶν *Arist. Hist. anim. VI 1, 559a20* =

wa-bayna bayḏi l-ṭayri llaḏī ya'wī fī šāṭi'i l-anhāri wa-l-naqā'iʿi wa-bayna bayḏi (bayḏi *nos* : baʿḏi *ed.*) l-ṭayri llaḏī ya'wī fī l-barāriyyi wa-l-yabsi ḫtilāfun *244.7*;* πόλεμος μὲν οὖν πρὸς ἄλληλα τοῖς ζῴοις ἐστίν, ὅσα τοὺς αὐτούς τε κατέχει τόπους *IX 1, 608b19* = wa-yakūnu bayna l-ḥayawāni llaḏī ya'wī fī amākina <hiya>-fa-hiya (hiya[1] *suppl. Badawī*) ... qitālun wa-ḫilāfun šadīdun *374.4* ↦ δύο δὲ ἔχειν ῥῖνας στᾶσιν (στᾶσιν *L Arab.* : στάσεις *V, ed.*) πρὸς τοὺς ὑπερέχοντας ἢ (ὑπερέχοντας ἢ *LV* [*V om.* ἢ] *Arab.* : *del. Gomperz, Pack*) οἰκείους σημαίνει *Artem. Onirocr. 36.2** = wa-in ra'ā l-insānu fī manāmihī ka-anna lahū anfayni fa-inna ḏālika yadullu ʿalā ḫtilāfin yaqaʿu baynahū wa-bayna man huwa afḍalu minhu aw baynahū wa-bayna ahli baytihī *67.9* (*for the whole passage v. Browne II, 271–2*)*;* ἔτι καὶ μάχας καὶ ἀντιλογίας πρός τινας (*sc.* σημαίνει τὸ ὄναρ) *65.23* = wa-ʿalā l-ṣaḫabi wa-l-ḫuṣūmati bayna l-nāsi (*sc.* tadullu l-ru'yā) *122.1;* παλαίειν τινὶ τῶν ἀφ' αἵματος ἢ φίλῳ στασιάσαι πρὸς αὐτὸν καὶ φιλονεικῆσαι σημαίνει *66.18* = fa-in ra'ā ka-annahū yuṣāriʿu baʿḍa qarābātihī aw baʿḍa aṣdiqā'ihī fa-inna ḏālika yadullu ʿalā annahū sa-yakūnu baynahū wa-bayna llaḏī yarāhu munāzaʿatun wa-ʿadāwatun *123.9; etc.* ↦ αἱ τούτων (*sc.* τῶν ἄκρων) πρὸς τὸν μέσον διαφοραὶ πάλιν ἐν τῷ αὐτῷ διπλασίονι πρὸς ἀλλήλας *Nicom. Arithm. 132.8* = wa-ka-ḏālika ayḍan (*sc.* al-ḍiʿfu) nisbatu ḫtilāfi mā baynahumā (*sc.* al-ṭarafayni) wa-bayna l-ḥaddi l-awsaṭi aḥadihimā ilā l-āḫari *102.6;* τὴν τοῦ μείζονος ὑπεροχὴν πρὸς τὸν ἐλάττονα διχῇ τεμών *140.2* = an ... na'ḫuḏa niṣfa faḍli mā bayna l-ḥaddi l-aʿẓami wa-l-ḥaddi l-aṣġari *107.18* ↦ τεσσάρων οὖν λαμβανομένων τοῦ γένους πρὸς τὰ ἄλλα διαφορῶν *Porph. Isag. 18.6* = fa-lammā kānati l-muḫālafātu bayna l-ǧinsi wa-bayna l-bāqiyati arbaʿan *1095.16 / fol. 155* ↦ Πλάτων ὁτὲ μὲν τὴν ὕλην ὁτὲ δὲ τὴν τοῦ ποιοῦντος πρὸς τὴν ὕλην σχέσιν (*sc.* οὐσίαν ἀνάγκης εἶναι) *Ps.-Plut. Placita 321a19* = wa-ammā Aflāṭūn fa-innahū yarā anna ǧawhara l-ḍarūrati huwa marratani l-ʿunṣuru wa-marratani l-wuṣlatu l-muwaṣṣilatu llatī bayna l-fāʿili wa-l-ʿunṣuri *22.10.*

3. *transl.* ἀπό (*from*) *used with correlated prepositions and adverbs*

3.1 ἀπό ... εἰς/ἐπί/μέχρι, *of place or time* (*from a to b, hence, 'between' a and b*) : τὸ ἀπ' αὐχένος μέχρι αἰδοίων κύτος, ὃ καλεῖται θώραξ *Arist. Hist. anim. I 7, 491a29* = wa-ǧamīʿu mā bayna l-ʿunuqi ilā muntahā l-baṭni yuqālu lahū tannūrun *28.10* ↦ ἔσται ἄρα ποσός τις ἀπὸ τοῦδε χρόνος καὶ εἰς ἐκεῖνο, καὶ ἦν εἰς τὸ παρελθόν *Arist. Phys. IV 13, 222a27–28* = fa-matā iḏani l-kā'inu huwa miqdārun mina l-zamāni bayna l-ānifan wa-baynahū, wa-matā l-māḍī miqdārun mina l-zamāni bayna l-ānifan wa-bayna l-māḍī *464.4–5* ⟼ ἐπεζεύχθω γὰρ ἀπὸ τοῦ Α σημείου ἐπὶ τὸ Β σημεῖον εὐθεῖα ἡ ΑΒ *Eucl. El. I.2 : i, 8.16* = fa-naṣilu bayna nuqṭatay Ā, B bi-ḫaṭṭi ĀB *i.1, 48.5.*

3.2 *paraphr.;* πλησίον *c. gen.* ... ἀπό ([*x is*] *near* [*y*] *by* [*z distance*]) = bayna ... wa-bayna (*between* [*x*] *and* [*y is z distance*]) : ἐὰν ἐν ... ἀγγείῳ ἐμβαλὼν ὕδωρ παρατιθῇς πλησίον αὐτῶν ἀπὸ πέντε ἢ ἓξ δακτύλων *Cass. Bass. Geopon. XII, 19.5* = huwa an yūḍaʿaināʾun ṣaġīrun mamlūʾun māʾan yakūnu bayna mawḍiʿihī wa-bayna ṭarafi ḏālika l-qaḍībi ... ḫamsu aṣābiʿa maḍmūmatin *WGAÜ Suppl. II, 137.17.*

4. *transl.* μετά (*in the midst of, between*) *alone and in compounds*

4.1 μετά *c. gen.* (*in the midst of, between*) : ἵπτασθαι μετὰ ὀρνέων σημαίνει μετὰ ἀνθρώπων ἀλλοεθνῶν καὶ ξένων ἀναστραφήσεσθαι *Artem. Onirocr. 192.23* = fa-in raʾā l-insānu ka-annahū yaṭīru maʿa l-ṭayri fa-inna l-ruʾyā tadullu ʿalā annahū sa-yakūnu bayna qawmin ġurabāʾa *349.4.*

4.2 *sem.; etym.; transl.* μετά (*between*) *in compound words*

4.2.1 μέτωπον *anat.* ([*the space*] *between the eyes*) = bayna l-ʿaynayni *Diosc. Mat. med. I, 86.12; 112.14; 179.15-16; etc.* = *vetus transl. Ullmann Unters., 189.2.*

4.2.2 μετάφρενον *anat.* (*the broad of the back; lit., part behind the midriff*) = bayna l-katifayni ([*part*] *between the shoulder blades*) : καὶ γὰρ ὀδύνης τῆς κατὰ πλευρὴν (πλευρὴν *MV, fort. Arab.* : πλευρὸν *A* : πλευρῶν *ed.*) καὶ στήθεος καὶ μεταφρένου παρηγορικόν ἐστιν *Hippocr. Diaet. acut. 66.10** = wa-ḏālika annahū yusakkinu l-waǧaʿa l-ʿāriḍa fī l-ǧanbi wa-l-qaṣṣi wa-bayna l-katifayni *42.15-16.*

5. *sem.; etym.; transl.* διά (*between, of the interval between*) *in* διοικοδομέω (*to build between*) = ḍaraba bayna ... wa-bayna... : ἰσθμὸν καὶ ὅρον διοικοδομήσαντες τῆς τε κεφαλῆς καὶ τοῦ στήθους *Plato Tim. 69E2* = wa-ḍarabū bayna l-raʾsi wa-bayna l-ṣadri barīdan (*an* barriyyatan *leg.?, for* barīdan *cf. Arnzen, Plato's Timaeus, p. 246 n. 107*) wa-ḥaddan *Frag. 25.*

6. *sem.; etym.; transl.* παρά (*along with, between*) *in* παραδέχομαι (*to accept in between*) = qabila bayna : οὕτω συναρμόζωσιν (*sc.* τὰ μεγέθη) ὥστε μηδὲν συγγενὲς παραδέχεσθαι *Arist. De an. I 4, 408a8* = tarkību l-aǧsāmi llatī iḏā ullifat lam yumkinhā an taqbala baynahā šayʾan min ǧinsihā *18.18.*

§ μεταξύ, *adv., used as prep. c. gen.* (*between*) → *see below, 7.*

B. *transl. Greek adverbs and adjectives, also used nominally*

7. μεταξύ *adv., also used as prep. c. gen.* (*between*) **(a)** *abs.* : τὰ μεταξὺ ταῦτα λεγόμενα τῶν τε εἰδῶν καὶ τῶν αἰσθητῶν *Arist. Metaph. B 2, 998a7* = hāḏihi l-ašyāʾu llatī yuqālu innahā bayna l-ṣuwari wa-l-maḥsūsāti *214.15* ⟼ σήσαμον ... ὁπόταν βιβρωσκόμενον ἐμμείνῃ μεταξὺ τῶν ὀδόντων *Diosc. Mat. med. I, 174.9* = al-simsimu ... iḏā ukila wa-baqiya minhu bayna l-aḍrāsi šayʾun *vetus translatio Ullmann Unters., 185.19* ⟼ εἰς τὸν μεταξὺ τόπον τῆς τε εὐθείας καὶ τῆς περιφερείας ἑτέρα εὐθεῖα οὐ παρεμπεσεῖται *Eucl. El. III 16: i, 117.4* = lā yaqaʿu baynahū (*sc.* al-ḫaṭṭi l-mustaqīmi) wa-bayna l-ḫaṭṭi l-muḥīṭi bi-l-dāʾirati ḫaṭṭun āḫaru mustaqīmun *ii.2, 68.1* ⟼ τὰ πνεύματα τὰ μεταξὺ τῶν θερινῶν ἀνατολέων τοῦ ἡλίου καὶ τῶν χειμερινῶν *Hippocr. Aer. 32.8* = al-riyāḥu llatī bayna l-maṭlaʿi l-qayẓiyyi wa-l-šatawiyyi *versio A 35.2, sim. versio B 35.10;* τὰ μεταξὺ χειμερινῆς ἀνατολῆς καὶ δύσιος (*sc.* ὕδατα) *38.16* = al-ʿuyūnu llatī bayna l-mašriqi l-šatawiyyi wa-l-maġribi l-šatawiyyi *versio A 63.6, sim. versio B 63.15; sim. 38.13-14 = A 63.1-3 / B 63.10-12* ⟼ ἀμφοτέρας τὰς χεῖρας παρεὶς μεταξὺ τοῦ στομάχου καὶ τῆς κεφαλῆς *Hippocr. Superf. 74.25* = fa-yanbaġī ḥīnaʾiḏin an tudḫila yadayka kiltayhimā bayna fami l-raḥimi wa-raʾsi l-ǧanīni *3.10*; *sim. 74.20 =3.7* ⟼ ὥσπερ τὸ μέτριον τοῦ ὑπερβάλλοντος καὶ τοῦ ἐλλείποντος μεταξύ *Nicom. Arithm. 39.13* = kamā l-muʿtadilu bayna l-mufriṭi wa-l-muqaṣṣiri *38.14* ⟼ αὐχένα μεταξὺ τιθέντες *Plato Tim. 69E3* = fa-ǧaʿalū l-ʿunuqa baynahumā *Frag. 25* ⟼ τῆς γῆς ... μεταξὺ ... ἀμφοτέρων τῶν ἀστέρων γινομένης *Ps.-Plut. Placita 360a15* = iḏā kānati l-arḍu bayna l-kawkabayni *36.29;* μεταξὺ τῆς σελήνης ἤ τινος ἄλλου ἄστρου καὶ τῆς ὄψεως ἀὴρ παχὺς καὶ ὀμιχλώδης (*sic leg. pro* ὁμιχλώδης *ed.*) ἵσταται *384a3** = in yakun bayna l-qamari wa-l-baṣari aw bayna l-baṣari wa-kawkabin āḫara hawāʾun ġalīẓun min ǧinsi l-ḍabābi *48.24-25; 335a11 = 27.7* **(b)** *sem. amplif.;* mutawassiṭun bayna (*halfway* or *intermediate between*) : εἰ τοίνυν ἐστί τι γενητὸν ἢ φθαρτόν, ἀνάγκη τοῦτο μεταξὺ εἶναι *Arist. Cael. I 12, 282b15* = wa-iḏā kāna hāḏā hākaḏā fa-kullu kāʾinin fāsidun, fa-huwa lā maḥālata mutawassiṭun bayna šayʾayni ka-mā qulnā ānifan *versio A 92a6* ⟼ τὸ δὲ δὴ μεταξὺ τῆς γῆς τε καὶ τῶν ἐσχάτων ἄστρων πότερον ἕν τι νομιστέον εἶναι σῶμα τὴν φύσιν ἢ πλείω *Arist. Meteor. I 3, 339b13* = wa-qad yaǧibu ʿalaynā an naʿlama a-wāḥidun huwa l-ǧirmu l-mutawassiṭu bayna falaki l-kawākibi wa-l-arḍi aw akṯaru min wāḥidin *41;* ἔστι δὲ τὸ ξανθὸν ἐν τῇ ἴριδι χρῶμα μεταξὺ τοῦ τε φοινικοῦ καὶ πρασίνου χρώματος *III 4, 375a11-12* = ẓahara fīhā (*sc.*

qawsi quzaḥa) lawnun mutawassiṭun bayna l-ḥumrati wa-l-ḫuḍrati *1013* ⟼ Χρύσιππος κατὰ τὴν συνέντασιν τοῦ μεταξὺ ἀέρος ὁρᾶν ἡμᾶς *Ps.-Plut. Placita 406a5* = wa-ammā Ḫurūsībus fa-yarā anna l-baṣara yakūnu bi-mušārakati l-hawā'i l-munbasiṭi l-mutawassiṭi bayna l-bāṣiri wa-mubṣari *57.15* (c) *sem. amplif.*; wasaṭun bayna (*halfway* or *intermediate between*) : ζειὰ μεταξύ πώς ἐστι τὴν δύναμιν ἅπασαν πυρῶν τε καὶ κριθῶν *Galen Simpl. medic. XI, 880.6* = quwwatu ǧamīʿi anwāʿi l-kanīṯi quwwatun wasaṭun bayna quwwati l-ḥinṭati wa-l-šaʿīri *versio Ḥunayn WGAÜ, 417.12.*

7.1 τὸ μεταξύ, *adv. used nominally* (*the intermediate*) = mā bayna [-humā] : ἀναγκαῖον εἶναί τι καὶ τὸ μεταξὺ ἐν ᾧ μεταβάλλει (*sc.* ἡ τροφὴ ἐν τῇ κοιλίᾳ) *Arist. Part. anim. III 14, 675b31* = bi-ḍṭirārin ṣāra šay'un āḫaru fī-mā bayna l-baṭnayni li-kay yataġayyara l-ṭaʿāmu hunālika *98.6* ⟼ ἐγγύτερον δὲ τὸ πορρώτερον τοῦ κινουμένου τῆς ἀρχῆς ἢ τὸ μεταξύ *Arist. Phys. VIII 5, 257b20* = wa-l-abʿadu mina l-mutaḥarriki aqrabu ilā l-mabda'i mimmā baynahumā *857.9* ⟼ τὸ λευκὸν καὶ τὸ μέλαν καὶ τὰ τούτων μεταξύ *Philop. In De an. 408.6* = al-bayāḍu wa-l-sawādu wa-mā baynahumā *Paraphr. De an. 277.17* ⟼ ὥσπερ τὴν ὄψιν λευκοῦ καὶ μέλανος μόνον καὶ τῶν μεταξύ (*sc.* κριτικὴν εἶναι) *Them. In De an. 72.17* = ka-mā anna l-baṣara innamā yumayyizu l-abyaḍa wa-l-aswada faqaṭ wa-mā baynahumā *119.4.*

8. *transl.* μέσος (*middle*) *and its derivatives and compounds*

8.1.1 μέσος (*middle*) (a) *abs.* : μέσος δὲ αὐτῶν ἀνάλογον ὁ ς *Nicom. Arithm. 130.7* = fa-inna baynahumā ʿadadan munāsiban lahumā wa-huwa l-sittatu *101.1* (b) *sem. amplif.* mutawassiṭun bayna : μέσος τοίνυν Πλάτωνος καὶ τῶν ἀπὸ τῆς στοᾶς Ἀριστοτέλης *Them. In De an. 45.16* = fa-Arisṭūṭālīs mutawassiṭun bayna Falāṭun wa-bayna aṣḥābi l-miẓallati *58.4* (c) *sem. amplif.*; awsāṭ ... bayna : τὰ ἐν μέσῳ τοῦ πρώτου καὶ τῶν ἐσχάτων *Arist. Cael. II 12, 292b23* = al-aǧrāmu l-awsāṭu llatī bayna l-ǧirmi l-awwali wa-l-aǧrāmi l-aḫīrati *274.13 Badawī.*

8.1.2 τὸ μέσον (*midst, the middle*) = mā bayna : λῆψις τῶν ἄκρων καθ' ὑπεξαίρεσιν τῶν μέσων *Eucl. El. V def. 17: ii, 3.16* = fa-uḫiḏati l-aṭrāfu dūna mā baynahā *iii.2, 24.11* ⟼ πολὺ τὸ μέσον γίγνεται τοῦ τε ἑωθινοῦ καὶ τοῦ πρὸς τὴν δείλην *Hippocr. Aer. 34.15* = wa-mā bayna awwali l-nahāri ilā niṣfihī yakūnu (fīhi *add. AB ed.* : *om. C*) ḫtilāfan kaṯīran *versio B 45.17*; sim. versio A 45.8.*

8.2 μεσότης (*mean, middle between [two extremes]*) = wasaṭu mā baynahumā : μεσότης φαίνεται ὁ λεγόμενος τέλειος (*sc.* ἀριθμός) *Nicom. Arithm. 39.6* = wa-fī wasaṭi mā baynahumā l-ʿadadu llaḏī yuqālu lahu l-tāmmu *38.12;* μεταλαμβανούσης δὲ τῆς μεσότητος ἐν ... τῷ αὐλῷ διὰ τρυπημάτων *136.15* = fa-yantaqilu wasaṭu mā bayna l-ṭarafayni ... fī l-anābībi ... bi-l-ṯuqabi *105.10.*

8.3 *sem.; etym.; transl.* μέσος (*middle*) *in* τὸ μεσόφρυον *anat.* (*the part between the eyebrows*) = makānun bayna l-ḥāǧibayni : φερομένου (*sc.* τοῦ αἰσθητικοῦ πνεύματος) ... ἐπὶ τὸ ἡγεμονικὸν μεσόφρυον *Ps.-Plut. Placita 436a13* = yaǧtamiʿu (*sc.* al-rūḥu l-ḥissiyyu) ilā l-ǧuzʾi l-raʾīsi llaḏī makānuhū bayna l-ḥāǧibayni *75.8.*

8.4 *sem.; etym.; transl.* μέσος (*middle*) *in* τὸ μεσοπλεύριον *anat.* (*the space between the ribs*) = al-mawḍiʿu llaḏī bayna l-aḍlāʿi : τὴν μὲν ἔκφυσιν ἔχειν ἔφην ἐκ τοῦ δευτέρου μεσοπλευρίου *Galen Anat. admin. II, 357.12* = qultu inna manbatahā mina l-mawḍiʿi l-ṯānī mina l-mawāḍiʿi llatī bayna l-aḍlāʿi *150.10; sim. 364.3* = *156.14.*

! 9. πομφόλυξ (lit. *bubble*), *misread or misinterpreted by the translator* ≠ mā bayna l-ḥayawāni wa-l-nabāti (*what is between animals and plants*) : ἐν ἅπασιν, καὶ ἐν ζῴοις καὶ φυτοῖς καὶ ἐν αὐτῇ πομφόλυγι *Theophr. Princ. 7a22* ≅ fī ǧamīʿi l-ašyāʾi aʿnī l-ḥayawāna wa-l-nabāta wa-fī-mā huwa ayḍan bayna l-ḥayawāni wa-l-nabāti *192.6-7*!

C. *sem. amplif.; in the transl. of verbs or nouns with the basic meaning of difference and mutual relationship between two items,* bayna *introduces the mutually related items which are either implied in the Greek or referred to without a preposition; examples of verbs and nouns with which* bayna *is so used:*

10. διαφέρω (*to differ*) *and its derivatives*

10.1 διαφέρω (*to differ, i.e., from each other*) **(a)** iḫtilāfun/ḫilāfun bayna (... wa-bayna) : εἰ δέ τις καὶ τοῦτο παραδέχοιτο, ἀλλὰ τῷ γε τρόπῳ διαφέρει *Arist. Cat. 5, 4a29* = inna l-insāna wa-ini ʿtarafa bi-ḏālika fa-inna bayna l-ǧihatayni (al-ǧihatayni *supra lin., Badawī* : al-ǧinsayni *in textu, Georr*) ḫtilāfan *42.8 / fol. 165a3* ⟼ οὐ γάρ τι μικρὸν διαφέρει τοῦτο ἐκείνου *Arist. Part. anim. I 1, 640a12* = wa-laysa l-iḫtilāfu llaḏī bayna hāḏayni l-amrayni bi-ṣaġīrin *7.19;* διαφέρει δὲ καὶ τὰ κέρατα τῶν θηλειῶν βοῶν καὶ τῶν ταύρων *III 1, 662°2* = wa-bayna qurūni ḏukūrati l-baqari wa-[*sc.* bayna qurūni] ināṯihā ḫtilāfun *59.16* ⟼ κακίᾳ γὰρ καὶ ἀρετῇ τὰ ἤθη διαφέρουσι πάντες *Arist. Poet. II,*

1448a4 = wa-ḏālika anna ʿādatahum wa-aḫlāqahum bi-aǧmaʿihim innamā l-ḫilāfu baynahā bi-l-raḏīlati wa-l-faḍīlati *I, 222.11 / fol. 131b11* ↦ ἐν δὲ τῷ ... ὅρῳ περιττός ἐστιν ὁ μονάδι ... διαφέρων ἀρτίου ἀριθμοῦ *Nicom. Arithm. 14.9* = wa-in naḥnu ḥadadnā ... l-ʿadada l-farda ... qulnā inna l-ʿadada l-farda huwa llaḏī ḫtilāfu mā baynahū wa-bayna l-zawǧi wāḥidun *20.7*; προμήκης δέ ἐστιν ὁ ὑπὸ δύο μὲν ἀριθμῶν διαφερόντων (*sic leg.*) ... γινόμενος, οὐ μὴν μονάδι γε *113.13-14* = wa-ammā l-ʿadadu l-mutabāyinu l-ṭūlayni fa-huwa ... muǧtamaʿun min ḍarbi ʿadadayni ġayri mutasāwiyayni ... illā anna mā baynahumā mina l-iḫtilāfi laysa huwa l-wāḥidu *88.13; 109.7 = 85.9; etc.* ↦ ταῦτα γὰρ πολὺ διαφέρει *Them. In De an. 31.11* = fa-inna hāḏayni l-maʿnayayni baynahumā mina l-iḫtilāfi amrun kaṯīrun *25.7;* εἰ ... πολλοὶ (*sc.* ὁ ποιητικὸς νοῦς) ..., πόθεν ἀλλήλων διοίσουσιν; *103.27* = in kāna (*sc.* al-ʿaqlu l-faʿʿālu) kaṯīran ... fa-min ayna waqaʿa baynahā l-iḫtilāfu *188.7; etc.* **(b)** faṣlun bayna (... wa-bayna) : τὸ τὴν δεινότητα διαφέρειν τῆς φρονήσεως *Arist. Eth. Nic. VII 11, 1152a12* = anna bayna l-dahāyati wa-l-ʿaqli faṣlan *407.6; etc.* (*v. Ullmann NE I, 73*) ↦ τὸ δ' ἐλεγκτικῶς ἀποδεῖξαι λέγω διαφέρειν καὶ τὸ ἀποδεῖξαι *Arist. Metaph. Γ 4, 1006a16* = wa-in zuʿima anna bayna l-burhāni llaḏī yakūnu bi-naḥwi l-ġalaṭi wa-bayna l-burhāni l-mursali faṣlan *347.16-17* ↦ τίνι διαφέρει ἀρχὴ καὶ στοιχεῖον (στοιχεῖον *C, Arab.* : στοιχεῖα *GAB, ed.*) *Ps.-Plut. Placita 275a14** = mā l-faṣlu bayna l-mabdaʾi wa-l-usṭuqussi *2.25; 275a20 = 3.2* **(c)** farqun bayna (... wa-bayna) : μετὰ τοῦτο θεωρητέον τίνι διαφέρει ὁ μαθηματικὸς τοῦ φυσικοῦ *Arist. Phys. I 2, 193b23* = fa-qad yanbaġī an nanẓura baʿda ḏālika fī l-farqi bayna l-taʿālīmiyyi wa-bayna l-ṭabīʿiyyi mā huwa *90.5-6;* ἐνδέχεσθαι γὰρ ἢ εἶναι οὐδὲν διαφέρει ἐν τοῖς ἀϊδίοις *III 4, 203b30* = fa-innahū lā farqa fī l-umūri l-azaliyyati bayna l-mumkini wa-bayna l-mawǧūdi *214.3; etc.* ↦ οὐδὲν δὲ διαφέρει περὶ ... ἀνθρώπου ἢ θεοῦ ταὐτὸ τοῦτο δρᾶν *Arist. Rhet. II 22, 1396a23* = innahū lā farqa bayna an yufʿala ḏālika ... bi-insānin aw bi-ilāhin *144.11* ↦ αἱ δὲ ψιλότητες ἀπορίας οὐδὲν διαφέρουσιν *Artem. Onirocr. 28.6* = wa-ḏahābu l-šaʿri lā farqa baynahū wa-bayna ḏahābi l-milki *53.15;* οὐδὲν <δὲ> (*suppl. Pack*) διαφέρει ἢ αὐτὸ μόνον δοκεῖν ἀποθανεῖν ἢ ἐκκομισθῆναι *182.8* = wa-lā farqa fī dalāʾili l-ruʾyā bayna an yarā l-insānu ka-annahū qad māta aw yarā ka-anna ǧanāzatan (*sic leg.*) qad uḫriǧat *329.16*; 16.11-13 = 32.14-33.2* ↦ οὐδὲν διαφέρον ἢ καθαίρειν δύνασθαι φάναι τὴν ἀλόην ἢ δύναμιν ἔχειν καθαρτικήν *Galen An. virt. 34.13* = lā farqa bayna qawlinā inna l-ṣabira yumkinuhū an yushila wa-qawlinā inna lahū quwwatan mushilatan *11.3* ⟼ τί γὰρ διαφέρει σφαίρας μικρὰς ὑποτίθεσθαι τῆς κινήσεως αἰτίας ... ἢ μονάδας *Them. In De an. 32.9* = fa-innahū lā farqa bayna an taǧʿala asbāba l-ḥarakati ukaran ṣiġāran ... wa-bayna an taǧʿala asbābahā waḥadātin *27.7*.

10.2 διαφορά (*difference*) **(a)** iḫtilāfun bayna : αἱ ... διαφοραὶ τοῦ τιμιώτερον εἶναι τὸ γένος καὶ ἀτιμότερον *Arist. Gener. anim. III 11, 762a24* = fa-bayna hāḏihi l-aṣnāfi ḫtilāfun min qibali anna minhā ǧinsun akramu wa-ǧinsun (*sic ed. pro* ǧinsan akrama wa-ǧinsan) āḏā (*apparent misreading for* adnā) *129.17** ⟼ μικράν τιν' ἢ μηδεμίαν ἔχοντα διαφοράν *Theophr. Princ. 6a5* = illā an yakūna baynahā mina l-iḫtilāfi yasīrun aw lā yakūna baynahā ḫtilāfun aṣlan *184.2-3* **(b)** faṣlun bayna ... wa-bayna : τίς δ' ἐστὶ διαφορὰ παραδείγματος καὶ ἐνθυμήματος, φανερὸν ἐκ τῶν τοπικῶν *Arist. Rhet. I 2, 1356b11* = fa-ammā maʿnā l-sulūǧismūs mā huwa wa-mā l-faṣlu baynahū wa-bayna l-burhāni fa-maʿlūmun min kitābi Ṭūbīqā *10.6* **(c)** farqun bayna : ὥσπερ καὶ ὅταν προγευσάμενοι χυμοῦ ἰσχυροῦ γευσώμεθα εὐθὺς ἑτέρου, οὐχ ὁμοίως δ' αἰσθανόμεθα τῆς διαφορᾶς *Them. In De an. 72.3* = kamā annahū matā taqaddama l-insānu fa-ḏāqa ṭaʿman qawiyyan ṯumma ḏāqa ʿalā l-makāni ṭaʿman āḫara lam yakun iḥsāsuhū li-l-farqi baynahumā ʿalā miṯāli mā ʿalayhi l-amru *118.11* **(d)** tafāḍulun/faḍlun bayna : μονὰς ἂν εἴη πάντων ἡ διαφορά *Nicom. Arithm. 124.21* = fa-inna l-tafāḍula baynahumā yakūnu wāḥidan abadan *96.16*; γνωριμώτερον ὂν (*sc.* τὸ μέτρον πάντων τῶν ἐν μουσικῇ λόγων) ὅτι ἄρα καὶ διαφορὰ τῶν πρώτων ... συμφώνων ὑπάρχει *146.22* = wa-hiya (*sc.* ǧamīʿ al-nisab allatī fī l-mūsīqā) nisbatun bayyinatun maʿrūfatun iḏ kāna (kānat *ed.*) faḍlun mā bayna l-ittifāqayni l-awwalayni *113.14**; *99.7 = 78.9, etc.*

10.3 διάφορος (*differing*) = iḫtilāfun bayna ... wa-bayna : οἱ βουβῶνες οὐ μακρὰν τῶν αἰδοίων (*lac. post* αἰδοίων *indic. Pack* : <εἰσὶ> *suppl. Hercher* : *sine lac. fort. Arab.*) οὐδὲ διάφορόν τι σημαίνουσιν *Artem. Onirocr. 52.19** = al-urbiyyatāni lā yabʿudu dalīluhumā min dalīli l-iḥlīli wa-lā baynahū wa-baynahumā ḫtilāfun *99.9-10*.

11. διίστημι (*to stand apart*) *and its derivatives*

11.1 διίστημι (*to stand apart*) **(a)** buʿdun/tabāʿudun bayna : τὰ μεγέθη τῶν σωμάτων μὴ πολὺ διέστηκεν *Arist. Gener. anim. II 4, 738b30* = aʿẓāmu l-aǧsāmi llatī laysa baynahā buʿdun kaṯīrun *69.5* ⟼ διὰ τὸ πλεῖστον ἀλλήλων διεστάναι τό τε συμβεβηκὸς καὶ τὸ ᾧ συμβέβηκεν *Porph. Isag. 21.6* = wa-ḏālika li-kaṯrati l-tabāʿudi bayna l-

ʿaraḍi wa-l-šayʾi llaḏī yaʿriḍu lahū *1102.9 / fol. 156a* **(b)** farqun / tafriqatun bayna (... wa-bayna) : δῆλον ὡς πολὺ διεστᾶσιν *Arist. Eth. Nic. X 5, 1175b16* = fa-bayyinun anna baynahā farqan kaṯīran *549.5* ↦ καὶ πολὺ διέστηκε τὸ σκώληκος σῶμα πρὸς τὸ ἵππου, καὶ τὸ ψύλλης πρὸς τὸ ἀνθρώπου *Them. In De an. 23.36* = wa-bayna ǧismi l-dūdati wa-bayna ǧismi l-farasi farqun kaṯīrun wa-ka-ḏālika bayna ǧismi l-burġūṯi wa-bayna ǧismi l-insāni *9.11-12;* τὸ αἰσθητικὸν τοῦ κινητικοῦ χαλεπὸν τόπῳ διαστῆσαι, ἀλλ' ὅπουπερ ἴχνος αἰσθήσεως, πάντως ἐκεῖ καὶ ἴχνος κινήσεως *45.35* = qad yaṣʿubu l-tafriqatu fī l-makāni bayna l-ḥassāsi wa-bayna l-mutaḥarriki fa-innahū ḥayṯu wuǧida aṯarun li-l-ḥissi fa-hunāka lā maḥālata aṯarun li-l-ḥarakati *59.5-6* **(c)** masāfatun bayna : οὐδ' ... τὸ διίστασθαι ... ἓν καὶ τὸ αὐτό *Arist. Phys. III 3, 202b17-18* = laysa al-masāfatu bayna l-šayʾayni ... amran wāḥidan bi-ʿaynihī *194.7-8*.

11.2 διάστασις (*separation, interval*) = masāfatun bayna : ὥσπερ οὐδ' εἰ ἡ διάστασις μία τῶν διεστηκότων, καὶ τὸ διίστασθαι ἐνθένθε ἐκεῖσε κἀκεῖθεν δεῦρο ἓν καὶ τὸ αὐτό *Arist. Phys. III 3, 202b17-18* = ka-mā annahū laysa l-masāfatu bayna l-šayʾayni llaḏayni baynahumā masāfatun—uḫiḏat min hāḏā ilā ḏāka aw uḫiḏat min ḏāka ilā hāḏā—amran wāḥidan bi-ʿaynihī *194.7-8*.

11.3 διάστημα (*interval, intervening space*) = buʿdun bayna : τοσοῦτον καὶ οὕτως τοῦ ἀέρος ἐπιλαμβάνει (*sc.* τὰ χρώματα), ὅσον δύναται ἀπὸ τοῦ τοσούτου διαστήματος ἐπιλαβεῖν *Alex. An mant.* [*Vis.*] *143.22* = wa-tanfuḏu (*sc.* al-alwānu) fī l-hawāʾi bi-miqdāri l-buʿdi llaḏī bayna l-baṣari wa-l-mubṣarāti (*sic leg.*) *151.56**.

12. ἀπέχω (*to be far from, i.e., each other*) = tabāʿudun bayna : οἷον τὰ κατὰ διάμετρον· ἀπέχει γὰρ πλεῖστον *Arist. Phys. VIII 8, 264b16* = <miṯālu> ḏālika mā kāna ʿalā l-quṭri fa-inna l-tabāʿuda baynahumā abʿadu mā yakūnu *911.12*.

13. κρίνω (*to distinguish, judge*) *and its derivatives*

13.1 κρίνω (*to distinguish, judge*) = tafriqatun bayna : κακῶς κρίνειν ἐστὶν τὸ βέλτιον καὶ τὸ χεῖρον *Arist. Phys. VIII 3, 254a32*= innamā huwa min fiʿli man lā tabaṣṣura lahū bi-l-tafriqati bayna l-ašrafi wa-l-aḫassi *829.16*.

13.2 διακρίνω (*to distinguish, i.e., s.th. from s.th.*) = mayyaza bayna ... wa-bayna : καὶ διακρίνεται τῶν ἀποδεικτικῶν λημμάτων τὰ πιθανά *Galen Diff. febr. VII, 280.12* = wa-yumayyazu bayna l-qaḍāyā l-burhāniyyati wa-bayna l-qaḍāyā llatī hiya muqniʿatun *WGAÜ Suppl. I, 144*.

14. διαφωνέω (*to be in discord, disagreement*) = iḫtilāfun bayna ... wa-bayna : διαφωνεῖ ἃ δεῖ πράττειν καὶ ἃ πράττει *Arist. Eth. Nic. IX 8, 1169a15* = bayna mā yağibu ... wa-bayna mā yafʿalu ḫtilāfun *513.10-11*.

15. *sem.; etym.; transl.* παραλλάσσω (*to alternate, interchange, i.e., one for another*) *in* ἀπαράλλακτος (*uninterchangeable, i.e., one from another, and hence, indistinguishable*) = lā farqa bayna ... wa-bayna... : τοὺς αὐτοὺς ἀπαραλλάκ-τους λόγους διατηρήσουσι τοῖς πρόσθεν *Nicom. Arithm. 116.9* = kānati l-nisabu hāhunā miṯla l-nisabi l-mutaqaddimati lā farqa baynahā wa-baynahā *90.14*.

16. ὁρίζω (*to divide, separate*) = faṣlun bayna ... wa-bayna : εἰ δή ἐστιν ἔνια δυνατὰ καὶ εἶναι καὶ μή, ἀνάγκη χρόνον τινὰ ὡρίσθαι τὸν πλεῖστον καὶ τοῦ εἶναι καὶ τοῦ μή *Arist. Cael. I 11, 281a29* = in kāna li-šayʾin mina l-ašyāʾi quwwatu an yakūna wa-lā yakūna, fa-lā budda min zamānin yafṣilu bayna kawnihī wa-bayna ibṭālihī *versio B 207.1 Badawī*.

17. ἐλλείπω (*to fall short of, differ from*) = faṣlun bayna ... wa-bayna : ὁρᾶν δ' ἔξεστιν ἐπὶ τῶν εὐνούχων οἳ ... τοσοῦτον ἐξαλλάττουσι τῆς ἀρχαίας μορφῆς καὶ μικρὸν ἐλλείπουσι τοῦ θήλεος τὴν ἰδέαν *Arist. Gener. Anim IV 1, 766a27* = wa-yumkinu an yuʿrafa ḏālika mina l-ḫiṣyāni llaḏīna ... tabaddalat ḫilqatuhum wa-laysa baynahum wa-bayna l-ināṯi faṣlun illā bi-l-amri l-yasīri *140.20*.

18. ἰσάζομαι *pass.* (*to be balanced, made equal*) = musāwātun bayna : ἀλλὰ τούτους δεῖ ἰσασθῆναι *Arist. Eth. Nic. V 8, 1133a18* = wa-lākin yanbağī an yusāwā mā bayna hāʾulāʾi *313.9*.

19. λόγος (*proportion, ratio*) = nisbatun bayna : ἡ ἁρμονία λόγος ἐστὶ τῶν ἡρμοσμένων *Them. In De an. 24.31* = inna l-taʾlīfa huwa nisbatun bayna ḏawāti l-taʾlīfi *11.7*.

20. συναφή (*connexion [between two things]*) = ittiṣālun bayna : εὐλογώτερον δ' οὖν εἶναί τινα συναφήν *Theophr. Princ. 4a14* = wa-l-awlā fī l-qiyāsi an yakūna baynahumā ttiṣālun *168.4*.

21. κοινωνία (*commonality, sharing*) = ištirākun bayna : δέκα δὲ ὄντων τῶν πρώτων ἡ κοινωνία κατὰ τοὔνομα μόνον *Porph. Isag. 6.10* = fa-iḏ kānati l-awāʾilu ʿašaratan fa-inna l-ištirāka baynahā innamā huwa fī l-ismi faqaṭ *1068.4 / fol. 150b*.

22. κοινός *c. dat.* (*common to,* i.e., *s.th. and s.th. else*) = mušāʿun bayna ... wa-bayna (*shared by s.th. ... and s.th. else*) : ἐπιζητοῦμεν δὲ θεωρῆσαι ... ὅσα συμβέβηκε περὶ αὐτήν (*sc.* τὴν ψυχήν), ὧν τὰ μὲν ἴδια πάθη τῆς ψυχῆς εἶναι δοκεῖ, τὰ δὲ κοινὰ καὶ τοῖς ζῴοις δι' ἐκείνην (κοινὰ ... ἐκείνην *EyA, Arab.* [*non vert.* δι' ἐκείνην] : δι' ἐκείνην καὶ τοῖς ζῴοις *codd. cett., ed.*) ὑπάρχειν *Arist. De an. I 1, 402a9-10** = wa-ṭalabunā an nafhama ... mā l-ašyā'u l-ʿāriḍatu lahā (*sc.* al-nafsi) wa-ayyahā aʿrāḍun ḫāṣṣatuhā wa-ayyahā mušāʿatun baynahā wa-bayna l-ḥayawāni *3.14* (*for* šā'iʿun *transl.* κοινός *v. 403a4 =5.16; 414b23-25 = 36.5-9*).

فيما بين **fī-mā bayna** (*prepositional phrase*); *cf.* bayna *above*

A. *transl. Greek prepositions*

1. ἐν *c. dat.* (*in [the midst of], amongst*) : ὁ θεὸς ὅτε ἦν ἐν ἀνθρώποις *Artem. Onirocr. 169.3* = hāḏā l-malaku ḥayṯu kāna fī-mā bayna l-nāsi *302.16-17* ↦ φύεται δὲ ἐν τραχέσι χωρίοις *Diosc. Mat. med. I, 230.16* = yanbutu fī-mā bayna l-ṣuḫūri llatī fī l-ǧibāli *vetus transl. Ullmann Unters., 189.1* ↦ ἐν τοῖς ἐλάττοσιν ὅροις *Nicom. Arithm. 132.12* = fī-mā bayna l-ḥudūdi l-ṣiġāri *102.9*.

2.1 πρός *c. acc., prep. expressing a relation between two objects* (*a in reference to b = between a and b*) : ἂν τὰ πρὸς θεοὺς αὐτοῖς καλῶς ἔχῃ *Arist. Rhet. II 5, 1383b5* = in kānū ʿalā ḥālin ǧamīlatin fī-mā baynahum wa-bayna llāhi *101.13;* καὶ ἔχουσι πρὸς τὸ θεῖόν πως πιστεύοντες διὰ τὰ γινόμενα ἀγαθὰ ἀπὸ τῆς τύχης *II 17, 1391b3* = wa-yakūnūna fī-mā baynahum wa-bayna llāhi ʿalā īmānin wa-yaqīnin fī-mā ya'tī bihi l-ǧaddu *128.20*.

2.2 πρὸς ἀλλήλους/ἄλληλα (*in reference to each other*) : καὶ τὰ ἄλλα ... πρὸς ἀλλήλους πράττομεν *Arist. Eth. Nic. X 8, 1178a11* = wa-sā'iru l-aʿmāli llatī nastaʿmiluhā fī-mā baynanā *563.7* ↦ ἔχει δὲ καὶ τὸ τῶν ὄφεων γένος ... πρὸς ἄλληλα διαφοράν *Arist. Hist. anim. III 1, 511a15* = wa-fī ... aǧnāsi l-ḥayyāti ayḍani ḫtilāfun ... fī-mā bayna baʿḍihā l-baʿḍa (*sic ed., an* baʿḍihā <wa->l-baʿḍi *leg.?*) *101.21* ↦ ὥστε ἀκύρων γιγνομένων (*sc.* τῶν συνθηκῶν) ἀναιρεῖται ἡ πρὸς ἀλλήλους χρεία τῶν ἀνθρώπων *Arist. Rhet. I 15, 1376b13* = fa-in lam taṯbut tilka l-ašyā'u wa-taṣiḥḥa baṭalat muʿāmalatu l-nāsi fī-mā baynahum *77.16* ↦ καὶ λόγον πρὸς ἄλληλα ἔχοντα *Nicom. Arithm. 12.20* = yakūnu fī-mā baynahā munāsabatun *19.4; 80.13-14 = 65.21-22; etc.*

3. *sem.; etym; transl.* διά (*between, of the interval between*) *in* διεχής (*having intervening items, discontinuous*) = fī-mā baynahumā šay'un āḫaru (*having between them s.th. else*) : ἐὰν δὲ μὴ παραλλήλους (*sc.* ὅρους σκοπῶμεν), ἀλλὰ διεχεῖς *Nicom. Arithm. 124.23* = fa-in lam takuni l-ḥudūdu llatī [lam] (*secl. nos*) tu'ḫaḏu (*nos* : tūǧadu *ed.*) mutawāliyatan lākin fī-mā baynahumā ḥudūdun uḫaru *96.17**.

§ μεταξύ, *adv., used as prep. c. gen.* (*between*), *see below*, 4.

B. *transl. Greek words denoting an interval and an intermediate position between two things*

4. μεταξύ *adv., also used as prep. c. gen.* (*between*) **(a)** *abs.* : τοῦ μεταξὺ τῆς τε ὄψεως καὶ τοῦ ὁρωμένου διαφανοῦς ... τὸ εἶδος τὸ ἀπὸ τοῦ ὁρατοῦ τῇ ὄψει διαγγέλλοντος *Alex. An. mant.* [*Vis.*] *141.34* = al-mušiffu llaḏī fī-mā bayna l-ʿayni wa-l-šay'i l-mubṣari ... yu'addī ilā l-ʿayni ṣūrata l-mubṣari *147.7;* ὁ γὰρ μεταξὺ ἀὴρ καθὸ συμβάλλει ἀλλήλοις τὰ χρώματα *147.19* = wa-ḏālika anna l-hawā'a fī-mā baynahumā yuẓannu bihī annahū yaqbalu l-alwāna *161.147* ⊢ αἱ δ' ἶνές εἰσι μεταξὺ νεύρου καὶ φλεβός *Arist. Hist. anim. III 6, 515b27* = wa-ammā l-ʿaṣabu l-daqīqu llaḏī yušbihu l-ḫuyūṭa fa-inna ṭibāʿahū fī-mā bayna ṭibāʿi l-ʿaṣabi wa-l-ʿurūqi *117.16* ⊢ ἀλλὰ μὴν οὐδὲ μεταξὺ ἀντιφάσεως ἐνδέχεται εἶναι οὐθέν *Arist. Metaph. Γ 7, 1011b23* = wa-ayḍan lā yumkinu an yakūna šay'un fī-mā bayna l-naqīḍayni *449.2; sim. 1012a26* = *460.11* ⊢ τοῦ δ' ὀργάνου τοῦ περὶ τὴν ἀναπνοὴν ἐξ ἀνάγκης ἔχοντος μῆκος, ἀναγκαῖον τὸν οἰσοφάγον εἶναι μεταξὺ τοῦ στόματος καὶ τῆς κοιλίας *Arist. Part. anim. III 3, 664a31* = wa-min aǧli anna li-ālati l-tanaffusi ṭūlan bi-ḍṭirārin, ʿaraḍa an yakūna l-marī'u fī-mā bayna l-ra'si wa-l-baṭni bi-ḍṭirārin *66.19;* τοῦτο γὰρ (*sc.* ἡ νῆστις) μεταξὺ τῆς τ' ἄνω (*sc.* κοιλίας), ἐν ᾗ τὸ ἄπεπτον, καὶ τῆς κάτω, ἐν ᾗ τὸ ἄχρηστον *III 14, 675b35* = fa-hāḏā l-ʿuḍwu fī-mā bayna l-baṭni l-aʿlā wa-l-baṭni l-asfali wa-fīhi l-ṭaʿāmu llaḏī lam yanḍaǧ baʿdu wa-baʿdahu l-baṭnu l-asfalu llaḏī fīhi l-ṭaʿāmu l-fāsidu *98.9* ⊢ εἴ τι αὐτῶν ἐστι μεταξύ *Arist. Phys. I 5, 188b3* = in kānat hāhunā ḥālun fī-mā bayna hātayni l-ḥālatayni *45.7*; οὐδὲν γὰρ διαφέρει ... ἀλλ' εἰ μόνον μεταξὺ γίγνεται χρόνος *VIII 7, 261b13* = wa-ḏālika annahū lā farqa bayna ... wa-bayna ... bali llaḏī yuḥtāǧu ilayhi fī hāḏā l-qawli innamā hāḏā l-amru waḥdahū aʿnī hal yakūnu fī-mā baynahumā zamānun *889.4-5* ⊢ ἄνθος μεταξὺ τῶν φύλλων (*sc.* ἔχει) *Diosc. Mat. med. I, 15.1* = lahū zahratun fī-mā bayna l-waraqi *versio A Dubler / Terés II, 18.17 /*

yaḥmilu fuqqāḥan fī-mā bayna awrāqihī *versio C WGAÜ Suppl. I, 678.19* ↦ μεταξὺ δέ πως τῆς τῶν γεράνων τε καὶ χηνῶν (*sc.* σαρκός) ἡ τῶν καλουμένων ὀτίδων ἢ ὠτίδων ἐστίν *Galen Alim. fac. VI, 703.8* = wa-fī-mā bayna laḥmi l-karākiyyi wa-laḥmi l-baṭṭi laḥmu l-ṭayri llaḏī yuqālu lahū bi-l-yūnāniyyati ʾūṭis wa-huwa l-tadruǧu *WGAÜ, 763.21* ↦ ἐν δὲ τῷ μεταξὺ τοῦ πλέον καὶ τοῦ ἔλαττον κειμένῳ *Nicom. Arithm. 36.19* = wa-fī-mā bayna l-amri l-akṯari wa-l-aqalli *36.22*; διαφορὰν ... μεταξὺ τούτων τῶν ἐξεταζομένων (*sc.* στίχων) *52.19* = al-iḫtilāfu llaḏī fī-mā bayna hāḏihi l-aʿdādi llatī yuqāsu baʿḍuhā bi-baʿḍin *47.9*; διαφορὰ ... μεταξὺ τῶν ἐφεξῆς (*sc.* ὅρων) *124.4* = al-tafāḍulu fī-mā bayna l-ḥudūdi llatī talī baʿḍuhā baʿḍan *96.4* ↦ μεταξὺ δὲ τοῦ γενικωτάτου (*sic leg.*) καὶ τοῦ εἰδικωτάτου ἄλλα, ἃ καὶ γένη καὶ εἴδη ἐστὶ τὰ αὐτά *Porph. Isag. 4.18* = wa-fī-mā bayna ǧinsi l-aǧnāsi wa-nawʿi l-anwāʿi ašyāʾu hiya bi-aʿyānihā aǧnāsun wa-anwāʿun *1064.12 / fol. 149b* **(b)** *sem. amplif.*; mutawassiṭun fī-mā bayna (*intermediate between*) : ἔτι δὲ παρὰ τὰ αἰσθητὰ καὶ τὰ εἴδη τὰ μαθηματικὰ τῶν πραγμάτων εἶναί φασι (φασι *ut intell. Arab.* : φησι *ed.*) μεταξύ *Arist. Metaph. A 6, 987b16** = wa-innamā ʿānadū fī l-maḥsūsāti wa-l-anwāʿi l-taʿālīmiyyati llatī yaqūlūna innahā mutawassiṭatun fī-mā bayna l-umūri *66.1*.

4.1 τὸ μεταξύ, *adv. used nominally* (*the intermediate*) **(a)** *abs.* : ἔν τε τῇ παρατρίψει μὴ ταχέως διαλυόμενον (*sic Arab.*) καὶ ἐν τῷ θραύεσθαι χοῶδες (χοῶδες *Arab., coni. Sar.* : χνοῶδες *ed.*) ... ἔχον τὸ μεταξὺ τῶν ὄζων *Diosc. Mat. med. I, 19.3** = wa-iḏā ḥukka bi-l-yadi lā yatafattatu sarīʿan wa-iḏā (*sic Dubler / Terés II, 22.12* : fa-iḏā *Ibn al-Bayṭār*) kusira kāna llaḏī fī-mā bayna aġṣānihī šabīhan bi-l-turābi *Ibn al-Bayṭār Ǧāmiʿ II, 83.28* ↦ καὶ τοῦτο τὸ φάρμακον ἐν τῷ μεταξὺ δύναμιν ἔχον ἁλῶν τε καὶ ἀφρονίτρου *Galen Simpl. medic. XII, 374.10* = anna quwwata hāḏā l-dawāʾi fī-mā bayna quwwati l-bawraqi l-ifrīqiyyi wa-quwwati l-milḥi *WGAÜ, 417.14* **(b)** *sem. amplif.*; wasaṭun fī-mā bayna : ἔκ τε τοῦ κοινοῦ, τουτέστι τοῦ μεταξὺ τῶν ὑπερβολικῶν *Galen In De off. med. 878.10* = wa-mina llaḏī huwa ʿāmmun yaʿnī bi-ḏālika mina l-šakli llaḏī huwa wasaṭun fī-mā bayna l-aškāli l-muǧāwizati li-l-iʿtidāli *54.12* **(c)** *sem. amplif.*; fī-mā bayna ḫilāli : τὸ δὲ μεταξὺ τῶν δένδρων πᾶν πληρούσθω ῥόδων καὶ κρίνων *Cass. Bass. Geopon. X, 1.3* = wa-yanbaġī an yuġrasa fī-mā bayna ḫilāli ašǧāri l-bustāni aṣnāfu l-rayāḥīni ka-l-wardi wa-l-nisrīni *WGAÜ Suppl. I, 678.20-21*.

5. *transl.* μέσος (*middle*) *and its derivatives and compounds*

5.1 ἀνὰ μέσον (*in the middle*) **(a)** fī-mā baynahumā : τρίτον ἀνὰ μέσον τι θεωρεῖται οἱονεὶ ἐξ ἀμφοτέρων εἰδοποιούμενον *Nicom. Arithm. 29.1* = wa-qad yūǧadu ... naw'un āḫaru ṯāliṯun fī-mā baynahumā (*sic leg. pro* baynahā) bi-manzilati l-šay'i l-ma'mūli minhumā ǧamī'an *31.5;* εὑρήσομεν ἀνὰ μέσον αὐτῶν ἀριθμόν τινα *80.12* = waǧadnā fī-mā baynahumā 'adadan mā *65.21* **(b)** *sem. amplif.;* fī-mā baynahumā mutawassiṭun *or v.v.* : τούτων οὐδέν ἐστιν ἀνὰ μέσον *Arist. Cat. 10, 12a2* = fa-laysa fī-mā baynahumā mutawassiṭun aṣlan *63.24-64.1 / fol. 173a15* ⟼ οἱ δὲ ἀνὰ μέσον ἀμφοτέρων, οἳ καὶ λέγονται τέλειοι *Nicom. Arithm. 36.8* = wa-minhā ṣinfun mutawassiṭun fī-mā bayna hāḏayni wa-hiya ṣinfu l-a'dādi l-tāmmati *36.14.*

5.2 διὰ μέσου (*between*) : καὶ ἔστι τι (καὶ *add. codd. cett., ed.* : *om. PD*[a]*, versio Lat., Arab.*) διὰ μέσου999 τῶν σχισμάτων, ὥσπερ τοῖς χησίν *Arist. Hist. anim. II 1, 499a27** = wa-fī-mā bayna šuqūqi riǧlayhā ǧildun šabīhun bi-l-ǧildi llaḏī bayna šuqūqi riǧlayi l-iwazzi *57.15.*

5.3 μεσότης (*mean, middle between* [*two extremes*]) = *sem. amplif.;* mutawassiṭun fī-mā bayna : ὡς ἐν μεσότητι ἀμφοῖν *Nicom. Arithm. 132.16* = ka-l-mutawassiṭi fī-mā bayna hāḏayni *102.12.*

5.4.1 *sem.; etym.; transl.* μέσος (*middle*) *in* μεσοπλεύριος *anat.* (*intercostal, between the ribs*) **(a)** fī-mā bayna l-aḍlā'i : τῶν μεσοπλευρίων δὲ μυῶν ... οὐδ' ὅλως ἐμέμνηντο *Galen Anat. admin. II, 658.4* = wa-lam yaḏkurū l-'aḍala llaḏī fī-mā bayna l-aḍlā'i *490.5;* ἀπὸ πρώτων ἀρξάμενοι τῶν μεσοπλευρίων μυῶν *II, 661.3* = wa-naǧ'alu mabda'anā fī ḏālika mina l-'aḍali llaḏī fī-mā bayna l-aḍlā'i *492.21; II, 498.17* = *294.11; etc.* ⟼ πρὸς ... τὰ τῶν μεσοπλευρίων (*sc.* μυῶν) νεῦρα *Galen Nerv. diss. 843.9* = fī a'ṣābi l-'aḍali llaḏī fī-mā bayna l-aḍlā'i *107.5; 853.5* = *114.16-17; etc.* **(b)** fī-mā bayna l-ḍil'ayni : μέρος μὲν οὖν τι σμικρὸν αὐτῆς εἴς τε τὸ πρῶτον κατασχίζεται μεσοπλεύριον *Galen Nerv. diss. 851.14* = wa-ǧuz'un min hāḏā l-zawǧi ṣaǧīrun yatafarra'u fī-mā bayna l-ḍil'ayni l-awwalayni *114.2.*

5.4.2 *sem.; etym.; transl.* μέσος (*middle*) *in* τὸ μεσοπλεύριον *anat.* ([*the space*] *between the ribs*) = al-mawḍi'u llaḏī fī-mā bayna l-aḍlā'i : τεμόντες μὲν ... τὸ μεσοπλεύριον ἄνευ τοῦ τρῶσαί τι τῶν ἀγγείων *Galen Anat. admin. II, 643.3* = qaṭa'ū l-mawḍi'a llaḏī fī-mā bayna l-aḍlā'i ... min ġayri an yaṯqubū šay'an mina l-'urūqi wa-l-širyānāti *472.4.*

6. ἐν μεταιχμίῳ (*midground between*) = mutawassiṭun fī-mā bayna : τὸ δὲ ἀντικείμενον τούτῳ ..., τὸ δὲ ἐν μεταιχμίῳ ἀμφοῖν τούτοιν *Nicom. Arithm. 26.5* = wa-l-nawʿu l-muqābilu li-hāḏā l-nawʿi ... wa-hāhunā nawʿun ṯāliṯun ... yūǧadu mutawassiṭan fī-mā bayna hāḏayni *29.7;* ἡ δὲ γεωμετρικὴ (*sc.* μεσότης) ὡς ἐν μεταιχμίῳ ἀμφοῖν *133.2* = wa-ammā l-tawassuṭu l-handasiyyu fa-huwa mutawassiṭun fī-mā bayna hāḏayni *102.21-22.*

7. ἐπαμφοτερίζω *c. dat.* (*to be in both ways, to be intermediate between*) **(a)** fī-mā bayna : ὁ δὲ ἄνθρωπος ἐπαμφοτερίζει πᾶσι τοῖς γένεσιν *Arist. Gener. anim. IV 4, 772b1* = fa-ammā l-insānu fa-huwa fī-mā bayna hāḏayni l-ǧinsayni *157.11* **(b)** *sem. amplif.;* muštarakun fī-mā bayna (... wa-) : ἔνια δὲ τῶν ζῴων ἐπαμφοτερίζει τὴν φύσιν τῷ τ' ἀνθρώπῳ καὶ τοῖς τετράποσιν *Arist. Hist. anim. II 8, 502a16* = wa-mina l-ḥayawāni mā huwa muštaraku l-ṭabīʿati aʿnī fī-mā bayna ṭabīʿati l-insāni wa-ḏawāti l-arbaʿati l-arǧuli *68.4;* ὅσα δ' εἰς τὸ φανερὸν μὲν ζῳοτοκεῖ ἐν αὑτοῖς δ' ᾠοτοκεῖ, ἐπαμφοτερίζει *III 1, 511a25* = wa-mā yabīḍu bayḍan fī ǧawfihī wa-yalidu fī l-ẓāhiri ḥayawānan fa-huwa muštarakun fī-mā bayna l-amrayni llaḏayni waṣafnā *102.10.*

8. *sem.; def.;* τὸ περίναιον (περίνεος), *anat.* (*the perineum*) = al-mawḍiʿu llaḏī fī-mā bayna l-bayḍatayni wa-l-duburi (*the area between the scrotum and the anus*) : *Galen Loc. aff. VIII, 13.14 = WGAÜ Suppl. II, 91.14-15; v. supra,* bayḍun 8, *II, 660 f.*

9. *sem.; def.;* στεγανόπους (*web-footed*) = fī-mā bayna aṣābiʿi riǧlayhī ǧildun (*having skin between the toes*) : τὰ δὲ πλωτὰ (*sc.* τῶν ὀρνίθων) στεγανόποδά ἐστι *Arist. Hist. anim. II 12, 504a7* = fa-ammā mā yaʿūmu minhā (*sc.* aṣnāfi l-ṭāʾiri) wa-yaʾwī fī l-māʾi fa-fīmā bayna aṣābiʿi riǧlayhi ǧildun *74.5;* τῶν δὲ στεγανοπόδων τὰ μὲν βαρύτερα περὶ ποταμοὺς καὶ λίμνας ἐστίν *VIII 3, 593b15* = wa-mā ṯaqula mina l-ṭayri llaḏī fī-mā bayna aṣābiʿihī ǧildun yaʾwī ḥawla l-naqāʾiʿi wa-l-anhāri *321.5.*

10. *sem.; def.;* σχιζόπους (*with parted toes*) : laysa fī-mā bayna aṣābiʿi riǧlayhī ǧildun (*having no skin between the toes*) : πολλοὶ δὲ καὶ τῶν σχιζοπόδων περὶ τὰ ὕδατα καὶ τὰ ἕλη βιοτεύουσιν *Arist. Hist. anim. IX 12, 615a26* = wa-kaṯīrun min aṣnāfi l-ṭayri llaḏī laysa fī-mā bayna aṣābiʿi riǧlayhi ǧildun yaʾwī ḥawla l-miyāhi wa-l-mawāḍiʿi l-kaṯīrati l-šaǧari *398.2-3.*

C. *sem. amplif.; in the transl. of verbs or nouns with the basic meaning of difference and mutual relationship between two items,* fī-mā bayna *introduces the mutually related items which are either implied in the Greek or referred to without a preposition; examples of verbs and nouns with which* bayna *is so used:*

11. διαφέρω (*to differ*) *and its derivatives*

11.1 διαφέρω (*to differ, i.e., from each other*) **(a)** iḫtilāfun fī-mā bayna : διαφέρουσιν αἱ καθ' ἕκαστον παιδεῖαι τῶν κοινῶν *Arist. Eth. Nic. X 9, 1180b7* = fī-mā bayna l-ādābi l-ǧuz'iyyati wa-l-ʿāmmiyyati ḫtilāfun *575.14-577.1* **(b)** tafāḍulun fī-mā bayna : ἑκάστου πολυγώνου τοὺς γνώμονας διαφέρειν ἀλλήλων δυάδι ἐλαττόνως, ἢ κατὰ τὴν ἐν τῷ ὀνόματι ποσότητα τῶν γωνιῶν *Nicom. Arithm. 95.6* = miqdāru l-tafāḍuli llaḏī fī-mā bayna l-aʿdādi l-aṣliyyati llatī li-kulli wāḥidin mina l-aškāli yakūnu aqalla min ʿadadi zawāyā ḏālika l-šakli bi-ṯnayni *75.15; 13.3* = *19.6.*

11.2 διαφορά (*difference*) = iḫtilāfun fī-mā bayna : διαφορὰν δὲ καὶ οὗτοι ἔχουσι τοὺς ἀπὸ μονάδος ἐφεξῆς ἀριθμούς, ὡς οἱ πρὸ αὐτῶν *Nicom. Arithm. 53.19* = wa-ammā l-iḫtilāfu fī-mā bayna hāḏihi l-aʿdādi fa-huwa l-aʿdādu l-mutawāliyatu l-mubtadi'atu mina l-wāḥidi miṯla-mā kāna ʿalayhi mina l-aʿdādi llatī ḏakarnāhā ānifan *48.3.*

12. διάστημα (*distance, interval*) = buʿdun fī-mā bayna : δῆλον δ' ἂν πολὺ διάστημα γένηται ἀρετῆς ἢ κακίας *Arist. Eth. Nic. VIII 9, 1158b33* = fa-bayyinun annahū yakūnu buʿdun kaṯīrun fī-mā bayna l-faḍīlati wa-l-radā'ati *449.14.*

13. ὁμοιότης (*likeness, similarity*) = mušābahatun fī-mā bayna : ταῦτα ἔχει ... ὁμοιότητας, ἐπὶ βραχύτερον δὲ τὰ τοιαῦτα *Hippocr. Humor. 18:6* = hāḏihi l-ašyā'u qad taǧidu fī-mā baynahā mušābahatan mā illā annahā ilā muddatin mina l-zamāni yasīratin *31.6.*

من بين **min bayni** (*compound prep.*)

1. ἐκ (*out of, from among*) : ὅτι πρῶτον μὲν ἑκάτερον αὐτῶν ἐστι μονοτόκον ἐκ τῶν συγγενῶν ζῴων *Arist. Gener. anim. II 8, 748a17* = aʿnī anna kulla wāḥidin min hāḏayni l-ṣinfayni lā yalidu illā waladan wāḥidan min bayni ǧamīʿi l-ḥayawāni l-muttafiqi bi-l-ǧinsi *93.14 (v. also Ullmann, Die Conclusio a minori, p. 14 § 44).*

2. ἀπό (*away from*) = min bayni : εἶτα ἀποθλίβων πρὸς πλάκα ἐξίπου καὶ τὸ ἀπὸ τῶν δακτύλων εἰς μύακα ἀναλάμβανε *Diosc. Mat. med. I, 37.21* = ṯumma ʿṣirhu ʿalā ṣalāyatin (*sic leg. pro* ṣalābatin *ed.*) wa-llaḏī yaḫruǧu mina l-duhni min bayni aṣābiʿika ǧmaʿhu bi-ṣadafatin *versio A Dubler / Terés II, 39.17**.

3. πρός *c. acc.* (*in comparison with, in relation to*) : κἂν οὕτως ἔχοι τινὰ δύναμιν ἀρχῆς τὸ ἄνω πρὸς τὰς ἄλλας ἰδέας *Arist. Cael. II 2, 285a25* = fa-in kāna hāḏā ʿalā mā qulnā fa-lā maḥālata anna li-l-ʿuluwwi quwwata btidāʾin ḫāṣṣatan min bayni sāʾiri l-ḥarakāti llatī ḏakarnā *versio B 231.11*; wa-iḏā kāna hāḏā ʿalā hāḏā fa-lā maḥālata anna li-l-fawqi quwwata btidāʾin ḫāṣṣatan min bayni sāʾiri l-mabādiʾi llatī ḏakarnā *versio A 109b2*.

4. παρά *c. acc.* (*compared with, next to*) : μηδὲν οὕτως ἴδιον εἶναι τοῦ ἀνθρώπου παρὰ τὰ ἄλλα ζῷα ὡς τὸ ἐφ' ἡμῖν *Alex. An. mant.* [*Lib. arb.*] *175.8* = laysa šayʾun mina l-ašyāʾi aḫaṣṣu mina l-insāni min bayni sāʾiri l-ḥayawānāti mina l-istiṭāʿati *121*.

5. *morph.; rendering the Greek partitive genitive* (*out of, among*) : μόνον γὰρ κεκοινώνηκεν (*sc.* ὁ ἄνθρωπος) ... τῶν τῇδε τῆς τελειοτάτης τῶν ψυχικῶν δυνάμεων *Alex. An. mant.* [*Lib. arb.*] *172.20* = fa-inna l-insāna min bayni sāʾiri l-ašyāʾi llatī fī l-kawni šāraka hāḏā l-ǧisma fī l-quwwati llatī hiya akmalu quwā l-nafsi *6*; μόνον τῶν ζῴων ἁπάντων ἐφ' αὐτῷ (*sc.* τῷ ἀνθρώπῳ) τὸ πράττειν ἔχει *172.30* = ṣāra l-insānu min bayni l-ḥayawāni kullihī lahū sulṭānun wa-stiṭāʿatun ʿalā an yafʿala šayʾan *18* ⟼ ἔστι δὲ τῶν ἁπλῶν σωμάτων μάλιστα μὲν τὸ πῦρ ὁρατόν *Alex. qu. I 2* [*Color*] *6.33* = wa-naqūlu ayḍan inna l-nāra wāqiʿatun taḥta l-baṣari min bayni l-aǧrāmi l-mabsūṭati *88* ⟼ τὸ σῶμα μόνον ἂν εἴη τῶν μεγεθῶν τέλειον *Arist. Cael. I 1, 268a23* = anna l-ǧirma waḥdahū tāmmun min bayni (*om.* bayni *versio B*) ǧamīʿi l-aʿẓāmi (al-ʿiẓami *versio B*) *versio B/C 127.10** ⟼ αὐξάνονται δὲ (*sc.* οἱ ὀδόντες) διὰ βίου μόνοι τῶν ἄλλων ὀστῶν *Arist. Gener. anim. II 6, 745a25* = anna l-asnāna faqaṭ min bayni sāʾiri l-ʿiẓāmi tanšuʾu mā kāna l-ḥayawānu bāqiyan *86.7*; ὁ δ' ἄνθρωπος μάλιστα τοῦτο πάσχει τῶν ἄλλων ζῴων *V 1, 778a27* = fa-ammā l-insānu fa-huwa yalqā hāḏihi l-āfata ḫāṣṣatan min bayni l-ḥayawāni *173.11* ⟼ διότι ἥκιστα τῆς οὐσίας ἐξίσταται τὸ κινούμενον τῶν κινήσεων ἐν τῷ φέρεσθαι *Arist. Phys. VIII 7, 261a21* = annahā (*sc.* hāḏihi l-ḥarakata) ... min bayni sāʾiri l-ḥarakāti bi-taġayyurihā bi-l-nuqlati min ǧawharihī aysaru ḏāka *883.8*

⟼ καὶ τοῦτ᾽ ἐοίκασι μάλιστα πάντων οἱ παλαιότατοι πρᾶξαι *Galen An. virt. 76.1* = wa-inna l-falāsifata l-qudamāʾa ḫāṣṣatan min bayni l-nāsi kānū yastaʿmilūna ḏālika *41.2*.

في ذات بين **fī ḏāti bayni** (*compound prep.*); *for the expressions* ḏātu l-bayni *and* ḏātu baynihim *v. Lane I, 287b-c*

1. *sem. amplif.; added to state explicitly the mutuality implied in* διαφέρω (*to differ, i.e., from each other*) : καὶ ὁκόσα μὲν ὀλίγον διαφέρει τῶν ἐθνέων, παραλείψω *Hippocr. Aer. 58.8* = innī lā aḏkuru mina l-umami llatī ḫtilāfuhā yasīrun fī ḏāti baynihā (fī ḏāti nabtihā *mss AB*) *125.13-127.1*.

بين يدَيه **bayna yadayhi** (*adverbial phrase*)

1. *transl.* πρό (*in front of*) *and its compounds*

1.1 πρό (*in front of*) : οἱ δὲ λοιποὶ δέκα πήχεις προπίπτουσι πρὸ τῶν σωμάτων ἑκάστου τῶν ἐν τῷ πρώτῳ ζυγῷ τεταγμένων ὁπλιτῶν *Aelian. Tact. 316b18* = wa-yabqā nātiʾan bayna yadayhi ʿašaratu (*sic cod. pro* ʿašru) aḏruʿin mina l-ṣaffi l-awwali l-muqtarini *17.5*⊗ ⟼ ἀγαθὸν δὲ καὶ λαμπάδας (λαμπάδας *V, Arab.* : λαμπάδα *L, ed.*) δοκεῖν ἔχειν ... διὰ τὸ δύνασθαι τὰ πρὸ ποδῶν ὁρᾶν *Artem. Onirocr. 114.17** = wa-ayḍan fa-inna l-insāna iḏā raʾā ka-annahū ... maʿahū suruǧun ... fa-innahā dalīlu ḫayrin ... wa-ḏālika anna ḍawʾa l-sirāǧi yurī mā bayna yadayi l-arǧuli *209.11-12*.

1.2 πρὸ ποδῶν (*immediately in front of*) : οἱ ἀμβλυώττοντες ἧττον τὰ πρὸ ποδῶν ὁρῶσι *Artem. Onirocr. 32.12* = man ḍaʿufa baṣaruhū lam yara (*corr. Ullmann* : yadri *ed.*) mā bayna yadayhi illā bi-mašaqqatin *61.9-10**.

1.3 ἔμπροσθεν (*before, in front*) : ἐφ᾽ ἑκάτερα δὲ τούτου τοῦ ζυγοῦ ἔταξαν ὃν μὲν ἔμπροσθεν ὃν δὲ ὄπισθεν *Aelian. Tact. 352b2* = wa-ʿabbaw ʿan ǧanbatay hāḏā l-ṣaffi l-muqtarini ṣaffayni aḥadahumā bayna yadayhi wa-l-āḫara ḫalfahū *20.11* ⟼ κεῖται δ᾽ ἔμπροσθεν ἡ ἀρτηρία τοῦ οἰσοφάγου, καίπερ ἐμποδίζουσα αὐτὸν *Arist. Part. anim. III 3, 664b3* = wa-l-ʿirqu l-ḫašinu mawḍūʿun bayna yadayi l-marīʾi wa-in kāna yamnaʿuhū *67.5* ⟼ εἰ δὲ ἔμπροσθεν πέσοι (*sc.* ὁ κεραυνός) *Artem. Onirocr. 110.13* = fa-in waqaʿati l-ṣāʿiqatu bayna yadayhi *203.10*.

2. *sem. etym.; transl.* παρά (*beside, next to*) *in* παρατίθημι *c. dat.* (*to place before s.o.*) = waḍaʿa bayna yadayhi : ἐπειδὴ τὰ ἔργα τοῦ μαγείρου πρὸς (πρὸς *L, fort. Arab.* : εἰς μέσον *V, ed.*) κομισθέντα παρατίθεται τοῖς εὐωχουμένοις *Artem. Onirocr. 228.16** = wa-ḏālika anna aʿmāla l-ṭabbāḫi tuqaddamu wa-tūḍaʿu bayna yaday man yudʿā ilā l-ṭaʿāmi *420.13*.

بينَما **bayna-mā** *conjunction* (*v. also Ullmann, Arabische Koinzidenzgefüge, 2-5 [http://rep.adw-goe.de/handle/11858/00-001S-0000-0023-B190-7]*)

1. *synt.; transl. the temporal meaning of the circumstantial participle* βαδίζων (*[always] ... as he walked*) = bayna-mā yamšī : ἀεὶ γὰρ εἴδωλον ἐδόκει προηγεῖσθαι βαδίζοντι αὐτῷ ἐξ ἐναντίας βλέπον πρὸς αὐτόν *Arist. Meteor. III 4, 373b5* = fa-bayna-mā yamšī iḏ raʾā šaḫṣan amāmahū muḍīʾan muwāǧihan lahū yamšī *970* (*further examples are found in Acts 4.1, 8.36, 9.32 = 7.3, 20.10, 24.5f. Staal*).

بينا **baynā** *conjunction* (< bayna-mā, *v. also Ullmann, Sätze mit* lau, *28-29; Ullmann, Arabische Koinzidenzgefüge, 2-6, 20-22 [http://rep.adw-goe.de/handle/11858/00-001S-0000-0023-B190-7]*)

1. *synt.; transl. the temporal meaning of the circumstantial participle* περιπατοῦντες (*as we were walking*) = baynā namšī : ἐτυγχάνομεν περιπατοῦντες ἐν τῷ τοῦ Κρόνου ἱερῷ ... ἀνέκειτο δὲ καὶ πίναξ τις ἔμπροσθεν τοῦ νεώ *Ceb. Tab. 1.2* = baynā naḥnu namšī fī haykali Zuḥala ... iḏ baṣurnā fī muqaddami l-haykali bi-lawḥin mawḍūʿin *231.2* (*further examples are found in Mt 4.18, 17.5, 24.3 = 5.7, 30.5f., 43 Levin; Acts 1.6, 10.30, 16.16, etc. = 1.10f., 27.9, 43.8f., etc. Staal*).

بَيِّن **bayyinun** *adj.*

1. *transl.* δῆλος (*clear, manifest*) *and its derivatives and compounds*

1.1.1 δῆλος (*clear, manifest*) **(a)** *abs.* : καὶ πολλὰ ἡμῖν δῆλά ἐστιν οὕτως ἔχοντα *Arist. Int. 9, 19a12* = wa-hāhunā ašyāʾu kaṯīratun bayyinun min amrihā annahā bi-hāḏihi l-ḥāli *112.1 / fol. 183b21* ↦ καίτοι ἄνευ μὲν φλεβὸς οὐκ ἔστιν αἷμα, φλέβιον δ' οὐδὲν δῆλον *Arist. Part. anim. III 5, 668a32* = wa-laysa yumkinu an yakūna damun bi-ġayri ʿurūqin wa-laysa hunāka ʿirqun ṣaġīrun bayyinuni l-battata *78.1* **(b)** mina l-bayyini : δήλη δέ ἐστιν ἡ φύσις, ὅτι ... *Them. In De an. 81.15* = fa-mina l-bayyini min amri l-ṭabīʿati annahā ... *139.7* **(c)** *in* *hend.*; wāḍiḥun bayyinun : οἱ δὲ σοφιστικοὶ ἔλεγχοι ... οὐ ποιοῦσι δῆλον· (*sic interpunx. Arab.*) *Arist. Soph. el. I 8, 169b28** = wa-ammā l-sūfisṭā'iyyūna fī tahǧīnihimi l-kalāma ... fa-laysū yaǧʿalūna ḏālika l-qawla wāḍiḥan bayyinan *vetus transl. 852.12* / *fol. 341a* **(d)** *in hend.*; bayyinun ẓāhirun : αἰτίης δὲ τὰ μὲν δῆλα, τὰ δὲ ἄδηλα *Hippocr. Alim. 141.23* = wa-mina l-ʿillati mā huwa ẓāhirun bayyinun wa-minhā mā laysa bi-ẓāhirin *5.2*.

1.1.2 δῆλον, *sc.* ἐστί ([*it is*] *clear, manifest*) **(a)** *abs.* : νῦν δὲ τοσοῦτον ἡμῖν ἔστω δῆλον *Arist. An. pr. I 29, 45b14* = wa-ammā l-āna fa-l-yakun ḏālika bayyinan *222.21* / *fol. 97b* ⟼ καὶ ἐπὶ τῶν καθ' ἕκαστα δὲ δῆλον τὸ τοιοῦτον *Arist. Cat. 7, 8b3* = wa-ḏālika bayyinun ayḍan fī l-ǧuz'iyyāti *54.1* / *fol. 169a* ⟼ δῆλον δὲ τοῦτο καὶ ἐκ τῶν περὶ τοὺς θεοὺς ἐπαίνων *Arist. Eth. Nic. I 12, 1101b18* = wa-ḏālika bayyinun min madīḥi l-muta'allihīna *145.16*; δῆλον δ' ὡς οὐδ' ἄλλο οὐδὲν τἀγαθὸν ἂν εἴη *X 2, 1172b32* = fa-bayyinun annahū lā yakūnu l-ḫayru šay'an āḫara l-battata *533.2*; τὸ μὲν οὖν τῆς φύσεως δῆλον ὡς οὐκ ἐφ' ἡμῖν ὑπάρχει *X 9, 1179b21* = wa-ammā mā yakūnu mina l-ṭabīʿati fa-bayyinun annahū laysa kawnuhū ilaynā *571.14* ⟼ καὶ οὕτω δῆλον ὅτι ἀεὶ χρόνου ἀφαιρουμένου ἀπὸ πεπερασμένου χρόνου ἥξει ἐπὶ τὸ νῦν *Arist. Metaph.* Ε *3, 1027a34* = wa-ʿalā hāḏihi l-ḥāli [wa-] (*seclusimus*) bayyinun annahū yantaqiṣu abadan zamānun min zamānin ḏī nihāyatin wa-ka-ḏālika yantahī ilā llaḏī fī l-āni *729.7**; ἐπὶ τῶν πρώτων ... τὸ ἑκάστῳ εἶναι καὶ ἕκαστον τὸ αὐτὸ καὶ ἕν ἐστι, δῆλον Ζ *6, 1032a6* = fa-bayyinun anna fī l-ašyā'i l-uwali ... anniyyata kulli wāḥidin mina l-ašyā'i l-munfaridati wa-kulla munfaridin huwa-huwa wa-šay'un wāḥidun ayḍan *831.8*; *H 2, 1042b25* = *1034.7* ⟼ δῆλον τοίνυν ὅτι καὶ ἡ σὰρξ τὸν αὐτὸν τρόπον ἐστί *Arist. Part. anim. I 1, 642a22* = wa-huwa bayyinun anna mu'addā ḥaddi l-laḥmi ʿalā miṯāli (*sic leg.*) hāḏihi l-ḥāli ayḍan *13.3*; δῆλον δὲ καὶ ὅτι οὐκ εὐθέως εἰς τὴν κύστιν συλλέγεται τὸ ὑγρόν *III 3, 664b14* = wa-huwa bayyinun ayḍan anna l-ruṭūbata lā taǧtamiʿu awwalan fī l-maṯānati *67.12* ⟼ οἷς μὲν οὖν νεμεσῶσι καὶ διὰ τί, ἐκ τούτων δῆλον *Arist. Rhet. II 9, 1387b3* = fa-ammā man yalzamu (*sic ed. pro* yalzamuhū) l-qadaru wa-fī ayyi šay'in fa-huwa bayyinun min qibali mā qad qīla *115.6*⊗; *I 8, 1366a6* = *41.13*; *etc.* ⟼ ὅτι δὲ ... δῆλον ἀπὸ τῶν ἄλλων ζῴων *Artem. Onirocr. 94.16* = wa-ḏālika anna ... wa-ḏālika bayyinun min sā'iri l-ḥayawāni *173.9*; ὅταν μέντοι ..., δῆλον ὅτι *200.23* = fa-iḏā kāna ... fa-huwa bayyinun annahū ... *362.9*; *201.4* = *362.15*; *etc.* ⟼ δῆλον ὅτι πάντη δουλεύει τῷ σώματι (*sc.* τὸ θνητὸν εἶδος) *Galen An. virt. 44.5* = bayyinun annahū (*sc.* al-nawʿa lmayyita) yataʿabbadu li-mizāği l-badani ġāyata l-taʿabbudi *18.12* ⟼ δῆλον οὖν ὅτι... *Galen In De off. med. 767.4* = wa-iḏ kāna l-amru ʿalā hāḏā fa-bayyinun anna... *38.26*; διὰ τοῦτο δῆλόν ἐστι τὸ λεγόμενον *913.12* = fa-qawluhū bi-hāḏā l-sababi huwa qawlun bayyinun *86.12* ⟼ δῆλον ὅτι τὰ διαιτήματά ἐστιν αἴτια ἕκαστα ἑκάστοισι *Hippocr. Nat. hom. 190.3* = fa-bayyinun anna l-tadbīra llaḏī yastaʿmilu kullu wāḥidin min ulāʾika ... huwa l-sababu fī maraḍihī *16.10* **(b)** mina l-bayyini : δῆλον ὡς καὶ τῆς τῶν ὁμοίων αἱρέσεως αἴτια οὐ τὰ περιεστῶτα ὅμοια ὄντα *Alex. An. mant.* [*Lib. arb.*] *174.38* = fa-mina l-bayyini anna l-umūra l-muḥīṭata binā l-mutašābihata laysat asbāba ḫtiyāri l-ašyāʾi l-mutašābihati *109; 175.10 = 124* ⟼ δῆλον ὅτι γίνοιτ' ἂν ἡ ζήτησις κατὰ τὴν ἐξ ἀρχῆς προαίρεσιν *Arist. Eth. Nic. I 13, 1102a12* = fa-mina l-bayyini anna l-ṭalaba wa-l-faḥṣa innamā yakūnāni ʿalā ḥasabi ġaraḍinā min awwali l-amri *149.1* ⟼ ὥστε δῆλον ὅτι πάσῃ καταφάσει ἐστὶν ἀπόφασις *Arist. Int. 6, 17a31* = fa-mina l-bayyini iḏan anna li-kulli īğābin salban *104ult.* / *fol. 181a15*; δῆλον ὅτι καὶ ἡ πρώτη (*sc.* κατάφασις) ἤτοι πολλὰ ἢ οὐδὲν σημαίνει *8, 18a24* = fa-mina l-bayyini anna l-qawla l-awwala ayḍan immā an yakūna kaṯīran wa-immā allā yakūna yadullu ʿalā šayʾin *108.16-17* / *fol. 182b6*; δῆλον γὰρ ὅτι οὕτως ἔχει τὰ πράγματα *9, 18b37* = wa-ḏālika annahū mina l-bayyini anna l-umūra tağrī mağāriyahā *111.12* / *fol. 183b11* ⟼ δῆλον ὅτι καὶ τῆς περὶ φύσεως ἐπιστήμης πειρατέον διορίσασθαι πρῶτον τὰ περὶ τὰς ἀρχάς *Arist. Phys. I 1, 184a14* = fa-mina l-bayyini anna fī l-ʿilmi bi-amri l-ṭabīʿati ayḍan qad yanbaġī an naltamisa awwalan fīhi talḫīṣa umūri mabādiʾihā *1.11*; δῆλον ὅτι καὶ ἡμῖν τοῦτο ποιητέον *II 3, 194b20* = fa-mina l-bayyini annahū yanbaġī lanā naḥnu ayḍan an nafʿala hāḏā l-fiʿla *100.8-9*; ὅτι δ' εἰ μὴ ἔστιν ἄπειρον ἁπλῶς, πολλὰ ἀδύνατα συμβαίνει, δῆλον *III 6, 206a10* = wa-mina l-bayyini ayḍan annahū in lam yakun lā-nihāyatun aṣlan lazima min ḏālika umūrun kaṯīratun muḥālun (*sic ed. pro* muḥālatun) *250.5*⊗ ⟼ ὅτι μὲν ... δῆλον, οἶμαι, παντί. δῆλον δ' οὐδὲν ἧττόν ἐστι καὶ ὅτι ... *Galen Anat. admin. II, 464.3-4* = fa-mina l-bayyini annahā ... wa-mina l-bayyini ayḍan laysa bi-dūni ḏālika annahū... *256.16-17* ⟼ δῆλον γὰρ ὅτι οἷσί γε εἴωθε χρῆσθαι ὤνθρωπος διαιτήμασιν οὐκ ἐπιτήδειά οἵ ἐστιν *Hippocr. Nat. hom. 190.5* = wa-ḏālika annahū mina l-bayyini anna l-tadbīra llaḏī qad ğarat ʿādatu l-insāni bi-stiʿmālihī lā yuwāfiquhū *16.13* ⟼ δῆλον ὅτι ἄρα δύο μέθοδοι ἐπιλήψονται ἐπιστημονικαὶ καὶ διευκρινήσουσι *Nicom. Arithm. 5.18* = wa-kāna mina l-bayyini anna hāhunā ṭarīqayni min ṭuruqi l-ʿilmi yudrikāni wa-yubayyināni l-ḥalla *14.4*; δῆλον δέ, ὅτι ὁ ἀνθυπακούων τῷ ἐπιτρίτῳ ... ἐστὶν ὁ ἐμπεριεχόμενος ἐκείνῳ ὅλος τε καὶ προσέτι ἑαυτοῦ τρίτον *50.7* = wa-mina l-bayyini anna qarīna l-miṯli wa-l-ṯulṯi ... huwa llaḏī yūǧadu bi-asrihī fī qarīnihī maʿa ziyādati ṯulṯihī (ṯulṯihī *nos* : ṯulṯatin *ed.*) *45.5** ⟼ δῆλον ἄρα, ὡς οὐδὲ αὔτη τὸ πρῶτον αἰσθητήριον *Them. In De an. 75.25* = fa-mina l-bayyini iḏan annahū laysa huwa nafsuhu l-ḥāssa l-awwala *126.7* ⟼ δῆλον ὡς αἰτίαν θετέον ταύτην τῆς κινήσεως *Theophr. Princ. 4b21* = fa-mina l-bayyini annahū yanbaġī an naǧʿala hāḏā sababan li-l-ḥarakati *172.13; 10a13* = *210.6* **(c)** al-amru bayyinun / bayyinun amruhū : ὅτι δὲ ὕστερον τοῦ πράγματος, δῆλον *Alex. qu. I 11a* [*Univ.*] *22.6* = wa-l-amru bayyinun bi-annahū <yakūnu> (*add. Badawī*) ṯāniyan li-l-maʿnā *versio al-Dimašqī 31* ⟼ τὸ ὑπό τινος κινεῖσθαι τὸ κινούμενον ... ἐστὶ φανερὸν διὰ τὸ δῆλον εἶναι ὑπ᾽ ἄλλου κινούμενον *Arist. Phys. VIII 4, 254b26* = yaẓharu ... anna l-mutaḥarrika innamā yataḥarraku ʿan šayʾin mā li-anna mā yataḥarraku ʿan ġayrihī bayyinun amruhū *835.13* **(d)** *in hend.;* bayyinun ẓāhirun *aut v.v.* : πρὸς δὲ τούτοις εἰ ..., δῆλον ὡς ... *Arist. Cael. I 2, 269b3* = wa-aqūlu ayḍan innahū in ... fa-bayyinun ẓāhirun annahū ... *versio B*; δῆλον τοίνυν ὅτι ... *I 8, 276b4* = fa-bayyinun ẓāhirun anna ... *versio B 179.11 Badawī*; δῆλον ὅτι ἄπειρον χρόνον ἦν τι γενητὸν καὶ φθαρτόν *I 12, 283a13* = fa-bayyinun ẓāhirun bi-mā ḏakarnā anna šayʾan kāna mukawwanan fī zamānin lā nihāyata lahū wa-šayʾan kāna wāqiʿan taḥta l-fasādi *versio B 218.9* ⟼ δῆλον δὲ ὅτι καὶ τῶν λεχθεισῶν ἑκάστη μιμήσεων ἕξει ταύτας τὰς διαφοράς *Arist. Poet. 2, 1448a7* = fa-ẓāhirun bayyinun an yakūna kullu tašbīhin wa-ḥikāyatin mina llatī waṣaftu ... lahā hāḏihi l-aṣnāfu wa-l-fuṣūlu *222.15 Tkatsch / fol. 131b* **(e)** *in hend.;* mina l-bayyini l-ẓāhiri : δῆλον ὅτι τοῦτο μόνον σκεπτέον *Arist. An. post. I 19, 81b19* = fa-mina l-bayyini l-ẓāhiri anna mā yanbaġī an yubḥaṯa min amri qiyāsihim innamā huwa hāḏā *386.11 / fol. 209b* **(f)** *in hend.;* bayyinun wāḍiḥun : ἀλλὰ μὴν καὶ ὅτι ... δῆλον *Arist. Cael. I 5, 271b21* = wa-naqūlu ayḍan inna ... wa-hāḏā bayyinun wāḍiḥun *versio B*; ἅμα δὲ δῆλον ὅτι οὐδὲ τόπος οὐδὲ κενὸν οὐδὲ χρόνος ἐστιν ἔξω τοῦ οὐρανοῦ *I 9, 279a11* = fal-naqul ayḍan bi-annahū laysa mawḍiʿun ḫāriǧun mina l-samāʾi wa-lā ḫalāʾun wa-lā malāʾun wa-lā zamānun, wa-hāḏā bayyinun wāḍiḥun *versio A 110b11*; wa-naqūlu ayḍan innahū laysa mawḍiʿun ḫāriǧun mina l-samāʾi wa-lā malāʾun (*var. reading* wa-lā ḫalāʾun) wa-lā farāġun wa-lā zamānun, wa-hāḏā bayyinun wāḍiḥun *versio B 193.13* Badawī;* δῆλον γὰρ ὡς ἀνάλογον ἔχει, καθάπερ ... *II 4, 287b20* = wa-hāḏā bayyinun wāḍiḥun bi-l-muqāyasati, wa-ḏālika annahū ʿalā qadri ...

hākaḏā *versio A 656b9*; wa-hāḏā bayyinun wāḍiḥun, wa-ḏālika annahū kamā ... fa-ka-ḏālika ... *versio B 254.13*; etc. ⊢ δῆλον δ' ἡμῖν τοῦτο ἐκ τῶν Ἀναλυτικῶν *Arist. Rhet. I 2, 1356b9, sim. 1357a29* = wa-hāḏā bayyinun wāḍiḥun fī (*an min leg.?*) kitābi Anālūṭīqī *10.3, sim. 12.23* ⊢
5   δῆλον ὡς ἀπὸ μιᾶς ἀρχῆς ἥκει πάσῃ τῇ τάξει τὸ ταὐτόν *Proclus El. theol. 21: 24.14* = fa-bayyinun wāḍiḥun anna l-ittifāqa yaʾtī ilā kulli šarǧin (šarǧin *nos* : šarḥin *ed.*) wa-martabatin min ḥāšiyatin wāḥidatin *21.10**.

    1.1.3 δηλονότι (*clearly*) (**a**) *abs.* : δηλονότι οὐκοῦν (*sic interpunxit*
10 *Arab.*) οὕτως καὶ ἔχουσιν αἱ κινήσεις *Arist. Metaph. Λ 6, 1072a17* = wa-huwa bayyinun anna l-ḥarakāti laysat ka-ḏālika *1581.7* ⊢ ἱδροῦν εὐθὺς ἄρχεται κρισίμως ἐν τῇ ιδ' δηλονότι τῶν ἡμερῶν *Galen De dieb. decr. IX, 802.6* = ibtadaʾa yaʿraqu ʿaraqan maḥmūdan wa-bayyinun anna ḏālika yuṣībuhū fī l-yawmi l-rābiʿa ʿašara *155.14*; δηλονότι τὰ
15 ἔσχατα τὴν ἀκμὴν λέγει τοῦ νοσήματος *IX, 835.18* = wa-huwa bayyinun anna maʿnāhu fī qawlihi l-ġāyatu l-quṣwā mina l-awǧāʿi muntahā l-maraḍi *217.12* (**b**) mina l-bayyini : ταῦτα δ' ἐστὶν ὅλως ὑπεροχὴ δηλονότι καὶ ἔλλειψις *Arist. Phys. I 6, 189b10* = wa-mina l-bayyini anna hāḏihī bi-l-ǧumlati hiya ziyādatun wa-nuqṣānun *54.6* ⊢
20 καθ' οὓς δηλονότι καὶ ἀνδρεία καὶ φρόνησις ... λῆρός ἐστι μακρός *Galen Nat. fac. II, 29.5* = fa-mina l-bayyini anna l-šaǧāʿata wa-l-kaysa ... innamā huwa ʿindahū haḏayānun ṭawīlun *WGAÜ Suppl. I, 267.13-14*.

    1.2 δηλόω (*to show, reveal*) : ὁ δὲ κόκκυξ ... δηλοῖ δ' ἡ δειλία
25 (δειλία *ed.* : ἰδέα *ut intell. Arab.*) τοῦ ὀρνέου *Arist. Gener. anim. III 1, 750a12** = fa-ammā l-ṭayru llaḏī yusammā bi-l-yūnāniyyati qūquqs fa-huwa ... wa-ḏālika bayyinun min šakli l-ṭayri *98.24*.

    1.3.1 εὔδηλον, *sc.* ἐστί ([*it is*] *abundantly manifest*) (**a**) mina l-bayyini : εὔδηλον δ' ὅτι κἀπὶ τούτου τοῦ μυὸς ἡ μὲν ἀρχή... *Galen*
30 *Anat. admin. II, 442.18* = wa-mina l-bayyini ayḍan anna manšaʾa hāḏihi l-ʿaḍalati wa-raʾsahā... *236.19* (**b**) *in hend.*; wāḍiḥun bayyinun : ὅτι δὲ καλῶς ὑπ' αὐτοῦ (*sc.* τοῦ Ἱπποκράτους) παρῄνηται ... εὔδηλον *Galen In De off. med. 750.10* = wa-l-amru fī anna Abuqrāṭ qad aḥsana fī-mā waḍaʿa wa-awṣā bihī ... wāḍiḥun bayyinun *22.5*.

35 **1.3.2** *sem.; etym.; transl.* δῆλον (*clear*) in εὔδηλον (*abundantly clear*) = bayyinun bayānan ǧayyidan : καθ' ἑαυτὴν μὲν ἀσαφῆ διὰ συντομίαν (*sc.* τὴν ἐπιτομήν), εὔδηλον δὲ τοῖς προσανεγνωκόσιν (προανεγνωκόσιν *ut intell. Arab.*) ἐκεῖνα τὰ βιβλία *Galen In De off. med. 886.13** = wa-hāḏihi l-ǧumlatu ... hiya fī nafsihā mufradatan ʿalā ḥidatin mustaġliqa-

tun li-īǧāzihā illā annahā bayyinatun bayānan ǧayyidan li-man qad taqaddama fa-qara'a ḏaynika l-kitābayni *62.21.*

1.4.1 ἐπίδηλος (*manifest*) : ἥ τε γὰρ ἔκλυσις ... γίγνεται ἐπίδηλος *Arist. Gener. anim. I 18, 725b7* = wa-ḏālika anna l-ḍuʿfa yakūnu bayyinan *33.6* ⟼ θερμαινόμεναι (*sc.* αἱ τοῦ διαζώματος παραφυάδες) ταχέως ἐπίδηλον ποιοῦσι τὴν αἴσθησιν *Arist. Part. anim. III 10, 673a2* = wa-idā duffi'a l-ḥiǧābu ġuyyira l-ḥissu min sāʿatihī taġyīran bayyinan *90.8.*

1.4.2 ἐπιδήλως (*manifestly*) : καὶ ἔνια τῶν τοιούτων ἐπιδήλως καὶ τὸ σῶμα μεθιστᾶσιν *Arist. Eth. Nic. VII 5, 1147a16* = wa-baʿḍu hāḏihī tuġayyiru l-ǧisma taġyīran bayyinan *381.4* ⟼ ἢν δὲ ... ἐξαπίνης εἰς τοὺς πόνους ἔλθῃ, φαῦλόν τι πρήξει ἐπιδήλως *Hippocr. Diaet. acut. 55.18* = fa-in ... raǧaʿa baʿda ḏālika ilā stiʿmāli l-taʿabi fa-qad faʿala fiʿlan radī'an bayyinan *27.2.*

1.5 διάδηλος (*distinguishable*) **(a)** *abs.* : πᾶσαι γὰρ αἱ κινήσεις διάδηλοι *Arist. Gener. anim. V 2, 781b4* = fa-inna ǧamīʿa l-ḥarakāti takūnu bayyinatan *181.2* **(b)** *in hend.*; bayyinun ẓāhirun : διάδηλα δὲ ταῦτα μᾶλλον ἐπὶ τῶν μειζόνων (*sc.* ζῴων) *Arist. Gener. anim. III 2, 754a18* = wa-hāḏihi l-ašyā'u bayyinatun ẓāhiratun fī-mā kabura mina l-ḥayawāni *109.9.*

1.6 πρόδηλον, *sc.* ἐστί (*it is clear beforehand*) **(a)** *abs.* : πρόδηλον ὡς ἐντὸς τῆς ἑαυτοῦ ιδ' ἐκρίθη *Galen De dieb. decr. IX, 897.15* = fa-bayyinun anna l-buḥrāna innamā atāhu fī l-yawmi l-rābiʿa ʿašara *317.4* ⟼ πρόδηλον μὲν οὖν ὡς ἑκάτερον αὐτῶν μαλθακὸν εἶναι προσῆκεν *Galen In De off. med. 752.8* = wa-l-amru fī hāḏayni ǧamīʿan bayyinun anna kulla wāḥidin minhumā yanbaġī an yakūna layyinan *24.7* **(b)** mina l-bayyini : πρόδηλον δ' ὅτι ... ἐπιχειρεῖν δεῖ... *Galen Anat. admin. II, 454.5* = wa-mina l-bayyini annahū yanbaġī laka an tarūma... *248.6.*

1.7 κατάδηλος (*manifest, visible*) : ἐπὶ μὲν γὰρ τῶν πολὺ διεστηκότων κατάδηλοι παντελῶς αἱ διαφοραί *Arist. Top. I 16, 108a5* = li-anna l-fuṣūla fī l-ašyā'i l-mutabāʿidati buʿdan kaṯīran bayyinatun ǧiddan *518.14 / fol. 252b* ⟼ οὐ πάνυ τι κατάδηλος αὐτῶν ἡ κίνησίς ἐστιν *Galen Anat. admin. II, 270.6* = ṣārat ḥarakatuhā laysat bi-l-bayyinati bayānan kaṯīran *62.18.*

1.8 *sem.; etym.; transl.* δῆλος (*clear*) *in* ἄδηλος (*unclear*) = laysa bayyinan / bi-bayyinin : αἱ γὰρ βουλήσεις ἄδηλοι *Arist. Eth. Nic. X 8, 1178a30* = min aǧli anna l-irādāti laysat bi-bayyinatin (bi-bayyinatin *cod., v. Ullmann NE II, 266* : bayyinatan *ed.*) *565.2** ⟼ ἄδηλον γὰρ τὸ ἀεί *Arist. Rhet. III 5, 1407b17* = fa-laysa bayyinan fī qawlihi l-daymūmatu *187.23*.

1.9.1 *sem.; etym.; transl.* ἔκδηλον (*clear*) *in* ἐκδηλότατον, *sc.* ἐστί ([*it is*] *most clear, manifest*) = mina l-bayyini ǧiddan ([*it is*] *very clear*) : τῶν γὰρ ὑπεναντίων (*sc.* μεσοτήτων) ἐκδηλότατον ὅτι πολὺ μᾶλλον ἡγήσεται (*sc.* ἡ ἀριθμητικὴ μεσότης) *Nicom. Arithm. 123.22* = wa-ammā l-tawassuṭātu (*sic leg. pro* al-mutawassiṭāt) l-muqābilatu li-hāḏihi l-ṯalāṯati fa-inna mina l-bayyini ǧiddan anna l-tawassuṭa l-ʿadadiyya šadīdu l-taqaddumi lahā *95.21**.

1.9.2 *sem. metathesis; comparative / positive transformation;* ἐκδηλότερος *comp.* (*more manifest*) = amrun bayyinun (*s.th. manifest*) : πάλιν δὲ ἐπὶ τῆς μουσικῆς ...· ἐκδηλότερόν γε μὴν ἡ σφαιρικὴ δι' ἀριθμητικῆς τυγχάνει πάντων τῶν ... σκεμμάτων *Nicom. Arithm. 11.10* = wa-kaḏālika l-qawlu fī ʿilmi l-mūsīqā ...; wa-ammā l-amru fī ʿilmi l-kurati wa-annahū innamā yuʿlamu ǧamīʿu mā nafḥaṣu ʿanhu fīhā ... bi-...ʿilmi l-ʿadadi fa-huwa amrun bayyinun *18.9*.

2. *transl. derivatives of* φαίνω (*to bring to light, to make appear*)

2.1 φαίνομαι *med.* (*to become manifest, appear*) = *in hend.* ẓāhirun bayyinun : ὅπερ καὶ φαίνεται κατὰ τὴν αἴσθησιν *Arist. Gener. anim. I 2, 716a31* = wa-ḏālika ẓāhirun bayyinun li-l-ḥissi *5.3*.

2.2 ἐμφαίνομαι *med.* (*to become visible, manifest*) **(a)** bayyinun : ὅπερ ἐμφαίνεται κατὰ τὴν ὄψιν μιγνυμένων καὶ συνδυαζομένων *Arist. Gener. anim. I 23, 731a13* = wa-ḏālika bayyinun li-l-baṣari iḏā kāna fī l-ǧimāʿi *48.9* **(b)** *in hend.*; ẓahara ẓuhūran bayyinan : ὅπως ἐνθάδε τὸ καθ' ἑκάστην πάροδον ἴδιον ... ἐμφαίνηται *Ptol. Hypoth. 72.19* = li-yaẓhara hāhunā amru kulli wāḥidin mina l-ḥarakāti wa-ḫawāṣṣihā ẓuhūran bayyinan *17.15 Morelon*.

2.3.1 φανερός (*evident, apparent*) **(a)** *abs.* : τῶν ἐναργῶν τι καὶ φανερῶν *Arist. Eth. Nic. I 2, 1095a22* = šay'un mina l-umūri l-ẓāhirati l-bayyinati *119.7* ⟼ καὶ ἐν τοῖς ᾠοτόκοις ἧττον μὲν ἢ ἐπὶ τούτων (*sc.* τῶν μὴ σπλῆνα ἐχόντων) φανερόν (*sc.* τὸ διμερὲς ἧπαρ) *Arist. Part. anim. III 7, 669b32* = wa-waḍʿuhumā (*sc.* ǧuz'ayi l-kabidi fī l-ḥayawāni llaḏī laysa lahū ṭiḥālun) ẓāhirun li-l-muʿāyanati wa-laysa ḏālika bayyinun (*sic, cf. Ullmann NE II, § 192*) fī l-ḥayawāni llaḏī yabīḍu bayḍan illā fī baʿḍihī *82.1⊗* ⟼ καὶ ἡ αἰτία φανερά *Artem. Onirocr. 23.7* = wa-l-sababu (*sic leg. cum ms*) fī ḏālika sababun bayyinun *44.15**; καὶ ὁ λόγος φανερός *229.6* = wa-l-qawlu fī ḏālika bayyinun *422.2; 83.26* = *155.15* ⟼ ὥστε τὸ σύμφωνον αὐτῶν ... οὐθαμῶς φανερόν

Theophr. Princ. 5a20 = fa-yakūnu ttifāquhā ... laysa huwa bayyinan bi-waǧhin mina l-wuǧūhi *176.7* **(b)** *in hend.;* wāḍiḥun bayyinun : γέγονε γὰρ καὶ τοῦτο φανερόν *Arist. Hist. anim. VII 4, 585a15* = fa-inna (*sic leg.*) amrahumā kāna wāḍiḥan bayyinan *473.10* **(c)** *in hend.;* bayyinun ẓāhirun : φανερὰς (*sc.* ὠφελείας) μὲν ἡ λευκή (*sc.* σταφυλὴ σημαίνει) *Artem. Onirocr. 79.14-15* = wa-l-manfaʿatu l-bayyinatu l-ẓāhiratu yadullu ʿalayhā l-ʿinabu l-abyaḍu *146.8.*

2.3.2 φανερόν, *sc.* ἐστί, ([*it is*] *evident, apparent*) **(a)** *abs.* : ὅτι μὲν οὖν ..., φανερόν *Arist. Eth. Nic. VII 6, 1147b23* = wa-ammā ... fa-bayyinun *383.13; VII 14, 1154a1* = *417.7* ⤚ φανερὸν δ' ἐπὶ τῶν ὀρνίθων *Arist. Gener. anim. I 4, 717b7* = wa-ḏālika bayyinun fī l-ṭayri *8.10;* τὸ δὲ σπέρμα φανερὸν ὅτι δυοῖν τούτοιν ἐν θατέρῳ ἐστίν *I 18, 724a35* = wa-huwa bayyinun anna l-zarʿa fī aḥadi hāḏayni l-iṯnayni *29.17* ⤚ διόπερ φανερὸν ὅτι οὐκ ἔστιν ἀπόδειξις οὐσίας *Arist. Metaph. E 1, 1025b14* = wa-li-ḏālika huwa bayyinun ... annahū laysa li-l-ǧawhari burhānun *698.5;* εἰ δέ τί ἐστιν ἀΐδιον καὶ ἀκίνητον καὶ χωριστόν, φανερὸν ὅτι θεωρητικῆς τὸ γνῶναι *E 1, 1026a11* = wa-in kāna šayʾun mā abadiyyun ġayru mutaḥarrikin wa-mufāriqun ayḍan, fa-bayyinun anna maʿrifatahū li-ʿilmi l-raʾyi *706.12;* φανερὸν ὅτι ὁ πρώτως καὶ ἁπλῶς ὁρισμὸς καὶ τὸ τί ἦν εἶναι τῶν οὐσιῶν ἐστίν *Z 4, 1030b4* = bayyinun anna l-ḥadda bi-nawʿin awwalin wa-mabsūṭin ayḍan wa-mā huwa bi-l-anniyyati li-l-ǧawāhiri *807.6* ⤚ δι' ἣν δ' αἰτίαν ἔχει ταῦτα τὰ μόρια τῶν ζῴων ἕκαστον, φανερὸν πᾶσιν *Arist. Part. anim. III 14, 674a13* = wa-huwa bayyinun li-kullin li-ayyi ʿillatin kullu wāḥidin min hāḏihi l-aʿḍāʾi fī aǧsādi l-ḥayawāni *93.9* ⤚ τὰ γὰρ μέτρα ὅτι μόρια τῶν ῥυθμῶν ἐστι φανερόν *Arist. Poet. 4, 1448b22* = anna l-awzāna mušābihātu l-alḥāni fa-huwa bayyinun *226.3 / fol. 132b3* ⤚ φανερὸν ποῖά ἐστι τὰ ἐπιεικῆ καὶ οὐκ ἐπιεικῆ *Arist. Rhet. I 13, 1374b2* = fa-huwa bayyinun ayyu l-ašyāʾi hiya mina l-ḥilmi wa-ayyuhā laysat ka-ḏālika *70.16* ⤚ φανερὸν ὅτι μὴ εἰς πάντα ἀποβήσεται τὸ ὄναρ *Artem. Onirocr. 43.21-22* = fa-huwa bayyinun anna l-ruʾyā laysa innamā tutaʾawwalu ʿalā l-ǧamīʿi *82.15* **(b)** mina l-bayyini : ὥστε φανερὸν ὅτι ταῦτα τῶν πρός τί ἐστιν *Arist. Cat. 6, 5b29* = fa-yakūnu mina l-bayyini anna hāḏayni mina l-muḍāfi *46.12 / fol. 164b; 7, 7b13* = *51.17 / fol. 168a* ⤚ φανερὸν δ' ὅτι καὶ μία ἀπόφασις μιᾶς καταφάσεως *Arist. Int. 7, 17b37* = wa-mina l-bayyini anna l-salba l-wāḥida innamā yakūnu li-īǧābin wāḥidin *107.11 / fol. 182a;* φανερὸν δὴ ὅτι οὐχ οὕτως *13, 22a38* = fa-innahū mina l-bayyini annahū laysat hāḏihī ḥālahū *126.8 / fol. 189a* ⤚ φανερὸν γὰρ δὴ ὅτι τὰ διαιτήματα ἑκάστου ἡμέων οὐκ αἴτιά ἐστιν *Hippocr. Nat. hom. 188.15* = fa-innahū mina l-bayyini anna tadbīra kulli wāḥidin mina l-nāsi laysa huwa l-sababu fī l-maraḍi *16.2* ⟼ φανερὸν ὡς οὐκ ἂν εἴη τῷ (τῷ *codd.* : τοῦ *ut intell. Arab.*) κινεῖσθαι τοῖς τῆς φύσεως αἰτία *Theophr. Princ. 4b23* = fa-mina l-bayyini annahū laysa huwa sababa l-ḥarakati li-l-ašyā'i l-ṭabī'iyyati *174.1; 8b10 = 200.3* **(c)** al-amru bayyinun : φανερὸν δ' ὡς καὶ οὗ ἕνεκεν ἡ ψυχὴ αἰτία *Arist. De an. II 4, 415b15* = wa-ka-ḏālika l-amru bayyinun fī annahā (*sc.* al-nafsa, *sic leg. pro* annahū *ed.*) ʿillatu l-šay'i llaḏī min aǧlihī kāna l-ǧirmu *38.9** **(d)** *in hend.*; bayyinun ẓāhirun : φανερὸν ἄρα ὅτι οὔτε τόπος οὔτε κενὸν οὔτε χρόνος ἐστὶν ἔξω (*sc.* τοῦ οὐρανοῦ) *Arist. Cael. I 9, 279a17* = fa-bayyinun ẓāhirun bi-annahū laysa ḫāriǧan mina l-samā'i makānun wa-lā ḫalā'un wa-lā zamānun *versio A 111a3;* τούτων δ' ὑπαρχόντων φανερὸν ὅτι ἀνάγκη γένεσιν εἶναι *II 3, 286a31*= innahū iḏā kānat hāḏihi l-aḍdādu mawǧūdatan fa-bayyinun ẓāhirun anna l-kawna mawǧūdun fīhā mina l-iḍṭirāri *versio A 123a2*; ἔτι δὲ εἴπερ ..., φανερόν ὅτι ... *II 4, 286b21* = wa-naqūlu ayḍan inna ..., fa-in kāna ḏālika ka-ḏālika fa-bayyinun ẓāhirun anna ... *versio B 239.4-5; et saepe* **(e)** *in hend.*; bayyinun wāḍiḥun : ἔτι δὲ καὶ ἐκ τῶνδε φανερόν, ὅτι ... *Arist. Cael. I 5, 272a21* = wa-hāḏā bayyinun wāḍiḥun bi-mā naḥnu ḏākirūna l-āna *versio B/C 152.16 Badawī;* ὥστε κἂν διὰ τοῦτο φανερὸν εἴη ὅτι σφαιροειδής ἐστιν ὁ οὐρανός *II 4, 287b3* = fa-bayyinun wāḍiḥun anna l-samā'a kuriyyatun li-aǧli mā qulnāhu *versio A 64a11*; τὰ μὲν οὖν μέρη ὅτι οὐκ ἔστιν ἀνώμαλα, φανερόν *II 6, 288b9* = wa-laysa ḥarakātu aǧzā'i l-samā'i muḫtalifatan, wa-ḏālika bayyinun wāḍiḥun *versio A 71a7; etc.* **(f)** *in hen dia triōn;* bayyinun ẓāhirun wāḍiḥun : εἴ τις τοῖς ὑποκειμένοις πιστεύει, φανερὸν ἐκ τῶν εἰρημένων ἐστί *Arist. Cael. I 3, 270b3* = wa-hāḏā bayyinun ẓāhirun wāḍiḥun bi-mā ḏakarnā ʿinda man ṣaddaqa wa-qabila mā waḍaʿnā mina l-muqaddamāti wa-l-maqāyīsi *versio B/C.*

2.3.3 φανερῶς *adv.* (*evidently*) **(a)** *abs.* : τὴν μὲν (*sc.* τὴν μεγάλην φλέβα) ἅπαντ' ἔχει τὰ ἔναιμα φανερῶς *Arist. Part. anim. III 5, 667b35* = wa-l-ʿirqu l-ʿaẓīmu bayyinun fī ǧamīʿi l-ḥayawāni l-damiyyi *76.14* ⟼ φανερῶς γὰρ αὕτη (*sc.* ἡ ψυχρότης) πᾶσι (πᾶσι *non vert. Ar.*) τοῖς ἔργοις τῆς ψυχῆς λυμαίνεται *Galen An. virt. 47.21* = fa-inna l-burūdata ayḍan qad tunqiṣu afʿāla l-nafsi wa-tufsiduhā fasādan bayyinan *21.10* **(b)** *in hend.;* ẓāhirun bayyinun : τὰ μὲν γὰρ προΐεται φανερῶς σπέρμα τῶν ζῴων *Arist. Gener. anim. I 17, 721a30* = fa-mina l-ḥayawāni mā yaḫruǧu minhu manīyun wa-ḏālika ẓāhirun bayyinun *20.7.*

2.4 καταφανής (*clearly seen*) : ὀλίγη τε ἡ χρῆσις, καταφανής τε ἡ μετριότης *Hippocr. Off. med. 31.3* = fa-stiʿmāluhū yasīrun wa-l-iʿtidālu fīhi bayyinun *2.2.*

2.5 προφανής (*clearly seen*) : τῇ πρὸς τὸν καρπὸν ἀρτηρίᾳ παραγιγνομένῃ τῇ προφανῆ τὸν σφυγμὸν ἐχούσῃ *Galen Anat. admin. II, 366.12* = al-širyānu llaḏī fī l-ruṣġi wa-huwa llaḏī yanbiḍu nabḍan bayyinan *158.20.*

2.6 *sem. etym.; transl. the morpheme* -φανης (*clear, evident*) *in* ἀφανής (*unclear*) = ġayru bayyinin : ἔστι γὰρ ὅτε ἡ ἀρχὴ τὸ τέλος ἔδειξεν ἀφανὲς ὄν *Artem. Onirocr. 20.4* = wa-ḏālika annahū rubbamā kāna awwalu l-ruʾyā huwa l-dālla ʿalā āḫirihā wa-yakūnu āḫiruhā ġayra bayyinin *38.9.*

2.7 *sem. metathesis; comparative / positive transformation;* φανερώτερος *comp.* (*more evident*) = *in hend.;* ẓāhirun bayyinun : φανερώτερον γίνεται, ὅταν ἡ ὀχεία πρόσφατος ᾖ *Arist. Hist. anim. III 1, 509b31* = fa-innahū yakūnu fīhā ẓāhiran bayyinan wa-lā siyyamā iḏā kāna l-sifādu ḥadīṯan *97.12* ⟼ τὸ δὲ ἐπὶ τῆς θηριακῆς γιγνόμενον φανερώτερον ἔχει τὸν λογισμόν *Galen Ther. Pis. 247.8* = wa-ammā mā yuʾaṯṯiruhu l-tiryāqu mina l-fiʿli fa-ẓāhirun bayyinun *115b15.*

3. *transl.* σαφής (*clear, plain*) *and its derivatives*

3.1.1 σαφής (*clear, plain*) : οὐ γὰρ δὴ πᾶσι γίγνεται σαφές (*sc.* τὸ ἀγγεῖον) *Galen Anat. admin. II, 382.2* = li-annahū laysa yakūnu hāḏā l-ʿirqu fī ǧamīʿi l-nāsi bayyinan *174.10* ⟼ ἐντεῦθεν γὰρ ἐκπίπτει σαφὲς νεῦρον ἐπὶ τὸ δέρμα τοῦ βραχίονος παραγινόμενον *Galen Nerv. diss. 852.16* = fa-innahū qad baraza min hāḏā l-mawḍiʿi ʿaṣabun bayyinun wa-yaṣīru ilā ǧildi l-ʿaḍudi *114.14.*

3.1.2 σαφῶς (*clearly, plainly*) : γιγνώσκω δʼ ἐκεῖνο σαφῶς <καὶ> ἐναργῶς φαινόμενον *Galen An. virt. 39.7* = aʿlamu anna hāḏihi l-ḫaṣlata bayyinatun ẓāhiratun li-l-ḥissi *15.1;* λύπης δʼ ἁπάσης καὶ δυσθυμίας κουφίζει σαφῶς οἶνος πινόμενος *39.21* = wa-l-šarābu iḏā šuriba aḏhaba ǧamīʿa l-ġumūmi wa-ḫubṯa l-nafsi iḏhāban bayyinan *15.13* ⟼ τὸ δὲ σπέρμα αὐτῶν (*sc.* τῶν λαπάθων) ἔχει τι σαφῶς καὶ στυπτικόν, ὡς καὶ δυσεντερίας καὶ διαρροίας ἰᾶσθαι *Galen Simpl. medic. XII, 56.16* = fa-ammā bizru l-ḥummāḍi fa-fīhi qabḍun bayyinun ḥattā innahū <yašfī> (*suppl. Ullmann*) qurūḥa l-amʿāʾi wa-stiṭlāqa l-baṭni *WGAÜ, 196.21; XI, 857.4* = *WGAÜ, 602.8.*

3.1.3 *sem.; etym.; transl.* σαφῶς (*clearly, plainly*) *in* ἀσαφῶς (*not clearly, obscurely*) = ġayru bayyinin : ἀσαφῶς δὲ νῦν ῥηθὲν τότʼ ἔσται σαφέστερον *Arist. Phys. IV 5, 213a5* = wa-in kāna l-qawlu fīhi ġayra bayyinin fī hāḏā l-mawḍiʿi fa-innahū sa-yabīnu hunāka *333.2*.

3.2 σάφα (*clearly, plainly*) : ὁρᾷς γὰρ οὐδὲν ὧν δοκεῖς σάφ' εἰδέναι *Ps.-Plut. Placita (= Euripides Orest. 259)* = fa-innaka lā tubṣiru šayʾan mimmā taẓunnu annaka tarāhu ruʾyatan bayyinatan *56.7*.

3.3 sem. metathesis; comparative / positive transformation; σαφέστερον (*more clearly*) = bayyinun : σαφέστερον δ' ἂν μάθοις (*post* μάθοις *add*. οὕτω *LV ed.* : *om. Arab.*) ποῖα (ποῖα *Arab.* : ποιὰ V : τὰ ποιὰ L *ed.*) τῶν παθῶν προσανατρέχειν πέφυκε ... τῇ ψυχῇ *Artem. Onirocr. 3.15** = wa-qad yumkinuka an taʿlama ʿilman bayyinan ayya l-ālāmi yumkinu an tatarāʾā (*an* tataraqqā *vel* tataʾattā *leg.?*) ilā l-nafsi *7.13* ⊢ ἔτι δὲ σαφέστερον φράσω *Hippocr. Aer. 78.12* = innī aqūlu ayḍan qawlan bayyinan *versio A 155.2*.

3.4 sem. metathesis; superlative / positive transformation; σαφέστατα (*most clearly*) = bayyinun : ἔφοδος ... ἥτις ἡμῖν σαφέστατα καὶ ἀναμφιλέκτως παρίστησιν *Nicom. Arithm. 64.25* = ṭarīqun aṣluhū maʾḫūḏun min amrin bayyinin wāḍiḥin ʿindanā *55.11*.

4. transl. derivatives of ἐναργής (*manifest*)

4.1 ἐναργῶς (*manifestly*) (**a**) *abs.* : καθ' ἃς (*sc.* ἀρετάς) ἐναργῶς φασὶ μᾶλλον καὶ ἧττον τοὺς ποιοὺς ὑπάρχειν *Arist. Eth. Nic. X 3, 1173a19* = yazʿumūna anna l-ziyādata wa-l-nuqṣāna fīhā (*sc.* al-faḍāʾili) bayyinun (bayyinun *Ullmann NE II, 255* : bayna bayna [*dittogr.*] *ed.*) *535.1**; τοῦτο δ' ἔστιν ἰδεῖν ἐναργῶς *X 9, 1179a6* = yumkinu an yurā ḏālika bayyinan *567.14* ⊢ ἀλλὰ ταῦτα μέν, εἰ καὶ πάρεργά ἐστιν, ἀλλ' ἐναργῶς ... ἐνδείκνυται *Galen An. virt. 47.23* = wa-hāḏā l-qawlu wa-in kāna ḫāriğan ʿammā naḥnu fīhi fa-innahū yadullu dalālatan bayyinatan ... ʿalā anna... *21.12* (**b**) *in hend.*; bayyinun ẓāhirun : τὸ δ' ὑπὸ τῶν τοῦ σώματος κακῶν δυναστεύεσθαι τὴν ψυχὴν ἐναργῶς ... φαίνεται *Galen An. virt. 49.2* = wa-qad nağidu radāʾata l-badani tastawlī ʿalā l-nafsi stīlāʾan bayyinan ẓāhiran *22.4*.

4.2 sem.; etym.; transl. ἐναργής (*manifest*) in ἐναργέστατος (*most manifest*) = bayyinun ğiddan (*very manifest*) : ἄλλας εὑρήσεις πολλὰς ... μυῶν συζυγίας, ... διαφερούσας τῶν ῥαχιτῶν μυῶν ἐναργεστάτην διαφοράν *Galen Anat. admin. II, 451.16* = wağadta ... azwāğan kaṯīratan min azwāği l-ʿaḍali ... mubāyinatan munfaṣilatan ʿan ʿaḍali l-ṣulbi nfiṣālan bayyinan ğiddan *246.5* ⊢ ἐναργεστάτης ὠφελείας αἰσθάνονται *Galen Simpl. medic. XI, 724.13* = fa-yağidūna li-ḏālika manfaʿatan bayyinatan ğiddan *versio Ḥunayn WGAÜ, 241.22*.

5. *transl. derivatives of* γιγνώσκω (*to perceive, know*)

5.1 γνώριμος (*well-known*) : ἀρκτέον μὲν γὰρ ἀπὸ τῶν γνωρίμων *Arist. Eth. Nic. I 2, 1095b2* = wa-ḏālika annahū yanbaġī an nabtadi'a (nabtadi'a *Ullmann NE II, 125* : yabtadi'a *ed.*) mina l-ašyā'i l-bayyinati *119.16**; *sim. 1095b4 = 119.17* ⟼ ὕστερον δ' ἐκ τούτων γίγνεται γνώριμα τὰ στοιχεῖα καὶ αἱ ἀρχαὶ *Arist. Phys. I 1, 184a22* = ṯumma bi-aḫaratin taṣīru lanā, min qibali hāḏihi, l-usṭuqussātu wa-l-mabādi'u bayyinatan *3.12*.

5.2 ἐγνωσμένος (*known*) : καὶ ταῦτα τοῦ περὶ αὐτὰ λόγου ἐγνωσμένου πρὸς πάντων τῶν γε μὴ ἀπαιδεύτων *Artem. Onirocr. 164.24-25* = wa-ḏālika anna l-qawla fīhā bayyinun li-ǧamī'i man kānat lahū ma'rifatun *295.11*.

5.3 *sem. metathesis; comp. / positive transformation;* γνωριμώτερος (*better known*) = *in hend.;* bayyinun ma'rūfun : γνωριμώτερον ὂν (*sc.* τὸ μέτρον τῶν ἐν μουσικῇ λόγων) ὅτι ἄρα καὶ διαφορὰ τῶν πρώτων ... συμφώνων ὑπάρχει *Nicom. Arithm. 146.21* = wa-hiya nisbatun bayyinatun ma'rūfatun iḏ kānat faḍlun mā bayna l-ittifāqayni l-awwalayni *113.13*.

6. *transl.* εὖ (*well, clearly*) *alone and in compounds*

6.1 εὖ (*well, clearly*) : εἰ δέ κέ οἱ κεράων τὸ μετήορον εὖ ἐπινεύοι, δεῖ δέχθαι βορέω, ὅτε δ' ὑπτιάῃσι, νότοιο *Galen In Progn. XVIIIb, 13.11* (= *Aratus Phaen. 795 Maass*) = iḏā kāna l-ṭarafu l-a'lā bayyina l-mayli dalla 'alā hubūbi l-šamāli wa-in kāna munbasiṭan dalla 'alā hubūbi l-ǧanūbi *WGAÜ Suppl. II, 561.3*.

6.2 *sem.; etym.; transl.* εὖ (*well, easily*) εὔοπτος (*conspicuous, open to view*) = bayyinun fī manẓarihī : πάντα γὰρ ἐν καθαρῷ τῷ ἀέρι εὔοπτα (εὔοπτα *V, Arab.* : σύνοπτα *L* : εὐσύνοπτα *Pack*) γίνεται *Artem. Onirocr. 108.16** = wa-ḏālika anna ǧamī'a mā yakūnu fī l-hawā'i l-ṣāfī l-mušriqi huwa (*sic leg. pro* wa-huwa *ed.*) bayyinun fī manẓarihī *200.9**.

7. εὐπαρακολούθητος (*easy to follow, clear*) : τοῖς γε πείρᾳ κεχρημένοις ... εὐπαρακολούθητός ἐστιν ὁ λόγος *Artem. Onirocr. 234.14-15* = man kāna yasta'milu l-taǧribata ... fa-inna qawlanā huwa lahū bayyinun *433.7*.

8. εὔσημος (*conspicuous, clear*) : οὔτ' ἄγαν (ἄγαν *non vert. Arab.*) εὔσημος ἡ συναφὴ τοῖς αἰσθητοῖς *Theophr. Princ. 4a19-20* = fa-laysa ttiṣāluhā bi-l-ašyā'i l-maḥsūsati bayyinan *168.9*.

9. ἰσχυρός (*strong, remarkable*) = *in hend.*; bayyinun ẓāhirun : οὐ γὰρ γίγνονται ἐκπλήξιες τῆς γνώμης οὔτε μετάστασις ἰσχυρὴ τοῦ σώματος *Hippocr. Aer. 62.7* = wa-lā tataḥayyaru ʿuqūlu ahlihā wa-lā tantaqilu abdānuhumu ntiqālan bayyinan ẓāhiran *135.3*.

10. *sem. amplif.*; μαθηματικῶς (*in mathematical fashion*) = bayyinun wāḍiḥun bi-burhānin taʿlīmiyyin (*clear and plain due to mathematical proof*) : οἱ μὲν οὖν ἐὰν μὴ μαθηματικῶς λέγῃ τις οὐκ ἀποδέχονται τῶν λεγόντων *Arist. Metaph. α 3, 995a6* = wa-mina l-nāsi man lā yaqnaʿu bi-qawli l-qāʾili in lam yakun qawluhū bayyinan wāḍiḥan bi-burhānin taʿlīmiyyin *44v2*.

11. *sem. amplif.*; *added in an inferential and occasionally resumptive phrase or clause beyond the Greek text, which either* (α) *translates as a whole Greek conjunctions and particles marking the drawing of a conclusion, or* (β) *supports and amplifies the Arabic word translating the conjunction or particle*

11.1 (α) ἄρα (*then, thus*) = fa-in kāna ḏālika ka-ḏālika fa-bayyinun anna ... : πᾶν ἄρα πλῆθος μετέχει ... τοῦ ἑνός *Procl. El. theol. 1:2.13* = fa-in kāna ḏālika ka-ḏālika fa-bayyinun anna fī kulli katratini l-wāḥida mawǧūdun *1:17*.

11.2 (β) διό (*hence*) = iḏan, *amplified by* fa-in kāna hāḏā ʿalā mā qulnā, fa-bayyinun ẓāhirun iḏan anna ... : διὸ οὔτε ἐκ τῆς στερήσεως ... καθ' αὑτὸ ἡ γένεσις *Alex. qu. I 24 [Mat.] 39.4*= fa-in kāna hāḏā ʿalā mā qulnā, fa-bayyinun ẓāhirun iḏan anna l-kawna (al-kawna *nos* : al-mukawwana *ed.*) laysa mina l-ʿadami waḥdahū *46.15**.

11.3 (α) ὥστε (*and so, therefore*) **(a)** fa-mina l-bayyini anna : ὥστε βάσις ἡ ΒΓ ἐπὶ βάσιν τὴν ΕΖ ἐφαρμόσει *Eucl. El. I.4 : i, 11.12* = fa-mina l-bayyini anna ḫaṭṭa BĞ yatarakkabu ʿalā ḫaṭṭi HZ *i.1, 54.4* **(b)** fa-in kāna ḏālika ka-ḏālika fa-bayyinun wāḍiḥun anna... : ὥστ' οὐδὲ τὸν κόσμον (*sc.* ἔστι κύκλῳ στραφῆναι τὸ ἄπειρον), εἰ ἦν ἄπειρος *Arist. Cael. I 5, 272a20* = fa-in kāna ḏālika ka-ḏālika fa-bayyinun wāḍiḥun (*versio C* : ẓāhirun *B*) annahū wa-lā l-ʿālamu kulluhū ayḍan yumkinu an yataḥarraka in kāna ġayra mutanāhin *versio B 152.12-13*.

11.4 (α) ὥσπερ (*just as*) **(a)** wa-qad naǧidu ḏālika bayyinan (*as we can see clearly*) : ὥσπερ τὸ ὕδωρ τὸ ἐκ τῶν κλεψυδρῶν *Ps.-Arist. Probl. phys. II 1, 866b11* = wa-qad naǧidu ḏālika bayyinan fī l-ālāti l-musammāti l-sāriqata (al-sāriqata *nos* : al-mabāziqa *ed.*) li-l-māʾi *126.2** **(b)** fa-ammā ... fa-huwa bayyinun (*as for ... this is clear*) : ὥσπερ ἐκ τοῦ στόματος ὁρῶμεν τὸν οἰσοφάγον *Arist. Part. anim. III 3, 664b11* = fa-ammā l-sabīlu l-āḫidu mina l-fami ilā l-marīʾi wa-l-baṭni fa-huwa bayyinun li-kulli man ʿāyanahū *67.10.*

11.5 (α) οἷον (*as for instance*) = wa-ḏālika bayyinun min (*as is clear from*) : ὅπου γὰρ ἂν ὁ ἥλιος ἐπιβάλλῃ, πλείω φύεται καὶ βελτίω καὶ ἁπαλώτερα, οἷον ἐν κήποις *Arist. Hist. anim. VIII 13, 598a4* = fa-kullu makānin taṭluʿu ʿalayhi l-šamsu yunbitu nabātan aǧwada wa-alyana min ġayrihī wa-ḏālika bayyinun min nabāti l-basātīni *334.9.*

12. *sem. amplif.; used in an added phrase or sentence, beyond the Greek text, marking the beginning of the apodosis after a simple or compound protasis*

12.1 *added in a phrase introducing the apodosis after* ἐπεί (*since ...*) = fa-mina l-bayyini anna (*it is clear that*) : καὶ ἐπεὶ τὸ Α σημεῖον κέντρον ἐστὶ τοῦ ΔΕΖ κύκλου, ἴση ἐστὶν ἡ ΑΕ τῇ ΑΔ *Eucl. El. I.3 : i, 10.3-4* = ṯumma naǧʿalu nuqṭata Ā markazan wa-naḫuṭṭu ... dāʾirata DHZ fa-mina l-bayyini anna ḫaṭṭa ĀH miṯlu ḫaṭṭi ĀD *i.1, 52.7*; καὶ ἐπεὶ τὸ Ε σημεῖον κέντρον ἐστὶ τοῦ ΑΒΓ κύκλου, ἴση ἐστὶν ἡ ΕΓ τῇ ΕΖ *III.5: i, 99.17* = fa-min aǧli anna nuqṭata D markazun li-dāʾirati ĀǦ, fa-mina l-bayyini anna ḫaṭṭa ĀD musāwin li-ḫaṭṭi DǦ *ii.2, 16.17; sim. I.2 : i, 9.3-5 = i.1, 48.12-13.*

12.2 *added, in a resumptive paraphrase summarizing the preceding protasis of a compound conditional sentence, to introduce and emphasize the apodosis* = fa-in kāna ḏālika ka-ḏālika, fa-bayyinun ẓāhirun annahū ... (*if this is so, then it is clear and manifest that ...*) : εἰ οὖν ... οὐκ ἂν ἐνδέχοιτο ... *Arist. Cael. I 5, 272a4* = wa-naqūlu ayḍani l-āna in kāna ... fa-in kāna ḏālika ka-ḏālika, fa-bayyinun ẓāhirun annahū lā yumkinu ... *versio B / versio C 150.15 Badawī.*

أَبْيَنُ **abyanu** *elative*

1. *transl. derivatives of* δῆλος (*clear, manifest*)

1.1 ἐκδηλότερος *comp. adj.* (*more manifest*) : καὶ ἔτι ἐκδηλότερον, τετράγωνον ... ταυτότητι συγγενῆ ὑπάρχειν *Nicom. Arithm. 118.6* = wa-ayḍan fa-innahū yuʿlamu ʿilman abyana min hāḏā anna l-aʿdāda l-murabbaʿata muǧānisatun li-l-huwa-huwa *92.1.*

1.2 ἐπιδηλότατα *superl. adv.* (*most clearly*) : ἐν τούτοις γὰρ ἡ τῶν καταμηνίων γίγνεται ῥύσις θύραζε μόνοις, καὶ τούτων ἐπιδηλότατα ἐν ταῖς γυναιξίν *Arist. Gener. anim. I 19, 727a22* = li-anna ḫurūǧa l-dami aʿnī l-ṭamṯa innamā yakūnu fī hāḏihi l-aǧnāsi faqaṭ wa-abyanu mā yakūnu fī l-nisāʾi *37.20.*

1.3 *sem. concentr.;* μᾶλλον ἐπιδήλως (*more clearly*) : μᾶλλον δ" ἐπιδήλως τοῦτο συμβαίνει ταῖς ἰσχναῖς καὶ (*sic interpunx. Arab.* : (... ἰσχναῖς) καὶ *Louis*) ἐν τοῖς βουβῶσιν *Arist. Hist. anim. VII 3, 583b1-2** = wa-ḏālika l-ḥissu yaʿriḍu abyana li-l-mahāzīli minhunna wa-lā siyyamā fī nawāḥī l-urbiyyatayni (al-urbiyyatayni *cod.* : al-ʿānati *Badawī*) *468.6**.

2. *transl. derivatives of* φαίνω (*to bring to light, make appear*)

2.1 φανερώτερος *comp. adj.* (*clearer*) : καὶ γὰρ ἐπὶ τῶν ἄλλων τῶν φανερωτέρων οὕτως ἔχει *Arist. Eth. Nic. II 2, 1104a30* = fa-qad narā ḏālika yakūnu fī sāʾiri l-ašyāʾi l-uḫari llatī hiya abyanu min hāḏihī *161.3*.

2.2 καταφανέστερος *comp. adj.* (*more evident*) : καταφανέστερον γένοιτ' ἂν ἀπ' ἀρχῆς ἀναλαβοῦσιν *Arist. Eth. Nic. X 4, 1174a13* = fa-ḫalīqun an yaṣīra abyana in aḫaḏnā fī iʿādati ḏikrihī mina l-badʾi ayḍan *539.10*.

2.3 *sem. concentr.;* μᾶλλον καταφανής (*more evident*) : ἀλλ' ἐν ταῖς λύπαις ὑπερβάλλων μᾶλλον καταφανής ἐστιν *Arist. Eth. Nic. III 10, 1116a2* = wa-limā (wa-limā *Ullmann NE II, 153* : wa-lammā *ed.*) kāna zāʾidan fī l-ġumūmi ṣāra amruhū fīhā abyana *219.4**.

2.4 *sem. metathesis; positive / comp. transformation;* φανερός (*clear, manifest*) **(a)** *abs.*: ὁ φιλόσοφος φανερόν τι περὶ αὐτῶν διορίζεται *Them. In De an. 30.37* = an yulaḫḫiṣa (*sc.* al-faylasūfu) lanā min amrihā mā huwa abyanu min hāḏā l-qawli *24.11* **(b)** *in hend.* abyanu wa-awḍaḥu : αἱ μὲν βλάβαι ἐκ τῶν πρότερον φανεραί εἰσιν *Arist. Rhet. I 13, 1373b31* = fa-ammā l-maḍārru fa-hiya mina llātī qad taqaddamat fa-ḏukirat abyanu wa-awḍaḥu *68.8*.

3. *transl. derivatives of* σαφής (*clear, plain*)

3.1 σαφέστερον *comp. adv./adj.* (*more clear, -ly*) : τὸ τοιοῦτο σαφέστερον γένοιτο *Artem. Onirocr. 164.15* = ḏālika yakūnu abyana lahū *295.3* ⟼ ἔτι δὲ σαφέστερον φράσω *Hippocr. Aer. 78.12* = wa-anā ašraḥu ḏālika šarḥan abyana min hāḏā *versio B WGAÜ Suppl. II, 267.7; v. also the next entry.*

3.2 τὰ σαφέστερα *comp. adj. in nominal use* (*the things which are more evident*) = al-umūru llatī hiya abyanu : πέφυκε δὲ ἐκ τῶν γνωριμωτέρων ἡμῖν ἡ ὁδὸς καὶ σαφεστέρων ἐπὶ τὰ σαφέστερα τῇ φύσει καὶ γνωριμώτερα *Arist. Phys. I 1, 184a17* = wa-min šaʾni l-ṭarīqi an yakūna mina l-umūri llatī hiya aʿrafu wa-abyanu ʿindanā ilā l-umūri llatī hiya abyanu wa-aʿrafu ʿinda l-ṭabīʿati *3.5;* ἐκ τῶν ἀσαφεστέρων μὲν τῇ φύσει ἡμῖν δὲ σαφεστέρων ἐπὶ τὰ σαφέστερα τῇ φύσει καὶ γνωριμώτερα *I 1, 184a20* = mina l-umūri llatī hiya aḫfā ʿinda l-ṭabīʿati wa-abyanu ʿindanā ilā l-umūri llatī hiya abyanu wa-aʿrafu ʿinda l-ṭabīʿati *3.9*.

4. τρανότερον *comp. adv.* (*more clearly*) : ἃ δὴ ἀκριβέστερον κατιδεῖν δυνάμεθα καὶ τρανότερον *Nicom. Arithm. 62.11* = wa-qad yumkinunā an narā ḏālika ruʾyatan awḍaḥa wa-abyana *53.19*.

5. εὐσημότερος *comp. adj.* (*clearer, more distinct, i.e. in color*) = *in hend.;* abyanu lawnan wa-aṣfā : τὰ μὲν ἀχλυωδέστερα αὐτοῦ (*sc.* τοῦ ὁρωμένου), τὰ δὲ εὐσημότερα φαίνεται *Alex. An. mant.* [*Vis.*] *146.12* = qad yurā baʿḍu aǧzāʾihī (*sc.* al-mubṣari) kadirata l-lawni wa-baʿḍuhā abyana lawnan wa-aṣfā *159.140*.

6. γνωριμώτερον *comp. adv.* (*more comprehensibly, more indicatively*) = abyanu fī l-dalālati ʿalayhi : γνωριμώτερον ... ἀποδώσει τὸ εἶδος ἀποδιδοὺς ἢ τὸ γένος· οἷον τὸν τινὰ ἄνθρωπον γνωριμώτερον ἂν ἀποδοίη ἄνθρωπον ἀποδιδοὺς ἢ ζῷον *Arist. Cat. 5, 2b9, 11* = illā anna iʿṭāʾahu l-nawʿa ... abyanu fī l-dalālati ʿalayhi min iʿṭāʾihi l-ǧinsa miṯālu ḏālika annahū in waffā insānan mā mā huwa kāna iʿṭāʾuhū annahū insānun abyana fī l-dalālati ʿalayhi min iʿṭāʾihī annahū ḥayyun *37.19-21 / fol. 162a.; 2b14 = 37.22*.

7. *sem. metathesis; positive / superl. transformation;* πρόχειρος (*obvious, plausible*) : τοῦτο δὲ ἔοικε πρόχειρον εἶναι τὸ σημαινόμενον *Porph. Isag. 2.5* = wa-yušbihu an yakūna hāḏā l-maʿnā abyana *1059.5 / fol. 147a*.